全国经济专业技术资格考试 专用教材

# 财政税收
## 专业知识与实务 中级

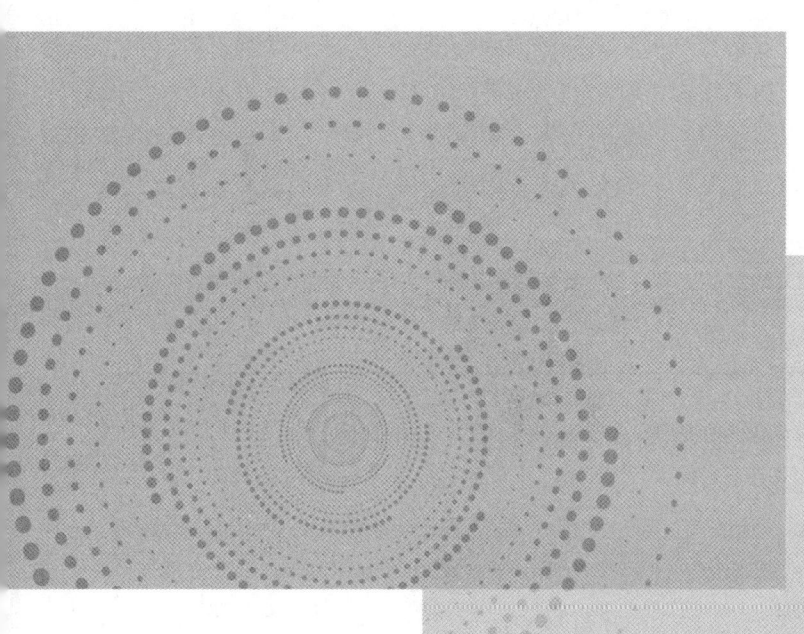

经济师考试研究院　组编

本册主编　张华／副主编　范延硕

图书在版编目(CIP)数据

财政税收专业知识与实务：中级 / 经济师考试研究院组编. —上海：立信会计出版社，2023.3(2023.8重印)
　　全国经济专业技术资格考试专用教材
　　ISBN 978-7-5429-7310-8

　　Ⅰ.①财… Ⅱ.①经… Ⅲ.①财政管理—资格考试—自学参考资料②税收管理—资格考试—自学参考资料 Ⅳ.①F81

中国国家版本馆CIP数据核字(2023)第046890号

责任编辑　毕芸芸

### 财政税收专业知识与实务(中级)
Caizheng Shuishou Zhuanye Zhishi yu Shiwu(Zhongji)

| | | | | |
|---|---|---|---|---|
| 出版发行 | 立信会计出版社 | | | |
| 地　　址 | 上海市中山西路2230号 | 邮政编码 | 200235 | |
| 电　　话 | (021)64411389 | 传　真 | (021)64411325 | |
| 网　　址 | www.lixinaph.com | 电子邮箱 | lixinaph2019@126.com | |
| 网上书店 | http://lixin.jd.com | | http://lxkjcbs.tmall.com | |
| 经　　销 | 各地新华书店 | | | |
| 印　　刷 | 三河市中晟雅豪印务有限公司 | | | |
| 开　　本 | 787毫米×1092毫米　1 / 16 | | | |
| 印　　张 | 18 | | | |
| 字　　数 | 405千字 | | | |
| 版　　次 | 2023年3月第1版 | | | |
| 印　　次 | 2023年8月第2次 | | | |
| 书　　号 | ISBN 978-7-5429-7310-8/F | | | |
| 定　　价 | 50.00元 | | | |

如有印订差错，请与本社联系调换

# 前言 Preface

通过全国经济专业技术资格考试是取得经济师职称的必要途径。近年来经济师考试热度不减，难度逐年增加。为满足广大考生备考需求，经济师考试研究院结合全新经济专业技术资格考试大纲要求，在深入研究历年考试真题的基础上，总结分析考点，剖析命题规律，倾力打造了本套"全国经济专业技术资格考试专用教材"。

本套教材主要有以下几个特点：

➢ **优化知识框架**——本套教材对经济师考试大纲进行了深入分析，重新优化整合知识结构，帮助考生缩小复习范围，提高学习效率。基于优化学习逻辑，本册《财政税收专业知识与实务（中级）》按照财政和税收两大部分将知识框架调整为：①第一章至第六章为财政理论，将财政部分前置，为学习税收部分打好基础；②第七章至第十二章为税收知识，将税收部分放至后面进行学习，学完财政基础知识再攻克较难的税收部分。

➢ **提纲挈领、讲练结合**——在编写过程中，编者分析、整理、研究了近4年考试真题的出题思路，使考点讲解内容紧跟考试趋势，并配套真题练习，使各知识点的考查频率、命题呈现形式及常考的关键词句一目了然，帮助考生抓住命题规律和趋势，准确把握复习重点。

➢ **"懒人"备考秘籍**——大纲再现与解读、知识脉络、考点详解、典型例题四位一体，方便考生根据考试大纲特点有针对性地进行复习。编者精心组织本书内容，去芜存精，对考试大纲所涉及的知识点进行适当精简、整合，从而减少考生备考时间。此外，编者结合最新的学科知识、法律、法规、标准以及近几年专业知识与实务考试的实际情形，对本书进行了内容拓展和补充。

➢ **"名师"智慧讲堂**——本套教材汇集业内顶级辅导名师的教学研究成果，融合了多位名师多年潜心研究的智慧结晶。"书山有路勤为径，学海无涯苦作舟"，希望本套教材可以帮助各位考生在备考之路上少走弯路。

衷心祝广大考生顺利通关！

经济师考试研究院

# 目录 Contents

## 第一章 公共财政与财政职能
考点1 公共物品的特征 …………… 3
考点2 市场失灵的表现 …………… 3
考点3 政府干预与政府干预失效 …… 4
考点4 政府职能 …………………… 5

## 第二章 政府预算理论与管理制度
考点1 政府预算 …………………… 13
考点2 政府预算的决策程序及编制模式 …………………………… 15
考点3 政府预算的原则、政策及编制 …………………………… 21
考点4 政府预算的编制制度、执行制度及审批监督制度 …… 26
考点5 政府预算的绩效管理 ……… 32
考点6 预算管理一体化 …………… 34

## 第三章 政府支出理论与内容
考点1 财政支出的分类及经济影响 … 37
考点2 财政支出的规模 …………… 39
考点3 财政支出的效益分析和公共定价 …………………………… 42
考点4 购买性支出 ………………… 45
考点5 转移性支出 ………………… 53

## 第四章 公债
考点1 公债发行、偿还等制度 …… 65
考点2 政府直接隐性债务和或有债务 …………………………… 68
考点3 公债市场的分类及功能 …… 70

## 第五章 政府间财政关系
考点1 财政分权理论 ……………… 75
考点2 政府间收支划分的制度安排 … 76
考点3 分税制财政管理体制 ……… 81
考点4 政府间转移支付制度 ……… 83
考点5 政府财政事权和支出责任的调整改革 …………………… 85

## 第六章 财政平衡与财政政策
考点1 财政平衡与财政赤字 ……… 91
考点2 财政政策 …………………… 94
考点3 财政政策与货币政策的配合 … 99

## 第七章 税收理论
考点1 税收概述 …………………… 105
考点2 税收原则 …………………… 106
考点3 税制与税制结构 …………… 109
考点4 税收负担 …………………… 113
考点5 国际税收 …………………… 117

## 第八章　货物和劳务税制度

考点1　增值税制 …………………… 127
考点2　消费税制 …………………… 159
考点3　关税制 ……………………… 169

## 第九章　所得税制度

考点1　企业所得税制 ……………… 177
考点2　个人所得税制 ……………… 199

## 第十章　其他税收制度

考点1　行为、目的税制 …………… 211
考点2　财产税制 …………………… 222
考点3　资源税制 …………………… 228

## 第十一章　税务管理

考点1　税务登记 …………………… 241

考点2　账簿、凭证及发票的管理 … 244
考点3　纳税申报 …………………… 249
考点4　税款征收 …………………… 249
考点5　减免税的管理 ……………… 254
考点6　出口退税的管理 …………… 255
考点7　纳税信用的管理 …………… 255
考点8　税务行政救济管理 ………… 257

## 第十二章　纳税检查

考点1　纳税检查概述 ……………… 265
考点2　企业所得税的检查 ………… 269
考点3　增值税的检查 ……………… 272
考点4　消费税的检查 ……………… 279

# 第一章

# 公共财政与财政职能

**大纲再现**

理解公共物品的基本概念、基本特征,分析市场失灵的表现,理解公共财政存在的前提,理解财政职能的基本理论,分析财政职能的内容。

**大纲解读**

本章为财政税收的第一章,是基础章节,内容相对简单,历年考试出题的分值一般在4分左右。

本章分析了市场失灵的五个表现,在市场失灵的领域需要公共财政的存在,需要重点理解财政的三大职能。

知识脉络 ▶

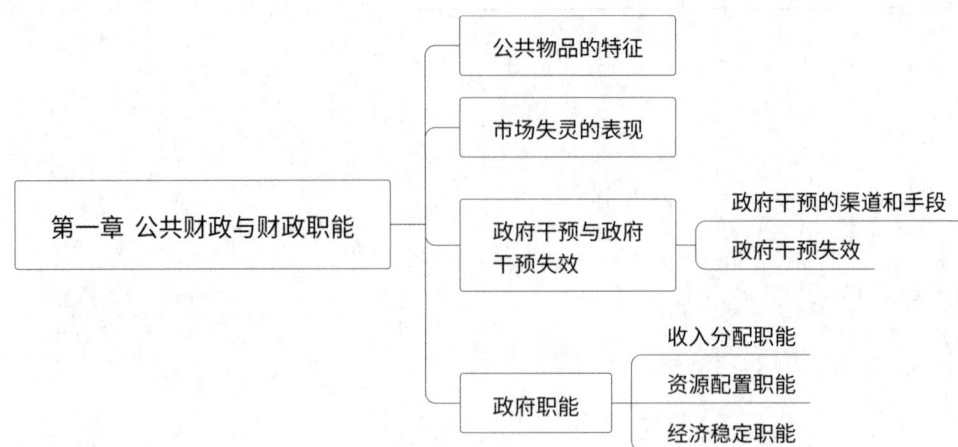

## 考点1 公共物品的特征 ☆☆☆

与私人物品相比，公共物品具有以下特征：

（1）取得方式的非竞争性。该特征强调的是，增加一个消费者，边际成本等于零（即免费搭车者）。

（2）受益的非排他性。

（3）效用的不可分割性。

（4）提供目的的非营利性。

【提示】受益的非排他性和取得方式的非竞争性是公共物品的核心特征。

### 典型例题

**1. [多项选择题]** 公共物品所具有的特征中，占据核心地位的有（　　）。

A. 效用的不可分割性　　　　　　B. 受益的非排他性

C. 取得方式的非竞争性　　　　　D. 提供目的的非营利性

E. 外部效应

[解析] 取得方式的非竞争性、受益的非排他性是公共物品的核心特征，而效用的不分割性与提供目的的非营利性是其外延。

**2. [多项选择题]** 下列关于公共物品的说法，正确的有（　　）。

A. 公共物品具有共同受益与消费的特点

B. 公共物品受益具有非排他性的特征

C. 对公共物品的享用，增加一个消费者，其边际成本等于零

D. 政府提供公共物品着眼于经济效益最大化

E. 公共物品的效用是不能分割的

[解析] A、E项是效用的不可分割性的具体体现；B项体现的是受益的非排他性；C项体现的是取得方式的非竞争性。政府提供公共物品的目的是非营利性的，故D项错误。

答案：1. BC　2. ABCE

## 考点2 市场失灵的表现 ☆☆☆

市场失灵是财政存在的前提，市场失灵表现在五个方面，具体见表1-1。

表1-1　市场失灵的表现

| 表现 | 解释 |
| --- | --- |
| 外部效应 | 说明的是一个厂商从事某项经济活动而给其他人带来利益和损失的现象。外部效应是指在市场活动中没有得到补偿的额外成本和额外收益。"公共物品"具有典型的外部效应 |
| 信息不充分和不对称 | 在市场经济条件下，生产者的生产、销售和消费者的购买都属于个人行为，信息本身也成为激烈竞争的对象，而信息不充分和不对称是影响公平竞争的重要因素 |

续表

| 表现 | 解释 |
|---|---|
| 市场垄断 | 指某一行业在达到相对较高的水平后，就会出现规模收益递增和成本递减问题，这时就会形成垄断 |
| 收入分配不公 | 竞争的市场机制是按生产要素进行分配的，但人们所拥有生产要素的数量及其质量存在差异，这就使得人们之间的收入产生差异，且有失公平 |
| 经济波动与失衡 | 市场机制通过价格和产量的自发波动达到需求与供给的均衡，而过度竞争不可避免地会导致需求大于供给与供给大于需求不断反复，从而引发经济的周期性波动 |

【提示】
(1) 个人和经济组织在解决市场失灵问题时是无能为力的。
(2) 应该由政府采取非市场方式解决市场失灵问题。

> 典型例题

**1．[单项选择题]** 市场效率是以完全自由竞争为前提的，然而某些行业因具有经营规模越大、经济效益越好、边际成本不断下降、规模报酬递增的特点而可能被少数企业所控制，这种情况称为（　　）。

A. 竞争障碍　　　　　　　　　　B. 外部效应
C. 市场垄断　　　　　　　　　　D. 效率缺失

[解析] 市场效率是以完全自由竞争为前提的，然而某些行业因具有经营规模越大、经济效益越好、边际成本不断下降、规模报酬递增的特点而可能被少数企业所控制，从而产生垄断现象。

**2．[单项选择题]** 关于解决市场失灵问题应采取的方式的说法，正确的是（　　）。

A. 企业采取自我约束方式　　　　B. 政府采取非市场方式
C. 个人采取自我约束方式　　　　D. 政府采取市场方式

[解析] 对于市场失灵问题，个人和经济组织是无能为力的，需要以政府为主体的财政介入，用非市场方式来解决，故选B项。

答案：1. C　2. B

## 考点3　政府干预与政府干预失效

### 一、政府干预的渠道和手段

(1) 政府的宏观调控。宏观调控即政策调控，主要手段是财政政策和货币政策以及二者的相互配合。

(2) 立法和行政手段。该手段主要是制定市场法规，规范市场行为，制定发展战略和中长期规划，制定经济政策实行公共管制，规定垄断产品和公共物品价格等。

(3) 财政手段。该手段通过征税和收费为政府各部门组织公共生产和提供公共物品筹集经费和资金。财政运行的主线是财政收支，而财政收支既是政府参与国民收入分配的过程（政府参与资源配置的过程），也是政府干预市场的过程。

（4）组织公共生产和提供公共物品。政府组织公共生产，不仅是出于提供公共物品的目的，而且是出于有效调节市场供求和保持经济稳定的目的。

## 二、政府干预失效

政府的运行以政治权力为基础和前提，政治权力不能创造财富，但可以支配财富，这正是政府可以干预市场的根本原因。

政府干预失效的原因和表现可能有以下几个方面：

（1）政府决策失误。

（2）政府提供信息不及时甚至信息失真，也可视为政府干预失效。

（3）寻租行为。

（4）政府职能的"越位"和"缺位"。

**》典型例题**

[多项选择题] 政府干预失效的原因及表现主要有（　　）。

A. 政府决策失误

B. 寻租行为

C. 政府提供信息不及时甚至失真

D. 政府职能的"越位"和"缺位"

E. 立法和行政手段

[解析] 政府干预失效的原因和表现主要有政府决策失误、政府提供信息不及时甚至信息失真、寻租行为、政府职能的"越位"和"缺位"。

答案：ABCD

## 考点4 政府职能 ☆☆☆

### 一、收入分配职能

（一）收入分配职能的含义及目标

1. 收入分配职能的含义

收入分配职能是指财政在国民收入分配中，通过对参与收入分配的各主体利益关系进行调节，实现社会公平合理分配。

2. 收入分配的目标

收入分配的目标是实现公平分配。公平包括社会公平和经济公平两个层次，具体见表1-2。

**表1-2 公平的层次**

| 层次 | 具体内容 |
|---|---|
| 经济公平 | 在市场竞争的条件下，由等价交换来实现，强调要素投入与要素收入相对称 |
| 社会公平 | 通常指收入差距维持在各阶层居民所能承受的范围内 |

### (二) 收入分配职能的实现

**1. 财政的收入分配范围**

社会公平的实施范围即财政的收入分配范围，包括三个方面：一是在个人偏好方面进行适当的干预；二是完善市场机制，尽可能创造公平竞争的环境；三是在效率的基础上尽可能改善初始条件的不公平。

改善初始条件主要在于两个方面：

(1) 对那些没有收入来源的家庭提供基本的生活保障，即保证人们的基本生活条件。

(2) 提供包括义务教育、交通、农田水利建设等公平的公共劳务。

**2. 财政的收入分配方式**

社会公平是在效率市场的基础上进行的，实施社会公平主要有以下几个方面内容：

(1) 组织财政收入时考虑社会公平，如：超额累进税率。

(2) 安排财政支出时考虑社会公平，如：要构建效率市场的制度体系；在提供社会公共劳务时考虑社会公平；要不断改善市场机制初始条件的不公平状况。

(3) 为了切实实现社会公平，要实行社会保障。

### (三) 收入分配职能的主要内容 ☆☆☆

企业利润水平的调节和居民收入水平的调节是实现财政收入分配职能的主要途径。

**1. 规范工资制度**

规范工资制度指的是，规范由国家财政拨款的政府机关公务员的工资制度，以及参照公务员法管理的事业单位工作人员的工资制度。

**2. 加强税收的调节作用**

(1) 通过间接税调节各类商品的相对价格，从而调节各经济主体的要素分配。

(2) 通过企业所得税调节企业的利润水平。

(3) 通过个人所得税调节个人的劳动收入和非劳动收入，使之维持在合理的差距范围内。

(3) 通过资源税调节由资源条件和地理条件差异而形成的级差收入。

(4) 通过遗产税、赠与税调节个人财产分布。

**3. 用好转移性支出**

利用社会保障支出、救济金、补贴等，使每个社会成员都得以维持起码的生活水平和福利水平。

**4. 划清市场分配和财政分配的界限与范围**

凡属于市场分配的范围，财政不能越界；凡属于财政分配的范围，财政应尽其职。

(1) 财政通过再分配进行间接调节：财产收入、股息收入、租金收入、作为法人经济主体的企业的工资收入。

(2) 财政集中举办：社会福利、社会保障。

### ▶ 典型例题

**1. [单项选择题]** 财政执行收入分配职能的内容是（　　）。

A. 实现社会财富在地区之间的合理分配

B. 实现社会财富在居民之间的公平分配

C. 实现资源在不同用途之间的合理分配

D. 实现资源在政府部门与非政府部门之间的合理分配

[解析] 财政的分配职能主要是通过调节企业的利润水平和居民的个人收入水平实现的。

**2.** [多项选择题] 下列选项中,属于财政收入分配职能的机制和手段的有(　　)。

A. 通过遗产税、赠与税调节个人财产分布

B. 用好转移性支出

C. 划清市场分配和财政分配的界限与范围

D. 合理安排财政投资的规模和结构

E. 创新财政资源配置方式

[解析] D、E项均属于财政资源配置职能的机制和手段。

答案:1.B　2.ABC

## 二、资源配置职能 ☆

(一) 资源配置职能的内涵

(1) 资源配置是指政府通过财政收支以及相应的财政税收政策,调整和引导现有经济资源的流向和流量,以达到资源的优化配置和充分利用,实现最大的经济效益和社会效益的功能。

(2) 财政资源配置也称政府资源配置,财政资源配置的主体是政府。

(3) 在不同的经济体制下,资源配置的方式是不同的。在传统的计划经济体制下,起主导作用的是计划配置;在市场经济体制下,起主导作用的是市场资源配置。

(4) 财政资源配置的必要性。在市场经济条件下,之所以必须进行财政资源配置,有两个原因:一是通过市场无法提供和满足许多社会公共需要和公共物品;二是市场资源配置有一定的盲目性。

(5) 政府能弥补资源配置中的市场失灵问题,原因在于:政府资源配置的成本—收益本身是外部化的,资源配置的资金来源是无偿的,公共物品是免费提供的,且资源配置问题可采用不等价交换的方式解决。

(二) 财政资源配置职能的范围及主要内容

**1.** 财政资源配置职能的范围

财政资源配置职能的范围体现在三个方面,具体见表1-3。

表1-3　财政资源配置职能的范围

| 范围 | 具体内容 |
| --- | --- |
| 天然垄断行业的物品 | 天然垄断行业的物品要以效率优先为原则,选择通过财政进行资源配置,或者通过市场进行资源配置,但实行政府管制 |
| 公共物品 | 如:行政管理服务、法律设施、基础科学研究、国防、环境保护等 |
| 准公共物品 | 如:高等教育、医疗。准公共物品是政府决定的,生产准公共物品是政府职能的延伸 |

2. 财政资源配置职能的主要内容

（1）优化支出结构。保证重点支出，压缩一般支出，提高资源配置的效率：

①向教育、公共卫生、社会保障、农业、就业等民生领域倾斜。

②向困难地区和群体倾斜。

③向科技创新和转变经济发展方式倾斜。

（2）创新财政资源配置方式。

（3）合理安排财政投资的规模和结构。财政投资要坚持退出竞争性领域，切忌越俎代庖，防止阻碍市场发挥决定性作用。

（4）调节资源在不同地区之间的配置。这通过运用财政体制中的税收、投资、转移支付、财政补贴等手段来实现。

（5）调节资源在政府部门和非政府部门之间的配置。其具体体现在财政收入占国内生产总值比重的大小。

> **典型例题**

［单项选择题］调节资源在政府部门和非政府部门之间的配置，通常采取的手段是（　　）。

A. 调整投资结构

B. 调整资产存量结构

C. 调整中央对地方转移支付的规模

D. 调整财政收入占国内生产总值的比重

［解析］调节全社会的资源在政府部门和非政府部门之间的配置，通常采取的手段是调整财政收入占国内生产总值的比重。

答案：D

### 三、经济稳定职能 ☆☆

（一）经济稳定的含义

经济稳定通常体现在以下三个方面，具体见表1-4。

表1-4　经济稳定的表现及含义

| 表现 | 含义 |
| --- | --- |
| 物价稳定 | 物价总水平基本稳定，指物价上涨幅度维持在不至于影响社会经济正常运行的范围内。例如：年上涨率在3%~5%，可视为物价稳定 |
| 充分就业 | 有工作能力且愿意工作的劳动者能够找到工作，并非指可就业人口百分之百的就业 |
| 国际收支平衡 | 指一国在国际经济往来中，维持经常项目和资本项目的收支合计大体平衡 |

（二）实现经济稳定职能的机制和手段 ☆☆☆

社会总供给与社会总需求的平衡是实现经济稳定职能的关键，这种平衡包括总量平衡和结构平衡。

1. 通过制度性安排，发挥财政"内在稳定器"的作用

（1）在收入方面，主要实行累进所得税制。其体现在两个方面：

①当经济繁荣时→企业和居民收入增加→适用的税率提高，税收的增长幅度超过国内生产总值的增长幅度→抑制经济过热。

②当经济萧条时→企业和居民的收入减少→适用的税率降低，税收的降低幅度超过国内生产总值的降低幅度→刺激经济复苏。

（2）在支出方面，内在稳定器调节主要体现在转移性支出的安排上，如社会保障支出、财政补贴支出、税收支出等。其体现在两个方面：

①当经济过热时→失业人数减少→转移性支出减少→抑制经济过热。

②当经济萧条时→失业人数增加→转移性支出上升→刺激经济复苏。

2. 通过财政预算政策进行调节——逆经济风向行事

财政预算政策调节的方式见表1-5。

表1-5　财政预算政策的调节方式

| 供求关系 | 调节方式 |
| --- | --- |
| 社会总需求＞社会总供给 | 实行国家预算收入大于支出的结余政策进行调节——紧缩性财政政策 |
| 社会总供给＞社会总需求 | 实行国家预算支出大于收入的赤字政策进行调节——扩张性财政政策 |
| 社会总供给＝社会总需求 | 国家预算实行收支平衡的中性政策 |

3. 通过财政政策和其他政策（货币政策、产业政策、投资政策、国际收支政策等）配合进行调节

（1）财政政策与货币政策的配合主要是松紧搭配的政策。财政政策的松紧主要以预算收入大于支出或支出大于收入来衡量和判断；货币政策的松紧主要以货币供给量的增加或减少来衡量和判断。

（2）财政政策（基础地位）与其他政策的配合，主要是财政政策协助产业政策、投资政策、国际收支政策的实施，它们各自之间又相互渗透和交叉。

4. 首先保证民生性的社会公共需求

财政首先应切实保证民生性的社会公共需要，如：加快文教事业的发展，提高公共卫生水平，完善社会福利和社会保障制度，治理污染，保护生态环境，使增长与发展相互促进、相互协调。

5. 通过财政投资、财政补贴和税收进行调节

通过财政投资、财政补贴和税收等多方面的安排，加快农业、能源、交通运输、邮电通信等基础公共设施的发展，并支持第三产业的兴起，加快产业结构的转换，保证国民经济稳定与高速发展的最优结合。

》典型例题

**1.** [单项选择题] 当社会总供给大于社会总需求时，应采取的财政政策是（　　）。

A. 结余政策　　　　　　　　　　　　B. 赤字政策

C. 平衡政策　　　　　　　　　　　　D. 增税政策

[解析] 当社会总需求大于社会总供给时，实行国家预算收入大于支出的结余政策进行调节——紧缩性财政政策；当社会总供给大于社会总需求时，实行国家预算支出大于收入的赤字政策进行调节——扩张性财政政策；当社会总供求平衡时，国家预算实行收支平衡的中性政策。

**2.** [单项选择题] 财政在收入方面发挥"内在稳定器"的政策工具是（　　）。

A. 规范的增值税制

B. 累进所得税制

C. 增加财政支出

D. 完善的财产税制

[解析] "内在稳定器"调节主要表现为财政收入和财政支出两个方面的制度。财政在收入方面，主要是实行累进所得税制；在支出方面，主要体现在转移性支出（社会保障支出、财政补贴支出、税收支出等）的安排上。

答案：1.B　2.B

# 第二章

# 政府预算理论与管理制度

## 大纲再现

理解政府预算的基本理论、基本特征和研究视角,分析政府预算的决策程序及模式,理解政府预算的原则与政策,理解政府预算的编制、执行及审批监督制度,进行政府预算的绩效管理和财政核心业务一体化管理。

## 大纲解读

从历年考题来看,本章题型以单项选择题、多项选择题为主,无案例分析题,分值在7分左右。

本章在整本教材中居于次重点的地位,主要分析了政府预算理论及其相关管理制度,需要重点掌握政府预算的决策程序及模式、政府预算的原则等内容。本章文字性内容较多,学习时要注意对考点的理解记忆。

知识脉络 ▶

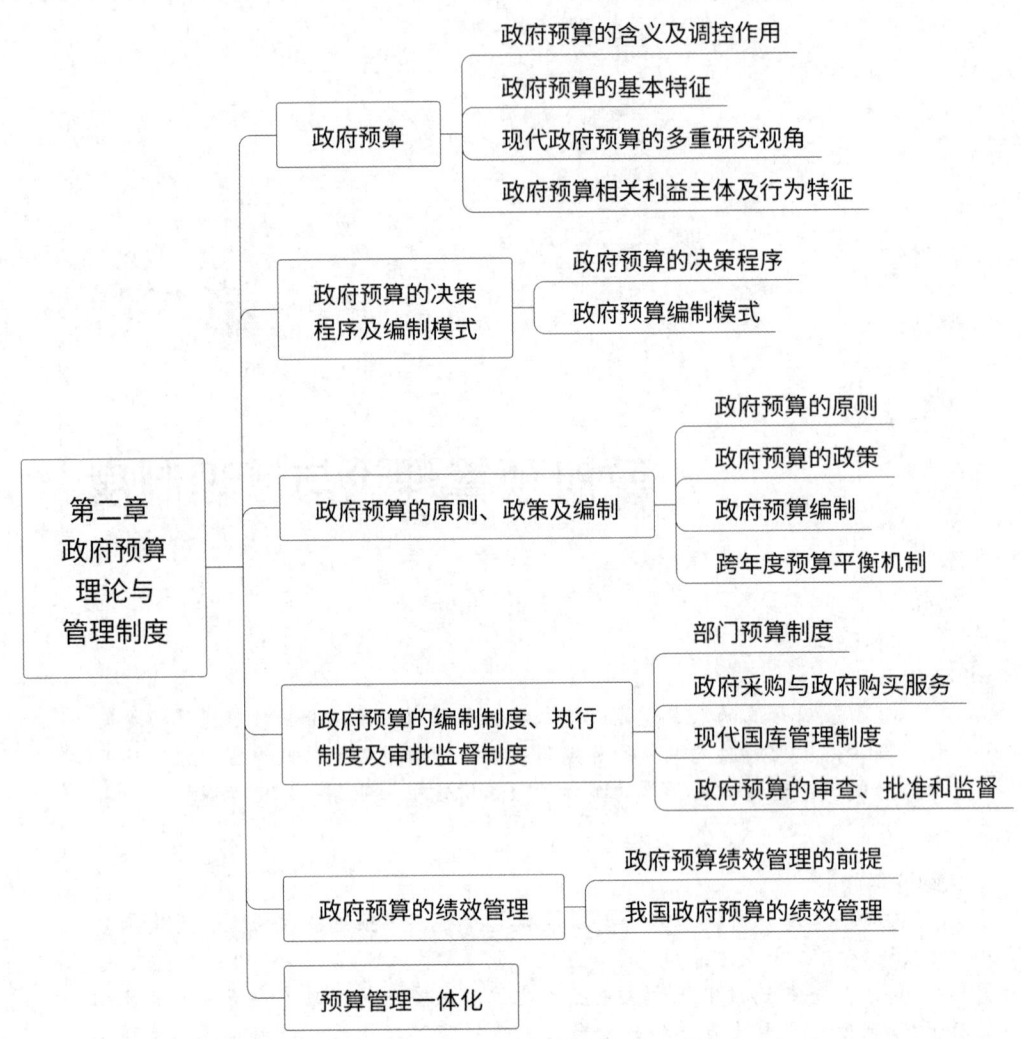

## 考点1 政府预算 ☆☆

### 一、政府预算的含义及调控作用

**（一）政府预算的含义**

政府预算是指经过法定程序审核批准的具有法律效力的政府年度财政收支计划。对其含义，需注意四点，具体见表2-1。

表2-1 政府预算含义的要点

| 方向 | 具体内容 |
| --- | --- |
| 从形式上看 | 政府预算存在的形式——财政收支计划。按照时间跨度，预算可分为年度预算（典型形式）、多年预算 |
| 从内容上看 | 政府预算收支是财政分配活动的中心环节，反映财政资金的来源和流向，反映政府集中支配财力的分配过程 |
| 从性质上看 | 根据国家立法机关审查批准后的预算进行预算收支活动。政府预算是经立法机关审批具有法律效力的文件 |
| 从作用上看 | 政府调控经济和社会发展的重要手段就是政府预算 |

**（二）政府预算的调控作用——逆周期调节**

（1）通过对政府预算支出结构进行调整，引导公共的资源配置。
（2）通过对预算收支规模进行调整，影响社会总供给与总需求的平衡。
（3）通过财政转移支付及财政补贴等手段，实现公平社会分配。

> **典型例题**
>
> [单项选择题] 从性质上看，政府预算是（　　）。
> A. 政府财政收支计划　　　　　　B. 具有法律效力的文件
> C. 反映公共资源分配的工具　　　D. 政府调控经济的手段
> [解析] 从性质上看，政府预算是具有法律效力的文件。
> 答案：B

### 二、政府预算的基本特征 ☆☆

政府预算的基本特征包括综合性、集中性、预测性和法律性，具体内容见表2-2。

表2-2 政府预算的基本特征

| 基本特征 | 具体内容 |
| --- | --- |
| 综合性 | 财政收支的汇集点和枢纽就是政府预算 |
| 集中性 | 政府预算对政府性资金进行统筹安排，集中进行分配 |
| 预测性 | 常用的技术手段主要包括趋势预测法、专家预测法、决定因子预测法和计量预测法 |
| 法律性 | 法律性是现代预算最鲜明的特征 |

> 典型例题

[单项选择题] 相对于封建专制的预算来说，现代预算最鲜明的特征是（　　）。

A. 预测性　　　　　　　　　　　　B. 综合性

C. 法律性　　　　　　　　　　　　D. 集中性

[解析] 与封建专制的预算相比较，现代预算最鲜明的特征就是它的法律性。

答案：C

### 三、现代政府预算的多重研究视角 ☆☆

现代政府预算可从五个角度来研究，具体见表2-3。

表2-3　现代政府预算的多重研究视角

| 研究视角 | 具体内容 |
| --- | --- |
| 政治学角度 | 主要考察政治行为、政治制度、预算过程与结果之间的因果关系，预算过程的政治性本身才是政治学角度研究的重点 |
| 经济学角度 | 政府预算要实现资金的有效配置和使用；通过非市场化决策确定公共资源的配置问题 |
| 管理学角度 | 注重政府预算的控制、管理和计划等功能，即功能性特征 |
| 社会学角度 | 注重整个社会与预算之间的互动关系 |
| 法学角度 | 财政行为法制化的基本途径——政府预算法制化 |

> 典型例题

[单项选择题] 注重研究政府预算的配置和资金使用效率问题，是从（　　）视角研究政府预算。

A. 经济学　　　　　　　　　　　　B. 政治学

C. 管理学　　　　　　　　　　　　D. 法学

[解析] 经济学视角下的政府预算，最为注重政府预算的配置和资金的使用效率问题。

答案：A

### 四、政府预算相关利益主体及行为特征 ☆☆☆

政府预算相关利益主体主要指的是预算资金供给方、需求方及监督制衡方，其各自行为特征见表2-4。

表2-4　政府预算相关利益主体及其行为特征

| 相关利益主体 | 范围 | 行为特征 |
| --- | --- | --- |
| 预算资金供给方 | 政府预算部门，其向广大资金需求者配置预算资金 | (1) 政府预算部门处于承接预算资金使用者与立法监督机构间的"桥梁"地位，因而具有比较典型的双重委托—代理关系<br>(2) 在缺乏监督机制约束的情况下，政府预算部门为实现自身效用最大化，也会设法与资金使用者合谋，通过设租与寻租的行为，扩大政府预算的总体规模 |

续表

| 相关利益主体 | 范围 | 行为特征 |
|---|---|---|
| 预算资金需求方 | 由各政府部门、财政拨款的事业单位和部分享受政府管制或财政补贴的企业等组成 | (1) 资金使用者有不断追求预算规模最大化的内在冲动<br>(2) 由于预算资金供求上的信息不对称性，预算资金使用者掌握着相对优势的信息资源，总体上追求预算规模的最大化 |
| 预算资金监督制衡方 | 立法监督机构 | (1) 其代表人民的利益，这是监督制衡方最基本的行为特征<br>(2) 监督制衡机制是公共选择或集体选择的结果，具有委员会决策机制的特点<br>(3) 面临将不同偏好加以整合的困难，以及组织协调的交易成本 |

>> 典型例题

[单项选择题] 预算资金的监督制衡方最基本的行为特征是（　　）。

A. 代表人民的利益　　　　　　　　B. 具有委员会决策机制特点
C. 面临将不同偏好加以整合的困难　　D. 需要组织协调的交易成本

[解析] 代表人民利益，这是监督制衡方最基本的行为特征。

答案：A

## 考点2 政府预算的决策程序及编制模式 ☆☆☆

### 一、政府预算的决策程序 ☆☆☆

（一）预算决策程序的法定性

(1) 必须遵循法定的程序，预算方案才能得以编制、审议通过和调整。
(2) 预算决策所依据的法规、标准和决策程序都具有法定性。

（二）政府预算决策过程

(1) 决策过程的实质是对公共偏好的选择。
(2) 公共偏好是政府预算决策的对象。
(3) 政府预算的决策程序具有强制性。

偏好的表达→投票规则→政策意志→决策结果，整个决策程序都具有强制性。

（三）优化政府预算决策的路径

(1) 为了弥补预算决策的政治缺陷，可以适当采用市场化方式。
(2) 改进政治决策程序，可以采用民主的方式。
(3) 制定决策标准，建立制衡机制，避免权力过分集中。

>> 典型例题

1. [单项选择题] 政府预算决策的对象是（　　）。

A. 程序合理　　　　　　　　B. 依据合理
C. 公共偏好　　　　　　　　D. 政府需要

[解析] 政府预算决策的对象是公共偏好。

**2.[多项选择题]** 政府预算政治决策程序的强制性主要表现在（　　）。

A. 预算标准的强制性　　　　　　　B. 偏好表达的强制性

C. 投票规则的强制性　　　　　　　D. 政策意志的强制性

E. 决策结果的强制性

[解析] 政府预算的政治行政决策程序具有强制性，主要表现为：①偏好表达的强制性；②投票规则的强制性；③政策意志的强制性；④决策结果的强制性。

答案：1.C　2.BCDE

## 二、政府预算编制模式 ☆☆☆

（一）政府预算模式的种类

按不同的分类标准，政府预算模式可分为以下种类，具体见图2-1。

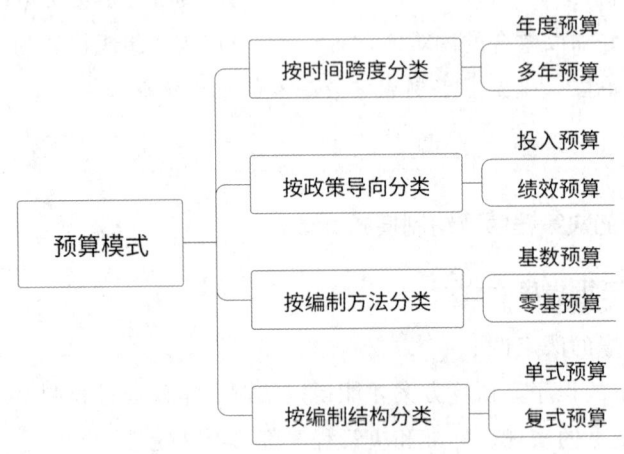

图 2-1　政府预算模式的种类

### 1. 年度预算和多年预算

年度预算和多年预算的具体内容见表2-5。

表 2-5　年度预算和多年预算

| 类型 | 具体解释 |
| --- | --- |
| 年度预算 | 分为历年制和跨年制 |
| 多年预算 | 一般指多年期滚动的预算计划，通常滚动时间为3~5年，其对年度预算具有约束力 |

### 2. 投入预算和绩效预算

（1）投入预算。投入预算严格遵守预算控制规则，限制甚至禁止资金在不同预算项目间转移，只能反映投入项目的用途和支出金额，不考虑支出的经济效果。其政策重点在于如何控制资源的投入和使用。

（2）绩效预算。

①绩效预算要求政府每笔支出必须符合"绩""预算""效"三要素的要求。

"绩"是指请求财政拨款是为了达到某一具体目标或计划，即绩效目标。对这些目标应当尽量进行量化或者指标化，以便编制预算并考核效果。

"预算"是指完成业绩所需的拨款额或公共劳务成本，它包括人员工资和各种费用在内的全部成本。凡是能够被直接量化的，政府都应当计算并公布标准成本。

"效"是指财政性资金使用所带来的产出和结果指标，对绩效的考核指标设计应包括量的考核指标和质的考核指标。

②20世纪70年代末到80年代初，澳大利亚、英国、加拿大、新西兰等国家率先启动了新绩效预算改革。

③新绩效预算与20世纪50年代于美国兴起的早期绩效预算的比较见表2-6。

表2-6 新绩效预算与20世纪50年代于美国兴起的早期绩效预算的比较

| 项目 | 早期绩效预算 | 新绩效预算 |
| --- | --- | --- |
| 联系 | 二者都强调预算支出的绩效 | |
| 区别 | 更强调产出 | 更强调支出的最终结果。新绩效预算将绩效管理从预算的决策编制引入预算的执行及结果，更强调总额控制，而把资金使用的一定自由裁量权下放给支出部门和管理者，同时加强对支出结果的评价。由此，基于新绩效预算的绩效管理覆盖了整个预算过程 |

3. 基数预算和零基预算

基数预算和零基预算的具体内容见表2-7。

表2-7 基数预算和零基预算

| 类型 | 具体解释 |
| --- | --- |
| 基数预算 | 以上年度财政收支执行数为基数，综合考虑新的年度国家社会经济发展需要，然后加以调整确定 |
| 零基预算 | 不考虑以前年度的收支执行情况，而是以"零"为基础，重新评估所需金额的一种预算形式 |

4. 单式预算和复式预算

单式预算和复式预算的具体内容见表2-8。

表2-8 单式预算和复式预算

| 类型 | 具体解释 |
| --- | --- |
| 单式预算 | 将政府的全部财政收支，汇编在一个统一的预算表中 |
| 复式预算 | 把国家同一个预算年度内的全部预算收入和支出按性质进行划分，分别汇编成两个或两个以上的收支对照表，以特定的预算来源保证特定的预算支出，使收支之间具有相对稳定对应关系的预算编制方式 |
| | 丹麦和瑞典是最早实行复式预算的国家。双重预算是典型的复式预算，双重预算有经常预算和资本预算两种形式 |

双重预算的形式具体见表2-9。

表2-9 双重预算的形式

| 形式 | 具体解释 |
| --- | --- |
| 经常预算 | 用于维护政府活动的经常费用和以管理者身份取得的一般收入。<br>(1) 收入：以税收为主要来源<br>(2) 支出：包括政府日常行政经费支出、各项事业费和社会保障支出 |

续表

| 形式 | 具体解释 |
|---|---|
| 资本预算 | 政府作为国有资产的所有者取得的收入。<br>(1) 收入：包括资产处置收入、债务收入、国有资产经营收益、经常预算结余转入等<br>(2) 支出：包括各项资本性支出 |

》典型例题

**1.** [多项选择题] 最早实行复式预算的国家有（    ）。

A. 中国　　　　　　　　　　　B. 英国

C. 丹麦　　　　　　　　　　　D. 瑞典

E. 印度

[解析] 最早实行复式预算的国家是丹麦和瑞典。

**2.** [单项选择题] 关于预算模式的说法，属于投入导向预算模式的典型特征的是（    ）。

A. 全部预算收支汇集

B. 以上年度预算收支作为编制预算的依据

C. 限制资金在不同预算项目间转移

D. 在成本效益分析基础上确定支出预算

[解析] 投入预算是指在编制、执行传统的线性预算时严格遵守预算控制规则，限制资金在不同预算项目间转移，只能反映投入项目的用途和支出金额，不考虑支出的经济效果。投入预算的政策重点在于如何控制资源的投入和使用。

答案：1. CD　2. C

（二）我国全口径预算体系

中国全口径预算体系一般由一般公共预算、政府性基金预算、国有资本经营预算、社会保险基金预算构成，具体见图2-2。

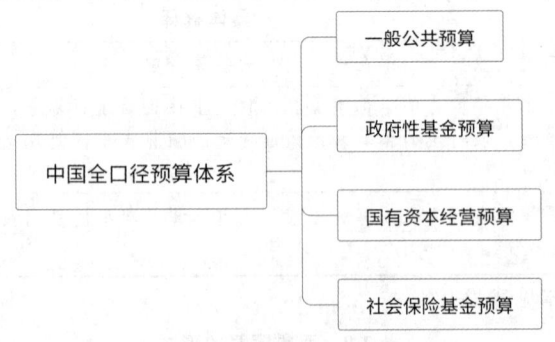

图2-2　中国全口径预算体系

1. 一般公共预算

（1）一般公共预算的含义。一般公共预算是对以税收为主体的财政收入，安排用于事业发展、公共投资、分配调节及政权建设等方面的预算。

(2) 一般公共预算的收支范围。

①一般公共预算收入包括各项税收收入、行政事业性收费收入、国有资源（资产）有偿使用收入、转移性收入和其他收入。

②一般公共预算支出按照其经济性质分类，可分为工资福利支出、商品和服务支出、资本性支出和其他支出；按照其功能分类，可分为一般公共服务支出，外交、公共安全、国防支出，农业、环境保护支出，教育、科技、文化、卫生、体育支出，社会保障及就业支出和其他支出。

2. 政府性基金预算

(1) 政府性基金预算的含义。政府性基金预算是在一定期限内，依照法律、行政法规的规定专项用于特定公共事业发展的收支预算，即向特定对象征收、收取或者以其他方式筹集的资金。

(2) 政府性基金预算的主要特征。

①政府性基金一般应有一定的存续期限（通常不能无限期存在）。

②政府性基金预算的收入来源包括向特定对象征收、收取或者以其他方式筹集。

③政府性基金预算的收入只能是依照法律、行政法规规定组织。

④政府性基金预算具有专款专用的特征，必须专项用于特定公共事业发展。

(3) 政府性基金预算主要内容。

①政府性基金预算收入：农网还贷资金、铁路建设基金、民航发展基金、旅游发展基金、国家电影事业发展专项资金、国有土地使用权出让金、国家重大水利工程建设基金、彩票公益金、城市基础设施配套费、车辆通行费、污水处理费。

②政府性基金预算支出：按照支出功能主要用于科学技术、文化旅游体育与传媒、社会保障与就业、节能环保、城乡社区、农林水、交通运输、资源勘探信息、金融。

3. 国有资本经营预算

(1) 国有资本经营预算是对国有资本收益作出支出安排的收支预算，即是对政府在一个财政年度内国有资产经营性收支活动进行价值管理和分配。

(2) 国有资本经营预算与政府一般公共预算的区别见表2-10。

表2-10 国有资本经营预算与政府一般公共预算的区别

| 项目 | 具体说明 |
| --- | --- |
| 政府一般公共预算 | 分配主体是作为社会管理者的政府，分配手段是凭借政治权力进行分配，具有强制性和无偿性；分配形式是以税收为主要收入；分配目的是满足社会公共需要，从性质上看属于供给型预算 |
| 国有资本经营预算 | 分配主体是作为生产资料所有者代表的政府，以国有资产的宏观经营并取得宏观经济效益为分配目的；以资产所有权为分配依据，其收支内容基本上是围绕经营性国有资产进行价值管理和分配形成的，属于经营型预算；相对独立于公共预算，不列赤字；收支规模较小 |

【提示】目前，我国国有资本经营预算的范围可以概括为自然垄断行业和一般竞争性领域

的经营性企业的国有资产,即国有资本,而非整体的国有资产。整体国有资产可分为以国有企业资产为主的经营性资产、行政事业性资产和自然资源资产三大类。

(3) 收支范围。

①收入:最主要的是国有企业上缴的利润。

②支出:补充公共财政(即调入一般公共预算和补充全国社会保障基金);资本性支出;费用性支出;其他支出。

【提示】资本性支出,即国有企业资本金注入,是指用于引导投资运营公司和中央企业更好地服务于国家战略,将国有资本更多投向关系国家安全和国民经济命脉的重要行业和关键领域的资本性支出。其方式及作用见表2-11。

表2-11 国有企业资本金注入的方式及作用

| 方式 | 作用 |
| --- | --- |
| 向投资运营公司注资 | 用于推动投资运营公司调整国有资本布局和结构,增强国有资本控制力 |
| 向产业投资基金注资 | 用于引导投资运营公司采取市场化方式发起设立产业投资基金,发挥财政资金的杠杆作用,引领社会资本更多投向重要前瞻性战略性产业、生态环境保护、科技进步、公共服务、国际化经营等领域,增强国有资本影响力 |
| 向企业注资 | 用于落实党中央、国务院有关决策部署精神,由企业具体实施的事项 |

4. 社会保险基金预算

(1) 编制社会保障预算的国际模式。目前有关社会保障预算编制的模式共有四种,具体见图2-3。

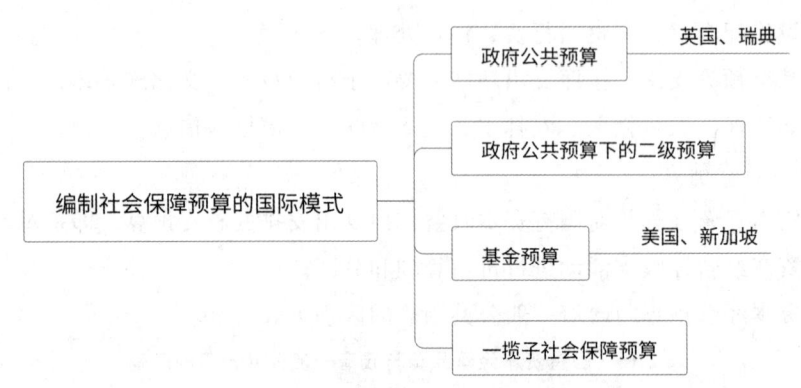

图2-3 编制社会保障预算的国际模式

(2) 我国的社会保险基金预算。我国的社会保险基金预算是指对社会保险缴款、一般公共预算安排资金和其他方式筹集的资金,专项用于社会保险的收支预算。其性质为社会共济,但应当将其纳入政府预算体系。社会保险基金预算收入来源于社会保险缴款、一般公共预算安排资金以及其他方式筹集的资金。社会保险基金预算支出专款专用,包括社会保险待遇支出、转移支出、补助下级支出、上解上级支出和其他支出。

5. 各预算之间的相互关系

(1) 政府性基金预算与一般公共预算统筹使用。

(2)国有资本经营预算与一般公共预算统筹使用。

(3)一般公共预算各项资金统筹使用。

(4)与社会保险基金预算的统筹关系。一般公共预算可以根据需要和财力适当安排资金补充社会保险基金预算;社会保险基金预算"只进不出",不能用于平衡其他三项预算。

> 典型例题

**1.[多项选择题]** 国际上社会保障预算的编制模式主要有( )。

A. 基金预算 B. 政府公共预算

C. 一揽子社会保障预算 D. 资本预算下的二级预算

E. 公共预算下的二级预算

[解析] 编制社会保障预算的国际模式:①基金预算;②政府公共预算;③一揽子社会保障预算;④政府公共预算下的二级预算。

**2.[单项选择题]** 下列不属于我国政府全口径预算体系的是( )。

A. 社会保障基金预算 B. 一般公共预算

C. 政府性基金预算 D. 国有资本经营预算

[解析] 全口径预算管理改革的目标,可以概括为通过预算制度的改革,将全部政府收支纳入预算体系。具体来说,就是要建立由政府一般公共预算、政府性基金预算、国有资本经营预算、社会保险基金预算等构成的全口径预算体系,并且在这一预算体系内的各项预算之间建立起规范、明确、透明的衔接机制。

答案:1. ABCE 2. A

## 考点3 政府预算的原则、政策及编制 ☆☆

### 一、政府预算的原则

政府预算的原则包括年度性、统一性、完整性、可靠性和公开性,具体内容见表2-12。

表2-12 政府预算的原则

| 原则 | 说明 |
| --- | --- |
| 年度性 | 政府必须按照法定预算年度编制国家预算,这一预算要反映全年的财政收支活动,同时不允许将不属于本年度财政收支的内容列入本年度的国家预算之中 |
| | (1)历年制。按公历计,自每年的1月1日起到12月31日止,采用历年制的国家有中国、俄罗斯、法国、德国、意大利、西班牙、葡萄牙、墨西哥、巴西等<br>(2)跨年制。其具体包括:<br>①4月制(自每年4月1日至次年的3月31日),包括加拿大、英国、日本、印度、新加坡、新西兰、南非等<br>②7月制(自每年的7月1日至次年的6月30日),包括澳大利亚、巴基斯坦、孟加拉国、埃及、科威特、坦桑尼亚、肯尼亚等<br>③10月制(自每年的10月1日至次年的9月30日),包括美国联邦政府、泰国等 |

续表

| 原则 | 说明 |
|---|---|
| 统一性 | 要求设立统一的预算科目，每个科目都应按统一的口径、程序计算和填列，收支不应只列入收支相抵的净额，而是要以总额列入预算 |
| 完整性 | 全部财政收支反映在政府预算中 |
| 可靠性 | 每一收支项目的数字指标科学计算 |
| 公开性 | 国家预算及其执行情况必须采取一定的形式公开，为人民所了解并置于人民的监督之下 |

》 **典型例题**

**1. [单项选择题]** 就预算年度来说，属于历年制的是（　　）。

A. 1月1日至12月31日

B. 4月1日至次年3月31日

C. 7月1日至次年6月30日

D. 10月1日至次年9月30日

[解析] 历年制是指按公历计，即每年的1月1日起到12月31日止。

**2. [单项选择题]** 要求预算部门的收支应以总额列入预算，而不应当只列入收支相抵后的净额，这体现了政府预算的（　　）原则。

A. 可靠性　　　　　　　　　　B. 完整性

C. 统一性　　　　　　　　　　D. 年度性

[解析] 统一性要求预算收支按照统一程序来编制，任何单位的收支都要以总额列入预算，不应只列入收支相抵的净额。

答案：1. A　2. C

## 二、政府预算的政策 ☆☆

政府预算的政策是财政政策的核心内容。政府预算的政策类型见表2-13。

表2-13　政府预算的政策类型

| 政策类型 | 说明 |
|---|---|
| 周期平衡预算政策 | 20世纪40年代由美国经济学家阿尔文·汉森提出 |
| 充分就业预算平衡政策 | 在充分就业条件下估计国民收入规模，并以此来安排预算收支 |
| 功能财政预算政策 | 20世纪40年代由美国经济学家勒纳提出；目的是力求保持国民经济整体的平衡，采用相机抉择方式来实现政策目标 |
| 健全财政政策 | 衡量财政是否健全的标志就是年度预算收支是否平衡 |
| 预算平衡政策 | 力求预算收支平衡，以免财政赤字或盈余引发通胀或紧缩 |

> **典型例题**

[单项选择题] 根据经济社会发展的政策目标，采用相机抉择方式安排预算收支的政策称为（　　）。

A. 健全财政政策

B. 功能财政预算政策

C. 周期平衡预算政策

D. 充分就业预算平衡政策

[解析] 功能财政预算政策的核心内容是要说明政府不必局限于预算收支之间的对比关系，保持预算收支的平衡，重要的是应当保持国民经济整体的平衡，采用相机抉择的方式来实现政策目标。

答案：B

### 三、政府预算编制

按照行政级别，一级政府财政预算可分为由财政部汇编的中央预算和地方总预算，以及由各级地方财政部门汇编的本级地方总预算。

（一）一般公共预算编制

一般公共预算编制见表 2-14。

表 2-14　一般公共预算编制

| 要点 | 主要内容 |
|---|---|
| 预算组成 | 由本级部门预算、转移支付预算和预备费等组成 |
| 编制原则 | 一般公共预算要遵循量入为出、收支平衡的原则，除预算法规定的情形外，不列赤字。财政部门在拟定年度收支计划时，应参照以下方式：<br>(1) 预测本年收入总额<br>(2) 预计本年支出总额<br>(3) 统筹平衡，确定收支预算总额 |
| 编制内容 | 收入预算 | 包括本级一般公共预算收入（含税收收入和非税收入）、上级转移支付收入、下级上解收入、从政府性基金调入资金、从国有资本经营预算调入资金、其他调入资金、动用预算稳定调节基金、债务收入及债务转贷收入、上年结转收入等 |
| | 支出预算 | 包括本级一般公共预算支出、上解上级支出、对下级的转移支付支出、债务转贷支出、债务还本支出、补充预算稳定调节基金等 |
| 编制规则 | 一般公共预算按照政府收支分类科目编制，收入按收入分类编制到款级科目；支出按支出功能分类编制到项级科目，按支出经济分类编制到款级科目 |

【提示】财政部门将一般公共预算的超收收入（除用于冲减赤字外）、结余资金用于补充预算稳定调节基金。

（二）政府性基金预算编制

政府性基金预算编制见表 2-15。

表 2-15　政府性基金预算编制

| 要点 | | 主要内容 |
|---|---|---|
| 编制原则 | | (1) 财政部门会同主管部门根据实际情况，按基金项目编制，支出与收入按基金项目对应，做到以收定支<br>(2) 按照基金项目编制，不同的基金项目分别编制，不允许项目间混编 |
| 编制内容 | 收入预算 | 本级政府性基金收入、上级转移支付收入、债务收入及债务转贷收入、下级上解收入、上年结转收入 |
| 编制内容 | 支出预算 | 本级政府性基金预算支出、对下级转移支付支出、债务转贷支出、债务还本支出、调出资金、上解上级支出 |
| 编制规则 | | 按照政府收支分类科目编制，收入按收入分类编制到底级科目；支出按支出功能分类编制到项级科目，按支出经济分类编制到款级科目 |

（三）国有资本经营预算编制

国有资本经营预算编制见表 2-16。

表 2-16　国有资本经营预算编制

| 要点 | | 主要内容 |
|---|---|---|
| 编制原则 | | 按照收支平衡的原则编制，不列赤字，并按一定比例安排资金调入一般公共预算，用于保障和改善民生等 |
| 编制内容 | 收入预算 | 包括本级国有资本经营预算收入、上级转移支付收入、下级上解收入、上年结转收入 |
| 编制内容 | 支出预算 | 包括本级国有资本经营预算支出、对下级转移支付支出、调出资金、上解上级支出等 |
| 管理流程及规则 | | 按照政府收支分类科目编制，收入按收入分类编制到目级科目；支出按功能分类编制到项级科目，政府经济分类编制到款级科目 |

（四）社会保险基金预算编制

社会保险基金预算编制见表 2-17。

表 2-17　社会保险基金预算编制

| 要点 | 具体内容 |
|---|---|
| 预算内容 | (1) 企业职工（基本养老保险/失业保险/职工基本医疗保险/工伤保险基金收支）<br>(2) 城乡居民（基本养老保险/基本医疗保险基金收支）<br>(3) 机关事业单位基本养老保险基金收支<br>(4) 其他社会保险基金收支<br>(5) 财政补贴及基金利息 |
| 编制原则 | (1) 收支平衡（按社会保险各险种的统筹层次和项目分别编制）<br>(2) 专款专用<br>(3) 与一般公共预算衔接 |

（五）政府债务预算处理

政府债务按照性质分别列入一般公共预算和政府性基金预算。

政府债务预算处理内容见表2-18。

表2-18 政府债务预算处理

| 要点 | | 主要内容 |
|---|---|---|
| 中央预算债务处理 | | (1) 中央一般公共预算必需的部分资金，可通过举借国内和国外债务等方式筹措，但应当注意举借债务规模和结构（可用于建设投资和弥补一般公共预算支出）<br>(2) 对中央一般公共预算中举借的债务实行余额管理（不得超过全国人民代表大会批准的限额）<br>(3) 财政部具体负责对中央债务统一管理 |
| 地方预算债务处理 | 地方债务预算管理要求 | |
| | 限制主体 | 经国务院批准的省、自治区、直辖市 |
| | 限制方式 | 只限于发行地方政府债券 |
| | 限制范围 | 经国务院批准的省级政府预算中必需的建设投资的部分资金 |
| | 限制用途 | 举借的债务只能用于公益性资本支出，不得用于经常性支出 |
| | 控制风险 | 举借的债务应当有偿还计划和稳定的偿还资金来源 |
| | 规范管理和监督 | 经国务院批准的地方政府举借的债务应当纳入预算；地方政府债务的规模由国务院报全国人大及其常委会批准 |
| | 地方债务预算管理 | |
| | 债务分类 | (1) 地方政府一般债务：地方政府一般债券、外债转贷<br>(2) 地方政府专项债务：地方政府专项债券 |
| | 预算管理 | (1) 纳入一般公共预算管理：地方政府一般债务收入、安排的支出、还本付息、发行费用<br>(2) 纳入政府性基金预算管理：地方政府专项债务收入、安排的支出、还本付息、发行费用 |
| | 发行主体 | 一般债券、专项债券的发行主体：省、自治区、直辖市政府 |
| | 使用 | 用于公益性资本支出，不得用于经常性支出 |
| | 偿还 | 应当有偿还计划和稳定的偿还资金来源（债务利息通过对应的预算收入偿还，不得使用发行债券的方式偿还） |

>> 典型例题

[多项选择题] 下列关于政府预算编制的说法，正确的有（ ）。

A. 一般公共预算由本级部门预算、转移支付预算和预备费等组成

B. 政府性基金预算按照基金项目编制，原则上不允许基金项目间混编

C. 社会保险基金预算坚持专款专用的编制原则

D. 对中央一般公共预算中举借的债务实行余额管理

E. 地方政府举借的债务可用于公益性资本支出和经常性支出

[解析] 地方政府举借的债务只能用于公益性资本支出，不得用于经常性支出，故E项错误。

答案：ABCD

**四、跨年度预算平衡机制**☆☆

（一）预算超收及短收的平衡机制

各级一般公共预算按照国务院的规定可以设置预算稳定调节基金，预算执行中出现的超收收入，在冲减赤字或化解债务后用于补充预算稳定调节基金；出现短收收入，可用预算稳定调

节基金弥补不足。

（二）预算的赤字弥补机制

根据《预算法实施条例》的规定，预算的赤字弥补机制为：省、自治区、直辖市政府依照预算法规定增列的赤字，可以通过在国务院下达的本地区政府债务限额内发行地方政府一般债券予以平衡。设区的市、自治州以下各级一般公共预算年度执行中出现短收的，应当通过调入预算稳定调节基金或者其他预算资金、减少支出等方式实现收支平衡；采取上述措施仍不能实现收支平衡的，可以通过申请上级政府临时救助平衡当年预算，并在下一年度预算中安排资金归还。

（三）实施中期财政规划管理

我国中期财政规划按照三年滚动方式编制。全国中期财政规划对中央年度预算编制起约束作用，对地方中期财政规划和年度预算编制起指导作用。

>> 典型例题

[单项选择题] 一般公共预算执行中出现超收收入，在冲减财政赤字或化解债务后用于（  ）。

A. 财政资金

B. 补充预算

C. 政府债务收入

D. 转移支出

[解析] 对于一般公共预算执行中出现的超收收入，在冲减赤字或化解债务后用于补充预算，稳定调节基金。

答案：B

考点4　政府预算的编制制度、执行制度及审批监督制度 ☆☆☆

一、部门预算制度 ☆☆☆

（一）部门预算的含义

部门预算是指与财政部门直接发生经费领拨关系的一级预算单位的预算，它由本部门及所属各单位的全部收支预算组成。部门预算是反映一个部门全部收支状况的预算。

（二）部门预算的原则

(1) 完整性原则。

(2) 科学性原则。

(3) 合法性原则。

(4) 真实性原则。

(5) 透明性原则。

(6) 稳妥性原则。不得编制赤字预算。

(7) 重点性原则。先重点、急需项目，后一般项目；先保证基本支出，后安排项目支出。

(8) 绩效性原则。建立绩效考评制度。

> **典型例题**

[单项选择题]部门预算编制首先要保证基本支出的需要，体现的原则是（　　）。
A. 合法性原则　　　　　　　　B. 科学性原则
C. 稳妥性原则　　　　　　　　D. 重点性原则

[解析]重点性原则指的是先保证基本支出，后安排项目支出；先重点、急需项目，后一般项目。

答案：D

### （三）部门预算的基本内容

各部门预算收入包括本级财政安排给本部门及其所属各单位的预算拨款收入和其他收入。各部门预算支出为与部门预算收入相对应的支出，包括基本支出和项目支出。各部门预算应当反映一般公共预算、政府性基金预算、国有资本经营预算安排给本部门及其所属各单位的所有预算资金。

## 二、政府采购与政府购买服务☆

### （一）政府采购的含义

政府采购也称公共采购，是指国家机关、事业单位和团体组织在财政的监督下，以法定的方式和程序，从国内外市场上购买履行其职能所需要的商品和劳务的活动。为了规范政府采购行为，加强政府采购管理，提高财政支出使用效率，就要制定有关政府采购的政策、方法、程序、管理等一系列的法律法规，这些法律法规的总称就是政府采购制度。政府采购制度最早由英国创建。

### （二）政府采购的原则

（1）我国确立的基本原则：讲求绩效原则、诚实信用原则、公平竞争原则、公正原则、公开透明原则。其中，为了保证公正原则，《中华人民共和国政府采购法实施条例》建立了回避制度，在政府采购活动中，下列人员应当回避：参加采购活动前3年内与供应商存在劳动关系；参加采购活动前3年内担任供应商的董事、监事；参加采购活动前3年内是供应商的控股股东或实际控制人；与供应商的法定代表人或者负责人有夫妻、直系血亲、三代以内旁系血亲或者近姻亲关系；与供应商有其他可能影响政府采购活动公平、公正进行的关系。

（2）世界其他国一般遵循的原则：公平原则、公开原则、竞争原则。

> **典型例题**

[多项选择题]《中华人民共和国政府采购法实施条例》规定，在政府采购活动中，采购人员及相关人员与供应商有下列（　　）的，应当回避。
A. 参加采购活动前3年内与供应商存在劳动关系
B. 参加采购活动前3年内担任供应商的董事
C. 参加采购活动前5年内担任供应商的监事

D. 参加采购活动前3年内是供应商的控股股东或实际控制人

E. 与供应商的法定代表人或负责人有夫妻、直系血亲、三代以内旁系血亲或近姻亲关系

[解析] 参加采购活动前3年内担任供应商的监事应当回避，C项错误。

答案：ABDE

（三）政府采购的基本方式

按是否具备招标性质划分，政府采购可分为竞争性采购和非竞争性采购。具体分类如图2-4所示。

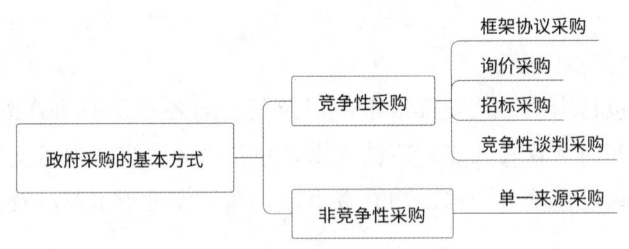

图2-4 政府采购的基本方式

1. 竞争性采购

竞争性采购主要有4种方式，具体见表2-19。

表2-19 竞争性采购的方式

| 方式 | 具体内容 |
| --- | --- |
| 框架协议采购 | — |
| 询价采购 | 采购单位向国内外有关供应商发出询价单，然后对供应商提供的报价进行比较，并确定中标供应商，以确保产品和服务价格具有竞争性 |
| 招标采购（公开招标） | 通过公开招标的方式，邀请所有符合条件的供应商参加。优点：最能体现政府采购的公开性、竞争性。这是主要的采购方式 |
| 竞争性谈判采购 | 采购人与多家供应商进行分别谈判，从中确定中标供应商并授予合同的采购方式 |

2. 非竞争性采购

非竞争性采购主要是单一来源采购（直接采购），是指采购标的达到了竞争性招标采购的金额标准，但由于采购来源渠道单一，或属于专利、首次制造、合同追加、原有项目的后续扩充等特殊情况，在此情况下，也只能从唯一的供应商那里采购。

（四）政府购买服务

政府购买服务的内容见表2-20。

表2-20 政府购买服务

| 要点 | 具体内容 |
| --- | --- |
| 购买内容 | 属于政府职责范围、适合采取市场化方式提供的服务事项 |

续表

| 要点 | 具体内容 |
| --- | --- |
| 购买方式及程序 | 对于政府集中采购目录以内或采购限额标准以上的项目,采用公开招标、邀请招标、竞争性谈判、竞争性磋商、单一来源采购等方式确定承接主体 |
| 购买主体 | 各级行政机关,具有行政管理职能的事业单位,纳入行政编制管理且经费由财政负担的群团组织 |
| 承接主体 | 登记管理部门登记或经国务院批准免予登记的社会组织(重要承接主体),按事业单位分类改革应划入公益二类或转为企业的事业单位,依法在工商管理或行业主管部门登记成立的企业、机构等社会力量 |
| 预算与财务管理 | (1) 妥善安排购买服务所需资金<br>(2) 健全购买服务预算管理体系<br>(3) 强化购买服务预算执行监控 |

>> 典型例题

**1.[单项选择题]** 在政府采购中,采购人与多家供应商进行分别谈判,从中确定中标供应商并授予合同的采购方式是( )。

A. 招标采购

B. 竞争性谈判采购

C. 询价采购

D. 框架协议采购

[解析] 竞争性谈判采购是指采购人与多家供应商进行分别谈判,从中确定中标供应商并授予合同的采购方式,故选B项。

**2.[单项选择题]** 下列选项中,不属于政府购买服务采购主体的是( )。

A. 行政机关

B. 具有行政管理职能的事业单位

C. 纳入行政编制管理且经费由财政负担的群团组织

D. 国有企业

[解析] 政府采购服务的主体包括各级行政机关、具有行政管理职能的事业单位、纳入行政编制管理且经费由财政负担的群团组织。

答案:1.B 2.D

### 三、现代国库管理制度 ☆☆☆

现代国库管理制度的核心内容:公债管理、国库现金管理、国库集中收付管理。

(一)公债管理

(1) 依据政府对公债规模的控制,公债管理可分为公债发行额管理和公债余额管理两种,而公债余额管理又分为公债限额管理和预算差额管理两种。

(2) 2006年,我国全国人大常委会批准开始实施公债余额管理。

(3) 公债管理与国库现金管理密切配合,可以大大提高资产负债管理的效率和效益。

### (二)国库现金管理

**1. 国库现金管理的含义**

国库现金管理是在确保国库资金安全完整、财政支出需要的前提下,对国库现金进行有效的运作管理,实现国库闲置现金余额最小化、投资收益最大化的一系列财政资金管理活动。

**2. 国库现金管理的对象**

国库现金管理的对象主要包括现金等价的短期金融资产、库存现金和活期存款。

**3. 国库现金管理的操作方式**

国库现金管理的操作方式包括买回公债、公债回购、逆回购和商业银行定期存款等。商业银行定期存款和买回公债是在国库现金管理初期的两种操作方式。

> **典型例题**

[单项选择题] 有利于提高现代国库资产负债管理效益的举措是（　　）。

A. 公债管理与国库集中收付相结合

B. 公债管理与国库现金管理相结合

C. 公债管理与财政直接支付相结合

D. 公债管理与财政授权支付相结合

[解析] 公债管理是现代国库管理制度负债管理职能的重要体现,它与国库现金管理密切配合,可以大大提高资产负债管理的效率和效益。

答案：B

### (三)国库集中收付管理

**1. 国库集中收付管理的主要内容**

(1) 完善的国库单一账户体系。财政部门在国库或国库指定的代理银行开设统一的账户,各单位在统一账户下设立分类账户,实行集中管理。

(2) 规范的财政资金收付程序和方式；财政收入按照规范的收入程序和方式直接缴入国库单一账户；财政支出通过规范的资金支付程序和方式直接向货物和劳务供应者支付货款。

(3) 国库集中收付管理是对财政收支活动实行有效的监控。

**2. 我国国库集中收付制度**

我国财政国库管理制度改革是从 2001 年开始推行的,以国库单一账户体系为基础,资金缴拨以国库集中收付为主要形式。

(1) 改革资金收缴方式：采取直接缴库和集中汇缴的方式,将税收收入和非税收入直接缴入国库单一账户或财政专户。

(2) 改革资金支付方式：实行财政直接支付和财政授权支付的方式,通过国库单一账户体系将资金支付给收款人。

(3) 改革账户管理体系：建立集中、可控、科学的国库单一账户体系。

> 典型例题

**[单项选择题]** 现代国库管理的基本制度是（　　）。

A. 财政收入的收纳制度

B. 财政收入的划分和报解办法

C. 库款的支拨程序

D. 国库的集中收付管理

**[解析]** 国库集中收付管理是现代国库管理的基本制度。现代国库管理制度的核心内容是国库集中收付管理、公债管理和国库现金管理。

答案：D

### 四、政府预算的审查、批准和监督 ☆☆

（一）政府预算的审查和批准

政府预算的审查和批准包括财政部门对预算的审查和立法机关对预算的审查及批准。

1. 发达国家的预算审批

（1）行政机关负责预算编制和执行以及决算。

（2）立法机关负责预算审批。

（3）司法机关负责预算监督。

2. 我国立法机关的预算审批程序及内容

我国法定的预算审批部门是各级人民代表大会，重点审查预算草案的合法性、完整性和可行性等。

人大审批预算的过程分为初审和终审两个阶段。

（1）初审。在各级人民代表大会召开前，预算草案的主要内容由各级人民代表大会的相关部门进行初步审查。

（2）终审。各级人民代表大会对预算草案进行审查和批准。

（二）政府预算的监督

1. 政府预算监督的含义

对财政收支的审计是政府预算监督的最基本表现形式之一。

政府预算监督有广义和狭义之分，具体内容见表2-21。

表2-21　政府预算监督的含义

| 分类 | 具体内容 |
| --- | --- |
| 广义 | 具有监督权的各主体，依照法定的权限和程序，检查和监督各级政府预算的实施情况（内、外部的监督） |
| 狭义 | 国家财政机关对各级政府预算编制、执行、调整乃至决算等活动的合法性、真实性和有效性进行监督（政府内部的监督） |

### 2. 政府预算监督的分类

政府预算监督按不同的方式也有不同的分类,具体见表2-22。

表2-22 政府预算监督的分类

| 划分方式 | 具体分类 |
| --- | --- |
| 按照时间顺序划分 | 事前监督、事中监督、事后监督 |
| 按照体系构成划分 | 财政部门监督、审计部门监督、社会中介机构监督、社会舆论监督、立法机关监督以及司法监督 |

### 3. 政府预算监督的特点

政府预算监督具有六个特点,具体内容见表2-23。

表2-23 政府预算监督的特点

| 特点 | 具体内容 |
| --- | --- |
| 预算监督主体的多元性 | 预算监督主体:各级人民代表大会及其常务委员会和有关专门委员会、各级政府财政部门、审计部门、社会中介机构、社会舆论和司法机关 |
| 预算监督对象的广泛性 | 预算监督对象:中央预算和地方总预算 |
| 预算监督体系的层次性 | 包括政府层面的监督以及外部监督,如立法机关、社会中介机构、社会舆论、司法机关等 |
| 预算监督过程的全面性 | 包括对预算编制、预算执行、预算调整、决算、预算备案等各个环节的监督 |
| 预算监督依据的法律性 | — |
| 预算监督形式的多样性 | 多渠道、多形式监督 |

### 4. 政府预算监督的主要内容

政府预算监督的主要内容具体见表2-24。

表2-24 政府预算监督的主要内容

| 监督部门 | 监督内容 |
| --- | --- |
| 财政部门 | 包括对预算编制、收支执行、政府采购、内部财务收支的监督等 |
| 审计部门 | 包括对预算编制、执行、决算的审计,以及对政府性基金的审计等 |
| 立法机关 | 包括对政府预算编制、调整和变更、政府决算的监督 |

## 考点5 政府预算的绩效管理☆☆

### 一、政府预算绩效管理的前提☆

政府预算绩效管理的前提共包括五个方面,具体内容见表2-25。

表2-25 政府预算绩效管理的前提

| 前提条件 | 具体内容 |
| --- | --- |
| 赋予部门管理者充分的自主权 | 在预算限额范围内拥有充分自主权 |
| 强化部门管理者的责任 | 传统的预算模式只强调对其程序规则的服从,而预算绩效评价依据的是最终结果或者运作效率。如果达不到预算希望的结果,则支出机构的负责人将承担责任 |

续表

| 前提条件 | 具体内容 |
| --- | --- |
| 构建绩效评价框架体系 | 包括年度绩效计划、提交绩效报告、进行绩效评价、反馈绩效评价结果 |
| 以权责发生制计量政府成本 | 采用改良的或修正的权责发生制——加拿大、法国、美国；实行完全的权责发生制——英国、新西兰、澳大利亚 |
| 建立绩效预算管理的制度和组织保障——以新西兰为例 | (1)《国家部门法案》——部长和CEO之间签订绩效协议<br>(2)《公共财政法案》——确立了绩效预算作为公共领域改革的重要组成部分，并要求CEO对自己部门的财务管理负责<br>(3)《财政责任法案》——定期提交财政报告、实现中长期预算、引入权责发生制等 |

>> 典型例题

**1. [单项选择题]** 在政府会计模式的选择上，采用修正的权责发生制预算会计的国家是（　　）。

A. 美国　　　　　　　　　　B. 英国

C. 澳大利亚　　　　　　　　D. 新西兰

[解析] 在政府会计模式的选择上，采用修正的权责发生制预算会计的国家有美国、法国、加拿大等国家。

**2. [单项选择题]** 确立绩效预算作为公共财政改革重要组成部分的新西兰财政法律是（　　）。

A.《国家部门法案》　　　　　B.《公共财政法案》

C.《财政责任法案》　　　　　D.《预算与会计法》

[解析]《国家部门法案》明确了部长和CEO的职责，要求部长和CEO之间签订绩效协议；《公共财政法案》确立了绩效预算作为公共领域改革的重要组成部分，并要求CEO对自己部门的财务管理负责；《财政责任法案》要求各部门定期提交财政报告，要求实现中长期预算，要求在政府会计和预算中引入权责发生制等。

答案：1. A　2. B

## 二、我国政府预算的绩效管理 ☆☆

（一）预算绩效管理的构成

我国预算绩效管理是由绩效目标管理、绩效运行跟踪监控管理、绩效评价实施管理、绩效评价结果反馈和应用管理共同组成的系统。

（二）预算绩效管理的主要内容

根据《关于全面实施预算绩效管理的意见》的规定，预算绩效管理的主要内容见表2-26。

表 2-26　预算绩效管理的主要内容

| 分类 | 具体表现 |
| --- | --- |
| 构建全方位预算绩效管理格局 | (1) 实施政府预算绩效管理<br>(2) 实施部门和单位预算绩效管理<br>(3) 实施政策和项目预算绩效管理 |
| 建立全过程预算绩效管理链条 | (1) 建立绩效评估机制<br>(2) 强化绩效目标管理<br>(3) 做好绩效运行监控<br>(4) 开展绩效评价和结果应用 |
| 完善全覆盖预算绩效管理体系 | (1) 建立一般公共预算绩效管理体系<br>(2) 建立其他政府预算绩效管理体系 |
| 健全预算绩效管理制度 | (1) 完善预算绩效管理流程<br>(2) 健全预算绩效标准体系 |
| 硬化预算绩效管理约束 | (1) 明确绩效管理责任约束<br>(2) 强化绩效管理激励约束 |

## 考点6　预算管理一体化☆

预算管理一体化的相关内容见表 2-27。

表 2-27　预算管理一体化

| 要点 | 具体表现 |
| --- | --- |
| 主要内容 | (1) 全国政府预算管理的一体化<br>(2) 各部门预算管理的一体化<br>(3) 预算全过程管理的一体化<br>(4) 预算项目全生命周期管理的一体化<br>(5) 全国预算数据管理的一体化（各级财政预算数据生产和对接传输的标准化） |
| 主要管理机制 | (1) 建立健全预算项目全生命周期管理机制<br>(2) 建立健全统一的财政预算管理要素管理机制<br>(3) 建立健全上下级财政间预算管理衔接机制<br>(4) 建立健全政府预算、部门预算、单位预算衔接机制<br>(5) 建立健全预算指标账务管理机制<br>(6) 建立健全国库集中支付管理机制<br>(7) 建立健全结转结余资金预算管理机制<br>(8) 建立健全单位资金管理机制<br>(9) 建立健全预算管理与资产管理的衔接机制<br>(10) 建立健全预算管理与债务管理的衔接机制 |
| 系统组成 | 基础信息管理、项目库管理、预算编制、预算调整和调剂、预算执行、会计核算、决算和财务报告 |

# 第三章

# 政府支出理论与内容

📖 **大纲再现**

　　理解财政支出的分类,分析财政支出的经济影响,理解财政支出规模的衡量指标,分析财政支出规模的增长趋势、影响财政支出规模的宏观因素,辨析财政支出效益的特点,分析财政支出效益、购买性支出和转移性支出的具体内容。

✏️ **大纲解读**

　　从历年考题来看,本章题型以单项选择题、多项选择题为主,无案例分析题,分值通常在14分左右。
　　本章主要分析了财政支出理论及其相关内容,需要理解财政支出按照不同标准的不同分类,重点掌握购买性支出和转移性支出的具体内容。

知识脉络 ▶

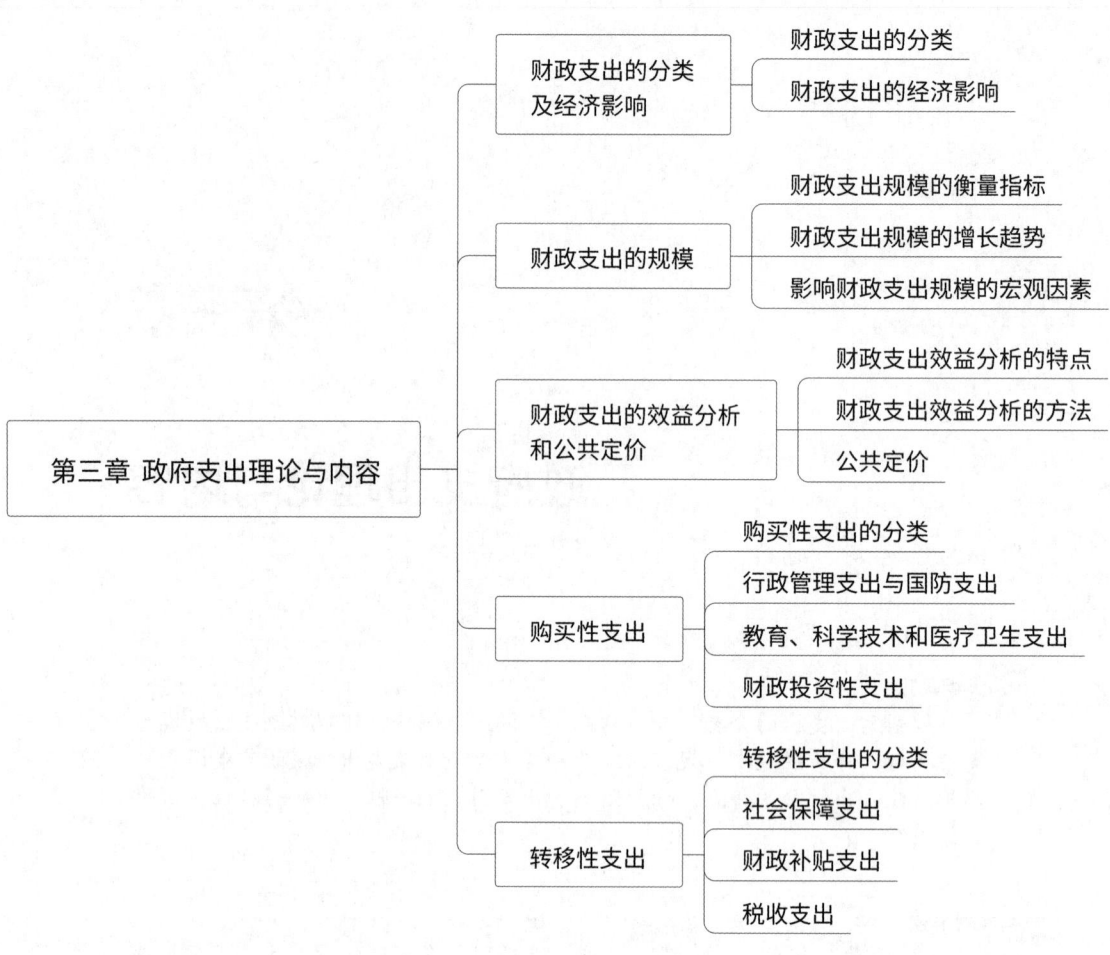

## 考点1 财政支出的分类及经济影响 ☆☆☆

### 一、财政支出的分类 ☆☆☆

（1）按在社会再生产中的作用分类。按在社会再生产中的作用分类，财政支出可分为积累性支出、消费性支出和补偿性支出，具体见表3-1。

表3-1 财政支出按在社会再生产中的作用分类

| 类型 | 解释 | 范围 |
| --- | --- | --- |
| 积累性支出 | 会直接增加社会物质财富及国家物资储备的支出 | 如基本建设支出、国家物资储备支出、生产性支农支出等 |
| 消费性支出 | 用于社会共同消费的支出 | 如国防费、行政管理费、文教科学卫生事业费、抚恤和社会救济费 |
| 补偿性支出 | 用于补偿生产过程中消耗掉的生产资料的支出 | 如挖潜改造支出 |

（2）按受益范围分类。按受益范围分类，财政支出可分为一般利益支出和特殊利益支出，具体见表3-2。

表3-2 财政支出按受益范围分类

| 类型 | 解释 | 范围 |
| --- | --- | --- |
| 一般利益支出 | 全体社会成员均可享受的支出 | 如国防支出、行政管理支出等 |
| 特殊利益支出 | 特定居民或企业才能享受的特殊利益 | 如债务利息支出、教育支出、企业补贴支出、医疗卫生支出 |

（3）按经济性质分类。按经济性质分类，财政支出可分为购买性支出和转移性支出，具体见表3-3。

表3-3 财政支出按经济性质分类

| 类型 | 解释 | 范围 |
| --- | --- | --- |
| 购买性支出 | 指政府以购买者的身份在市场上采购所需的商品和劳务，用于满足社会公共需要 | 如进行日常政务活动以及国家投资所需的商品与劳务等 |
| 转移性支出 | 指预算资金单方面无偿转移支出 | 如社会保障支出、财政补贴、债务利息等 |

（4）按目的性分类。按目的性分类，财政支出可分为预防性支出和创造性支出，具体见表3-4。

表3-4 财政支出按目的性分类

| 类型 | 解释 | 范围 |
| --- | --- | --- |
| 预防性支出（维持现状） | 这类支出能够维持社会秩序和保卫国家安全，保障人民生命财产安全与生活稳定 | 如政府行政部门、司法、公安、国防的支出 |

| 类型 | 解释 | 范围 |
|---|---|---|
| 创造性支出（变得更好） | 这类支出能够使人民的生活水平得以改善，使社会秩序更为良好，经济更快地发展 | 如文教、卫生、社会福利和基本建设投资等项目的支出 |

(5) 按政府控制能力分类。按政府控制能力分类，财政支出可分为不可控制性支出和可控制性支出，具体见表3-5。

表3-5 按政府控制能力分类

| 类型 | 解释 | 范围 |
|---|---|---|
| 不可控制性支出 | 指刚性很强的支出，是根据现行法律、法规进行的必需支出 | (1) 如政府利息支出、对地方政府的补贴等政府遗留义务和以前年度设置的固定支出项目<br>(2) 个人享受的最低收入保障和社会保障，如养老金、失业救济金、职工生活补贴等 |
| 可控制性支出 | 指弹性较大的支出，可以根据需要给予增减 | 如经济建设支出 |

## 典型例题

**1. [单项选择题]** 下列财政支出中，属于一般利益支出的是（　　）。

A. 教育支出　　　　　　　　　B. 卫生支出

C. 行政管理支出　　　　　　　D. 企业补贴支出

[解析] 按财政支出的受益范围分类，财政支出可分为一般利益支出和特殊利益支出。国防支出、行政管理支出等属于一般利益支出。

**2. [多项选择题]** 财政的积累性支出包括（　　）。

A. 国防费支出　　　　　　　　B. 基本建设支出

C. 国家物资储备支出　　　　　D. 生产性支农支出

E. 企业挖潜改造支出

[解析] A项属于消费性支出，E项属于补偿性支出，B、C、D三项属于积累性支出。

**3. [单项选择题]** 财政支出中，用于维持社会秩序和保卫国家安全，使其免受国内外敌对力量的破坏和侵犯，以保障人民生命财产安全与生活稳定的支出是（　　）。

A. 预防性支出　　　　　　　　B. 一般利益支出

C. 转移性支出　　　　　　　　D. 创造性支出

[解析] 本题考查财政支出中的预防性支出。预防性支出是指用于维持社会秩序和保卫国家安全，使其免受国内外敌对力量的破坏和侵犯，以保障人民生命财产安全与生活稳定的支出。

答案：1.C　2.BCD　3.A

## 二、财政支出的经济影响 ☆☆☆

购买性支出与转移性支出对经济影响的比较见表3-6。

表3-6　购买性支出与转移性支出对经济影响的比较

| 比较项目 | 购买性支出 | 转移性支出 |
| --- | --- | --- |
| 对政府的效益约束 | 强约束 | 弱约束 |
| 对微观经济主体的预算约束 | 硬约束 | 软约束 |
| 对社会生产和就业的影响 | 直接影响 | 间接影响 |
| 对国民收入分配的影响 | 间接影响 | 直接影响 |
| 执行财政职能的侧重点 | 购买性支出占较大比重的财政支出活动，执行资源配置的职能较强 | 转移性支出占较大比重的财政支出活动，执行国民收入分配的职能较强 |

>> 典型例题

[单项选择题] 关于购买性支出的说法，正确的是（　　）。

A. 购买性支出对微观经济主体的预算约束是软的

B. 购买性支出对国民收入分配的影响是直接的

C. 购买性支出对生产和就业有直接影响

D. 购买性支出对政府效益约束较弱

[解析] 购买性支出对微观经济主体的预算约束是硬的，A项错误。购买性支出对国民收入分配的影响是间接的，B项错误。购买性支出对政府效益的约束较强，D项错误。

答案：C

## 考点2　财政支出的规模 ☆☆

### 一、财政支出规模的衡量指标 ☆☆

（一）反映财政活动规模的指标

（1）财政收入及其占国内生产总值（GDP）的比重。

（2）财政支出及其占国内生产总值的比重。

（二）反映财政支出规模的指标

（1）财政支出数额的绝对量。

（2）财政支出占国民收入的相对量。

（3）财政支出占国民生产总值或国内生产总值的比重。

（三）反映财政支出规模变化的指标

财政支出规模可以用绝对数指标来表示，也可以用相对数指标，即财政支出占GDP的比重来表示，由此可以衍生出反映财政支出规模变化的三个指标。

（1）财政支出增长率，以 $\Delta G$（%）表示。财政支出增长率表示当年财政支出较上年同期财政支出增长的百分比，即"同比"增长率。其公式表示为：

$$\Delta G（\%）=\frac{\Delta G}{G_{n-1}}=\frac{G_n-G_{n-1}}{G_{n-1}}$$

式中，$\Delta G$ 代表当年财政支出较上年增（减）额，$G_{n-1}$ 代表上年财政支出，$G_n$ 代表当年财政支出。

（2）财政支出增长弹性系数，以 $E_g$ 表示。财政支出增长弹性系数是指支出增长率与 GDP 增长率之比。弹性（系数）大于 1，表明财政支出增长率快于 GDP 增长率。其公式表示为：

$$E_g=\frac{\Delta G（\%）}{\Delta GDP（\%）}$$

式中，$\Delta GDP（\%）=\frac{\Delta GDP}{GDP_{n-1}}=\frac{GDP_n-GDP_{n-1}}{GDP_{n-1}}$，代表 GDP 增长率，$\Delta GDP$ 代表当年 GDP 较上年 GDP 的增长额。

（3）财政支出增长边际倾向，以 MGP 表示。该指标表明财政支出增长额与 GDP 增长额之间的关系，即 GDP 每增加一个单位时财政支出增加多少，或财政支出增长额占 GDP 增长额的比例。其公式表示为：

$$MGP=\frac{\Delta G}{\Delta GDP}$$

>> 典型例题

[单项选择题] 假设上一年度财政支出为 300 亿元，本年度财政支出为 325 亿元，上一年度 GDP 为 1 000 亿元，本年度 GDP 为 1 065 亿元，则财政支出增长弹性系数为（    ）。

A. 0.783    B. 2.600    C. 1.282    D. 0.305

[解析] 财政支出增长弹性系数＝支出增长率/GDP 增长率＝［（325－300）/300］/［（1 065－1 000）/1 000］≈1.282。

答案：C

## 二、财政支出规模的增长趋势 ☆☆☆

（一）财政支出规模的增长趋势

世界各国的财政支出在绝对量和相对量上都呈现出上升趋势。

（二）西方财政经济理论界对财政支出增长现象的解释

1. 瓦格纳的"政府活动扩张法则"

现代工业发展→社会进步→政府职能扩大→政府活动扩张→公共支出增长。

2. 皮科克和怀斯曼的"公共收入增长导致论"

（1）内在因素：随着经济的发展和国民收入的增加，即使税收不变，税收收入也必然不断增长，政府支出随之上升。

（2）外在因素：财政收入因动荡增加后，很难再降低。

3. 马斯格雷夫和罗斯托的"经济发展阶段论"

（1）早期阶段：在社会总投资中，政府投资占比较高，主要投向经济发展必需的铁路、公路、桥梁、环境卫生、法律和秩序、电力、教育等社会基础设施。

(2) 中期阶段：政府对经济的干预加强。

(3) 成熟阶段：公共支出逐步转向教育、保健和社会福利为主的支出结构。

> 典型例题

**1. [单项选择题]** 瓦格纳认为公共支出不断增长的是由（  ）导致的。

A. 经济发展阶段                B. 政府活动扩张

C. 公共收入增长                D. 经济发展不平衡

[解析] 瓦格纳的"政府活动扩张法则"认为，现代工业的发展会引起社会进步，社会进步必然使国家活动扩张，"政府职能不断扩大以及政府活动持续增加"使得公共支出增长。

**2. [单项选择题]** 关于财政支出不断增长理论的说法，错误的是（  ）。

A. 瓦格纳认为财政支出不断增长是由政府活动不断扩张导致的

B. "公共收入增长导致论"认为财政支出与财政收入增长是同步的

C. 经济发展的初级阶段，政府支出的重点是基础设施建设

D. 经济发展进入中期阶段，公共支出的侧重点变为社会福利

[解析] 马斯格雷夫和罗斯托的"经济发展阶段论"将经济的发展划分为早期、中期、成熟期三个阶段，用"经济发展阶段论"解释公共支出增长的原因。其中，中期阶段主要是政府对经济的干预加强，因此 D 项错误。

答案：1. B  2. D

## 三、影响财政支出规模的宏观因素 ☆☆

影响财政支出规模的宏观因素包括政治因素、经济因素和社会因素，具体内容见图 3-1。

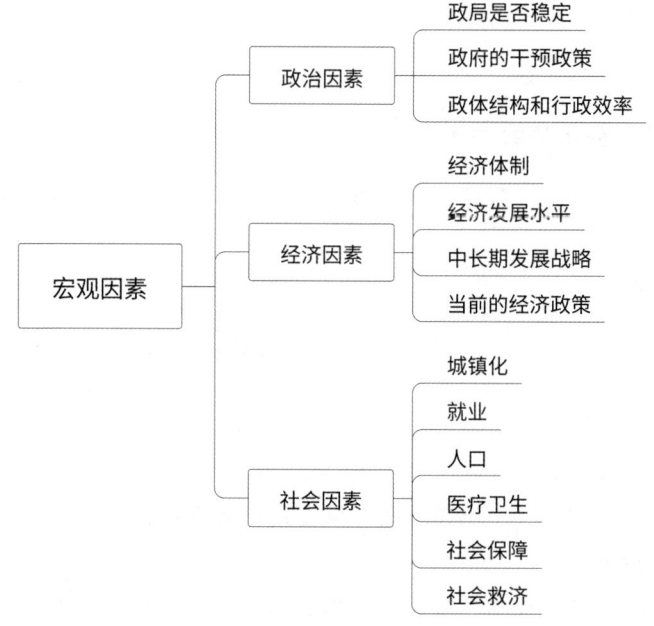

图 3-1  影响财政支出规模的宏观因素

## 考点3 财政支出的效益分析和公共定价 ☆☆

### 一、财政支出效益分析的特点 ☆☆

财政支出效益分析的特点，在财政支出效益分析与微观经济组织生产经营支出效益分析的差异中有所体现，具体内容见表3-7。

表3-7 财政支出效益分析与微观经济组织生产经营支出效益分析的差异

| 比较项目 | 微观经济组织生产经营支出效益分析 | 政府财政支出效益分析 |
| --- | --- | --- |
| 择优标准 | 所费最少，所得最多 | 社会效益最大化 |
| 计算所费与所得的范围 | 直接的所费和所得 | (1) 社会所付代价和所获利益<br>(2) 政府的投入及效益<br>(3) 直接的、有形的所费与所得<br>(4) 间接的、无形的所费与所得 |
| 效益衡量标准 | 单纯的经济效益 | 经济效益＋社会效益 |

#### 典型例题

[**多项选择题**] 政府财政支出效益分析与微观经济组织生产经营支出效益分析的差别有（　　）。

A. 计算所费与所得的范围不同　　B. 衡量效益的标准不同
C. 衡量效益的时间长短不同　　　D. 择优的标准不同
E. 衡量效益的规模不同

[解析] 财政支出效益分析与微观经济组织生产经营支出效益分析的差别：计算所费与所得的范围不同，效益衡量的标准不同，择优标准不同。

答案：ABD

### 二、财政支出效益分析的方法 ☆☆☆

财政支出效益分析的方法有两种，具体内容见图3-2。

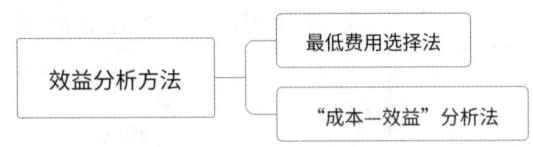

图3-2 效益分析的方法

（一）最低费用选择法

（1）最低费用选择法的含义：选择那些可以达到财政支出目的、使用最少费用的方案，以成本最低作为择优的标准。

（2）最低费用选择法是"成本—效益"分析法的补充，最早起源于美国。

（3）最低费用选择法适用于行政、军事、卫生、文化等领域。

> **典型例题**

[多项选择题] 在财政支出效益分析中，适用"最低费用选择法"的财政支出项目有（   ）。

A. 军事　　　　　　　　　　　　B. 电力

C. 行政　　　　　　　　　　　　D. 文化

E. 铁路

[解析] 最低费用选择法适用于那些只有社会效益，其产品不能进入市场的支出项目。该方法主要适用于军事、行政、文化、卫生等支出项目。

[答案]：ACD

（二）"成本—效益"分析法

（1）基本原理：对那些可供选择的方案，计算出各方案的全部预期成本和全部预期效益，通过计算"成本—效益"比率，来比较不同项目或方案的效益，从而选择最优的支出方案，据此支拨和使用财政资金。

（2）适用领域：适用于那些有直接经济效益的支出项目，特别适用于投资性支出项目，如基本建设投资支出。

> **典型例题**

[单项选择题] 适用"成本—效益"分析方法的是（   ）。

A. 国防　　　　　　　　　　　　B. 投资性支出

C. 铁路　　　　　　　　　　　　D. 燃气

[解析] "成本—效益"分析法适用于那些有直接经济效益的支出项目，特别适用于投资性支出项目。

[答案]：B

### 三、公共定价 ☆☆☆

公共定价的主要内容见表3-8。

表3-8　公共定价的主要内容

| 要点 | 主要内容 |
| --- | --- |
| 含义 | 政府相关管理部门通过一定程序和规则制定提供公共物品和公共劳务的价格和收费标准，公共物品和公共劳务价格和收费标准的确定，就是公共定价 |
| 定价对象 | 国家机关和各个部门提供的公共物品，私人部门提供的公共物品 |
| 定价内容 | 政府直接制定的自然垄断行业价格：自然垄断行业包括能源、通信和交通等公共事业以及煤、石油、原子能等基础产品行业 |
| | 管制定价或价格管制：政府规定涉及国计民生而又带有竞争性的行业（如金融、农业、高等教育和医药等行业）的价格 |

续表

| 要点 | | 主要内容 |
|---|---|---|
| 目的和原则 | | (1) 提高整个社会资源的配置效率,使公共物品得到最有效的使用,提高财政支出的效益<br>(2) 保证居民的生活水平和生活安定 |
| 定价政策 | 高价政策 | 主要适用于从全社会利益来看必须限制使用的公共劳务,如繁华地段的机动车停车费 |
| | 平价政策 | 适用于从全社会的利益来看,既无须特别鼓励使用,也无须特别加以限制使用的公共劳务,如公路、公园、铁路、医疗 |
| | 免费和低价政策 | 可以促进社会成员最大限度地使用这些公共劳务,使之获得极大的社会效益。该政策适用于在全国普遍使用但居民对此尚无完全觉悟的情形,如强制实施义务教育、强制注射疫苗等 |
| 一般方法 | 负荷定价法 | (1) 根据不同时间段或时期的需要制定不同的价格,如电力、燃气、电信等行业,按照需求状况制定不同的价格<br>(2) 需求处于最高峰时,收费最高;处于最低峰时,收费最低 |
| | 二部定价法 | 将价格分为基本费和从量费两个部分:<br>(1) 基本费。按通常情况下消费者人数计算的平均固定成本来定,这部分费用与消费数量无关<br>(2) 从量费。按边际成本等于边际效用的原则来定,与消费数量直接相关,如自来水、电信、燃气、电力等受管制的行业 |
| | 平均成本定价法 | 政府在保持企业收支平衡的情况下,采取尽可能使经济福利最大化的定价方式 |

【提示】公共定价只适用于可以买卖的、适于采用定价收费方法管理的公共服务部门。运用公共定价还必须制定正确的价格政策,才能达到社会资源最佳分配的目的。

> 典型例题

1. [单项选择题] 下列各项中,应该采取高价政策的是(    )。

A. 繁华地段的机动车停车费

B. 义务教育

C. 高等教育

D. 医疗

[解析] 高价政策主要适用于从全社会利益来看必须限制使用的公共劳务。实行高价政策,如繁华地段的机动车停车费,既可以达到有效限制使用的目的,又可以带来较多的财政收入。

2. [单项选择题] 按照不同时间段或时期的需求制定不同价格的公共定价方法是(    )。

A. 平均成本定价法　　　　　　　　B. 二部定价法

C. 时限定价法　　　　　　　　　　D. 负荷定价法

[解析] 负荷定价法是指按照不同时间段或时期的需求制定不同的价格。

答案：1. A　2. D

## 考点4 购买性支出☆☆☆

### 一、购买性支出的分类

购买性支出分为社会消费性支出和财政投资性支出,具体分类见图3-3。

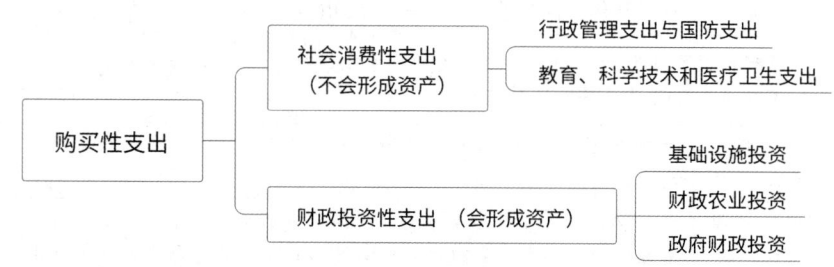

图3-3 购买性支出的分类

### 二、行政管理支出与国防支出

(一)行政管理支出与国防支出的属性

行政管理支出与国防支出是<u>经常性支出</u>,与资本性投资支出同属于购买性支出,其最大的区别在于前者是非生产的消耗性支出。

(二)行政管理支出与国防支出的具体内容

1. 行政管理支出

行政管理支出的具体内容见表3-9。

表3-9 行政管理支出的具体内容

| 要点 | | 具体内容 |
|---|---|---|
| 主要内容 | 按费用要素划分 | 公用经费(公务费、修缮费、设备购置费和业务费) |
| | | 人员经费(工资、福利费、离退休人员费用及其他) |
| | 按现行《政府收支分类科目》划分 | 外交(外交管理事务、驻外机构、对外援助、对外合作交流) |
| | | 公共安全(武装警察、公安、检察、司法) |
| | | 一般公共服务(人民代表大会、政协、党派团体、政府各部门) |
| 直接影响规模的主要因素 | | 政府职能、机构设置、行政效率以及管理费本身的使用效率等 |
| 行政体制改革 | | 本着"精简、统一、效能"的原则,积极推进政府机构改革 |

2. 国防支出

国防支出的主要内容见表3-10。

表 3-10 国防支出的主要内容

| 要点 | | 主要内容 |
|---|---|---|
| 组成部分 | 装备费 | 武器装备的研究、试验、采购、维修、运输和储存 |
| | 人员生活费 | 军官、文职干部、士兵和聘用人员的工资津贴、住房保险、伙食被装支出 |
| | 训练维持费 | 部队训练、院校教育、工程设施建设维护以及其他日常消耗性支出 |
| 保障范围 | | 包括现役部队、预备役部队和民兵,同时也负担部分退役军人、军人配偶生活及其子女教育、支援国家和地方经济建设等社会性支出 |
| 主要用途 | 推进中国特色军事改革 | 针对采购价格、维修成本不断上涨的势头,适当增加高技术武器装备及其配套建设经费 |
| | 改善部队保障条件 | 调整军人工资津贴标准,连续提高教育训练、水电取暖的经费标准,开展基层后勤综合配套整治,改善边防部队、边远艰苦地区部队执勤训练和生活条件 |
| | 完成多样化军事任务 | 增加非战争军事行动能力建设投入,保障抗震救灾、亚丁湾和索马里海域护航、抗洪抢险、国际救援等行动 |
| 管理制度 | 实行严格的财政拨款制度 | (1) 每年的国防支出预算都纳入国家预算草案,由全国人民代表大会审查和批准<br>(2) 实行军费绩效管理制度,以产出和结果为导向,明确作战任务牵引,优化预算编制与使用监督 |

**》典型例题**

[单项选择题] 下列选项中,不属于行政管理支出的是( )。

A. 政府修建行政办公大楼支出　　B. 政府行政管理人员工资

C. 政府各部门日常活动支出　　　D. 对外合作交流支出

[解析] 广义的行政管理支出涉及现行《政府收支分类科目》中的以一般公共服务为主的三类科目:一是一般公共服务,包括人民代表大会、政协、党派团体、政府各部门等;二是公共安全,包括武装警察、公安、检察、司法等;三是外交,包括外交管理事务、驻外机构、对外援助、对外合作交流等。为了满足这类公共需要,必然形成项目众多而且数量可观的财政支出。按费用要素区分,行政管理支出包括人员经费和公用经费两大类。人员经费主要包括工资、福利费、离退休人员费用及其他。公用经费包括公务费、修缮费、设备购置费和业务费等。

答案:A

### 三、教育、科学技术和医疗卫生支出

教育、科学技术和医疗卫生支出属于经常性支出和购买性支出。

【提示】从广义的角度来看,教育、科学技术和医疗卫生支出既有属于生产性的支出,也有属于非生产性的支出,但我们这里沿用目前国内各种统计文件普遍采用的做法,将教育、科学技术和医疗卫生支出归入非生产性范畴。

(一)教育支出

教育支出的主要内容见表 3-11。

表 3-11 教育支出的主要内容

| 要点 | 主要内容 | |
|---|---|---|
| 地位 | 教育发达程度、教育投入水平是衡量一个国家素质和文明程度的主要标准 | |
| 经济性质 | 教育服务是一种混合物品 | 义务教育是纯公共物品 |
| | | 义务教育以外的高层次教育（高等教育、职业教育和成人教育）属于混合物品 |
| 影响教育经费效益的主要因素 | 一国财政教育投入的规模和结构是影响教育经费效益的主要因素 | |
| 教育经费结构 | 多元化的教育资金来源结构包括政府投入（主体）、民间投资、社会捐赠、事业收费（含学杂费）及其他经费等多种形式 | |

【提示】国家财政性教育经费包括三个部分：公共财政预算安排的教育经费（主体）、政府性基金预算安排的教育经费、企业办学、校办产业等其他财政性教育经费。

（二）科学技术支出

（1）对于那些外部效应较强的科学研究活动的经费（基础性、公益性以及高新科技的科研经费），必须由政府承担。

（2）对于那些可以通过市场交换充分弥补成本的科学研究的经费（应用性的科研经费），主要是由微观经济主体来承担。

（3）我国科技投入和激励机制要求：完善科技投入机制；税收激励；政府采购。

>> 典型例题

[多项选择题] 关于文教科学卫生支出的说法，正确的有（    ）。

A. 科学支出属于生产性支出

B. 教育支出是消费性支出

C. 义务教育属于纯公共物品

D. 高等教育的经费不能全部由政府财政承担

E. 基础科学的研究经费应当由政府承担

[解析] 科学支出属于消费性支出，因此 A 项错误。B 项正确，教育支出是购买性支出，属于消费性支出。C 项正确，义务教育属于纯公共物品。D 项正确，高等教育属于混合物品，高等教育的经费不能全部由政府财政承担。E 项正确，用于外部效应较强的科学研究活动（主要是基础科学）的经费应由政府承担。

答案：BCDE

（三）医疗卫生支出

医疗卫生支出的主要内容见表 3-12。

表 3-12 医疗卫生支出的主要内容

| 要点 | 主要内容 |
|---|---|
| 属性 | 公共卫生领域是具有外部效应的纯公共物品（如安全饮用水的提供、传染病与寄生虫病防范、病菌传播媒介控制以及免疫、营养信息免费服务） |

续表

| 要点 | 主要内容 |
|---|---|
| 主要范围 | (1) 提供医疗卫生领域的纯公共物品和部分准公共物品，保证这些公共物品的生产、提供和消费达到最优化<br>(2) 弥补由信息不对称造成的市场缺陷，使医疗保险兼顾效率和公平<br>(3) 补助低收入者 |
| 向医疗卫生领域提供的服务 | 公共卫生服务 —— 纯公共物品<br>基本医疗服务 —— 属于混合物品，可采用适当收费的方式 |
| 医疗卫生总投入 | 政府、社会和个人 |

» 典型例题

[单项选择题] 下列关于教育、科学技术和医疗卫生支出的说法，错误的是（　　）。

A. 科学支出按照目前的划分体系，属于非生产性支出

B. 基础科学的研究经费支出应当由政府承担

C. 公共卫生服务是具有外部效应的纯公共物品

D. 基本医疗服务属于纯公共物品

[解析] 公共卫生服务属于纯公共物品，基本医疗服务属于混合物品，故 D 项错误。

答案：D

### 四、财政投资性支出 ☆☆☆

（一）政府财政投资

1. 社会总投资分类

社会总投资的分类见图 3-4。

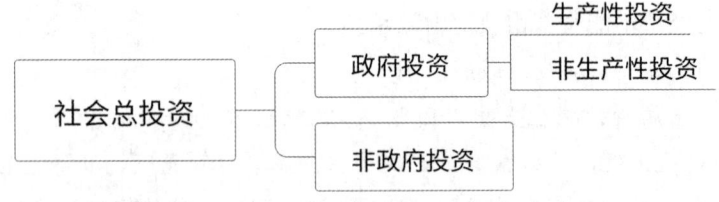

图 3-4　社会总投资的分类

2. 政府投资和非政府投资的特点比较

政府投资和非政府投资的特点比较见表 3-13。

表 3-13　政府投资和非政府投资的特点比较

| 项目 | 非政府投资 | 政府投资 |
|---|---|---|
| 效益标准 | 追求的是经济效益，而非社会效益 | 追求经济效益一般而社会效益好的投资 |
| 项目规模 | 只能从事周转快、见效快的短期性投资 | 可以投资于大型项目和长期项目 |
| 盈利性 | 追求微观上的盈利性 | 可以不盈利或微盈利 |

3. 政府财政投资的范围

(1) 在世界各国的社会总投资中，政府投资和非政府投资所占的比重存在较大差异，主要原因有：

①发达国家政府投资比重小，欠发达国家和中等发达国家政府投资比重大——此为经济发展阶段的差异。

②市场经济国家非政府部门投资比重大，计划经济国家政府部门投资比重大——此为经济体制的差异。

(2) 政府对投资的宏观调控方式为：

①政府通过调节本身投资的方向、规模和结构，从而使全社会的投资达到优化状态，这是政府直接调控。

②通过政府投资的导向作用，并结合税收、财政补贴、折旧政策以及产业政策等来调控非政府部门投资的方向、规模和结构，这是政府间接调控。

③在市场经济体制下，政府通过间接和直接两种方式实现宏观调控；在传统体制下，政府主要通过调节自身的投资，即直接调控来实现宏观调控。

4. 政府财政投资的决策标准

政府财政投资的决策标准见表 3-14。

表 3-14 政府财政投资的决策标准

| 决策标准 | 具体内容 |
| --- | --- |
| 就业创造标准 | 政府应当选择单位投资额能够提供最大数量就业的项目，即优先选择劳动力密集型的项目 |
| 资本—产出比率最小化标准 | 政府应当选择单位资本投入产出最大的投资项目，又称稀缺要素标准 |
| 资本—劳动力最大化标准 | 政府投资应选择使边际人均投资额最大化的投资项目，强调政府应投资于资本密集型项目 |

>> 典型例题

1. [单项选择题] 关于政府投资的特点与范围的说法，错误的是（    ）。

A. 政府投资包括生产性投资和非生产性投资

B. 政府投资可以不盈利

C. 政府财力雄厚，可以投资于大型项目

D. 政府投资只能投资于见效快的项目

[解析] 政府可以从事社会效益好而经济效益一般的投资，D 项错误。

2. [多项选择题] 关于政府投资的说法，正确的有（    ）。

A. 政府投资可以不盈利

B. 财政投资即为政府投资

C. 政府投资包括生产性投资和非生产性投资

D. 经济发达国家政府投资在社会总投资中所占比重较大

E. 政府投资可以投资长期项目

[解析] 发达国家政府投资占社会总投资的比重较小，D 项错误。

**3.** [单项选择题] 政府投资于资本密集型项目，所执行的投资决策标准是（ ）。

A. 就业创造标准　　　　　　　　　　B. 资本—产出比率最大化标准

C. 资本—劳动力最大化标准　　　　　D. 资本—劳动力最小化标准

[解析] 资本—劳动力最大化标准强调政府应投资于资本密集型项目。

答案：1.D　2.ABCE　3.C

（二）财政农业投资

1. 财政农业投资的必要性

（1）农业是国民经济的基础，自然也是财政的基础。

（2）在发展农业中，国家财力的支持是政府和财政的一项基本职责。

（3）从长远看，农业投入的资金应当主要来自农业部门和农户自身的积累，国家投资只应发挥辅助的作用。但要使农业农村部门和农户自身的积累成为农业投入的主要资金来源，是有条件的，而我国则很难满足其条件。

2. 财政对农业投资的特征

财政对农业部门投资政策具有以下特征：

（1）注重农业科研活动，推动农业技术进步。

（2）财政对农业的投资规模和环节以立法的形式规定，使农业的财政投入具有相对稳定性。

（3）财政投资主要包括以水利为核心的农业基础设施建设、农业科技推广、农村教育和培训等方面，范围明确。

3. 财政对农业投资的具体措施

财政对农业投资可采取的具体措施主要有：

（1）深化改革农业投资方向。

（2）深化改革投资方式。

（3）大幅度增加对农业和农村基础设施建设的投资。

（4）健全财政监督机制。

【提示】农业投入的资金应当主要来自农业部门和农户自身的积累，国家投资只应发挥辅助的作用。

>> 典型例题

[单项选择题] 关于财政农业投资的说法，错误的是（ ）。

A. 国家对农业的财力支持是财政的一项基本职责

B. 农业投入的资金主要靠财政支持

C. 农业发展与财政有着十分密切的关系

D. 财政农业投资范围主要是以水利为核心的基础设施建设

[解析] 农业投入的资金应当主要来自农业部门和农户自身的积累，并非财政支持。

答案：B

（三）基础设施投资

1. 基础设施投资的性质

基础设施特别是大型基础设施，大都属于资本密集型行业，很难由个别企业的独立投资来完成。大型基础设施具有初始投资大、建设周期长、投资回收慢的特征。

2. 基础设施投资的提供方式

（1）政府与民间共同投资的提供方式。该方式适用于具有一定外部效应、较低盈利率或较大风险的项目，如高速公路、集装箱码头及高新技术产业等。

（2）政府筹资建设，或免费提供，或收取使用费。该方式主要适用于：战备公路、核电站、宇航事业等维护国家安全需要的项目；长江三峡、青藏铁路等关系国计民生的重大项目；反垄断的需要；市区道路、上下水道、过街天桥等基层设施项目。

（3）政府投资，法人团体经营运作。例如，道路、港口、中小机场等。该方式中，政府拥有最终决策权，法人团体拥有经营自主权，责任明确。

（4）地方主管部门筹资或私人出资、定期收费补偿成本并适当盈利。例如，地方性公路和桥梁建设等（贷款修路、收费还贷）。

（5）PPP模式。

①PPP模式的概念：PPP模式（即政府和社会资本合作模式）以市场竞争的方式提供服务，主要集中在纯公共领域、准公共领域；PPP模式不仅是一种融资手段，而且是一次体制机制变革，涉及行政体制改革、财政体制改革、投融资体制改革。

②PPP模式的优点：具有更高的经济效率；具有更高的时间效率；增加基础设施项目的投资；提高公共部门和私营部门的财务稳健性；改善基础设施和公共服务的品质；实现长远规划；树立公共部门的新形象；使私营部门得到稳定发展等。

③推广运用PPP模式的意义：是促进经济转型升级、支持新型城镇化建设的必然要求；是加快转变政府职能、提升国家治理能力的一次体制机制变革；是深化财税体制改革、构建现代财政制度的重要内容。

>> 典型例题

**1.** [单项选择题] 关于基础设施特点的说法，错误的是（ ）。

A. 资本密集型反映了基础设施的属性　　B. 基础设施需要投入大量资本

C. 基础设施建设周期较长　　D. 基础设施投资回收期较短

[解析] 基础设施特别是大型基础设施，大都属于资本密集型行业，具有初始投资大、建设周期长、投资回收慢的特征，这些特点决定了大型的基础设施很难由个别企业的独立投资来完成。

**2.** [单项选择题] 下列关于PPP模式的说法，错误的是（ ）。

A. PPP模式是政府和社会资本合作模式

B. PPP模式主要集中在纯公共领域、准公共领域

C. 在PPP模式中，政府依据公共服务绩效评价结果向社会资本支付对价

D. PPP模式仅仅是一种融资手段

[解析] PPP模式不仅是一种融资手段，而且是一次体制机制变革，涉及行政体制改革、财政体制改革、投融资体制改革。

答案：1. D  2. D

3. 财政投融资制度——政策性金融

财政投融资是一种政策性投融资，它不同于一般的财政投资，也不同于一般的商业性投资，是介于这两者之间的一种新型的政府投资方式。其基本特征如下：

(1) 财政投融资的目的性很强，范围有严格限制，主要为具有提供"公共物品"特征的基础产业部门融资。

(2) 财政投融资是一种政府投入资本金的政策性融资。

(3) 计划性与市场机制相结合。财政投融资的重要依据是市场参数，并对市场的配置起补充调整作用。财政投融资可通过多种方式取得资金，如通过投资预算、信用渠道、金融机构、资本市场，甚至还可以从国外获取。

(4) 政策性金融机构是国家设立的负责统筹管理和经营的专门机构。一般来说，政策性银行的资本金，主要由政府预算投资形成，与经常性预算是分开的。长期性建设公债、邮政储蓄和部分保险性质的基金在政策性银行的负债结构中占有重要份额。此外，政策性银行投资资金来源渠道还包括直接对商业银行和其他非银行金融机构发行金融债券。

(5) 财政投融资的预算管理比较灵活。在预算年度内，财政投融资预算在一定范围内（如50%）的追加，无须主管部门的审批，而国家预算的调整，需要经过全国人民代表大会的审批通过。

>> 典型例题

**1. [单项选择题]** 财政投融资的管理机构是（　　）。

A. 财政部门　　　　　　　　　B. 中央银行

C. 商业银行　　　　　　　　　D. 政策性金融机构

[解析] 财政投融资由国家设立的专门机构——政策性金融机构负责统筹管理和经营。

**2. [多项选择题]** 财政投融资的基本特征包括（　　）。

A. 财政投融资要有严格的预算管理程序

B. 财政投融资是一种政策性融资

C. 财政投融资的范围有严格的限制

D. 财政投融资的管理由国家设立的专门机构负责

E. 财政投融资的资本金是政府投入的

[解析] 财政投融资的基本特征：①财政投融资的目的性很强，范围有严格限制；②财政投融资是一种政府投入资本金的政策性融资；③计划性与市场机制相结合；④财政投融资由国家设立的专门机构——政策性金融机构负责统筹管理和经营；⑤财政投融资的预算管理比较灵活。

答案：1. D  2. BCDE

## 考点5 转移性支出 ☆☆

### 一、转移性支出的分类

转移性支出的分类见图3-5。

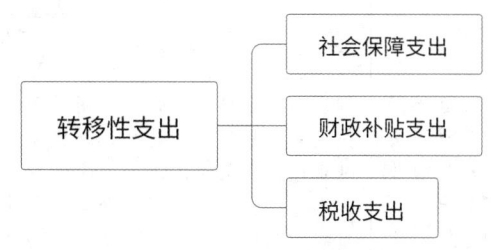

图3-5 转移性支出的分类

### 二、社会保障支出 ☆☆☆

(一) 社会保障的内容

1. 社会保障的产生和主要内容

社会保障制度最早产生于19世纪80年代的德国俾斯麦政府，主要包括社会保险、社会救助、社会福利和社会优抚，具体见表3-15。

表3-15 社会保障的主要内容

| 类型 | 解释 | 具体内容 |
|---|---|---|
| 社会保险（五险） | 是一国居民的基本保障，是现代社会保障的核心内容 | (1) 养老保险：退休后领取养老金、丧葬费、抚恤费<br>(2) 失业保险：失业后领取失业保险金、医疗费补贴<br>(3) 医疗保险：医疗报销、退休后享受医保待遇<br>(4) 生育保险：产假、生育津贴、生育补助金<br>(5) 工伤保险：支付治疗费用、生活护理费、伤残补助、伤残津贴<br>【提示1】对比养老保险，失业保险基金征集较少，原因是：失业风险涉及的对象少，经历时间相对较短；失业津贴发放是有条件的，标准较低<br>【提示2】失业保险领取条件：①失业前用人单位和本人已经缴纳失业保险费满1年；②非因本人意愿中断就业；③已经进行失业登记，并有求职要求<br>【提示3】养老保险、医疗保险、失业保险保险费由用人单位和职工按国家规定共同缴纳；工伤保险和生育保险保险费由用人单位按照国家规定缴纳，职工不缴纳 |
| 社会救助 | 政府对生活在社会基本生活水平以下的贫困居民给予的基本生活保障（基础的，最低层次的） | 内容：自然灾害救助、失业救助、孤寡病残救助和城乡困难户救助 |
| | | 形式：提供必要的生活资助、福利设施，急需的生产资料、劳务、技术、信息服务（经费来源于政府财政支出和社会捐赠） |
| 社会优抚 | 是对军属、烈属、复员退伍军人、残疾军人予以优待抚恤的制度 | |
| 社会福利 | 政府举办的各种公益性事业及为各类残疾人、生活无保障人员提供生活保障 | |

## 2. 养老保险的筹资模式

养老保险的筹资模式主要分为现收现付式和基金式两大类，具体内容见表3-16。

表3-16 养老保险的筹资模式

| 项目 | 筹资模式 | | |
| --- | --- | --- | --- |
| | 现收现付式 | 基金式 | |
| | | 完全基金式 | 部分基金式 |
| 含义 | 社会保障不为以后年度的社会保险支出作资金准备，完全靠当前的收入满足当前的支出（靠后代养老的保险模式） | 指当期的缴费收入，全部用于当期缴费的受保人建立养老储备基金；应当是满足未来向全部受保人支付养老金的资金需要（是自我养老的保险模式） | 缴费一部分用于当年的养老金支出，一部分用于为受保人建立养老储备基金（自我养老和后代养老相结合的一种养老模式） |
| 特点 | 最初保险费率比较低，以后要根据支出水平经常调整保险费率 | 初期保险费率较高，后期在相当长的时间内稳定不变 | 初期保险费率较低，后期缴费率会呈阶梯式上升趋势 |

目前，我国养老保险筹资模式为社会统筹和个人账户相结合的筹资模式，基本属于现收现付式。

>> 典型例题

**1. [单项选择题]** 社会救助制度的基本特征是（　　）。

A. 维持家庭成员基本生活水平

B. 提高福利待遇

C. 安置复员退伍军人

D. 维持最低生活水平

[解析] 社会救助也称社会救济，是政府对生活在社会基本生活水平以下的贫困居民给予的基本生活保障。社会救助是基础的、最低层次的社会保障，其目的是保障公民享有最低生活水平，其给付标准低于社会保险。社会救助主要包括自然灾害救助、失业救助、孤寡病残救助和城乡困难户救助等。

**2. [单项选择题]** 关于社会保障的说法，错误的是（　　）。

A. 现收现付的筹资模式是代际之间的收入转移

B. 与养老保险相比，失业保险基金征集较少

C. 社会救助的对象主要是下岗失业职工

D. 生育保险的对象是已婚妇女劳动者

[解析] 社会救助是通过国家财政拨款，保障生活确有困难的贫困者最低限度的生活需要，C项错误。

答案：1. D　2. C

## (二) 市场经济条件下社会保障制度的经济意义

(1) 具有"内在稳定器"的作用。

(2) 可以弥补市场经济的缺陷。

(3) 可以弥补商业保险的局限。

(4) 与税收相得益彰，共同调节社会成员的收入水平。

> **典型例题**

[单项选择题] 下列关于社会保障制度的说法，错误的是（　　）。

A. 社会保障制度可以弥补市场经济的缺陷

B. 社会保障制度是"相机抉择"的调控手段

C. 社会保障制度与税收共同调节社会成员的收入水平

D. 社会保障制度可以弥补商业保险的局限

[解析] 社会保障制度的经济意义：①社会保障制度可以弥补市场经济的缺陷；②社会保障制度具有"内在稳定器"的作用；③社会保障与税收相得益彰，共同调节社会成员的收入水平；④社会保障可以弥补商业保险的局限。

答案：B

## (三) 社会保障制度的类型

社会保障制度有四种类型，具体内容见表3-17。

**表3-17　社会保障制度的类型**

| 类型 | 特点 | 采用的国家 |
| --- | --- | --- |
| 社会保险型 | 强调个人在社会保障中的责任，通过雇主和雇员共同缴费，在较大范围内进行风险共担，以达到社会互助、互济的目的；秉持着"风险分担，互助互济"的保险原则 | — |
| 社会救济型 | (1) 受保人需要经过家庭收入及财产调查，只有符合受保人的资格才可以享受政府的津贴<br>(2) 保障资金完全由政府从一般政府预算中筹资，受保人不用缴纳任何费用 | 澳大利亚和加拿大的公共养老金计划 |
| 普遍津贴型 | 资金完全由政府一般预算拨款，受保人不需要缴纳任何费用就可以享受；秉持着"人人有份"的福利原则 | 新西兰的公共养老金计划 |
| 节俭基金型 | 这种计划模式下，雇主和雇员都必须依法按照职工工资的一定比例向雇员的个人账户缴费，个人账户中缴费和投资收益形成的资产归职工个人所有，但这部分资产要由政府负责管理。一旦个人发生受保事故，政府要从其个人账户中提取资金支付保障津贴；而当职工不幸去世时，其个人账户中的资产家属可以继承 | 新加坡、马来西亚、印度等20多个发展中国家的公共养老金计划 |
| | 节俭基金型的社会保障计划与社会保险计划相比，最大的特点是受保人之间不能进行任何形式的收入再分配，因而节俭基金型的社会保障计划不具有互助互济的保险功能。这种保障计划虽然没有任何收入再分配功能，但具有强制储蓄的功能 | |

> **典型例题**

[单项选择题] 普遍津贴型的社会保障制度，其资金来源是（　　）。

A. 受保人和雇主缴纳的保险费

B. 受保人和雇主缴纳的保险费为主，财政补贴为辅

C. 完全由财政拨款

D. 财政拨款为主，受保人和雇主缴纳的保险费为辅

[解析] 普遍津贴型的社会保障制度，受保人不用缴纳任何费用，保障资金完全由政府从一般政府预算中筹资。

答案：C

（四）我国的社会养老保险制度

1. 城镇企业职工基本养老保险

城镇企业职工基本养老保险是一种在国有企业改革过程中逐步形成的社会统筹与个人账户相结合的新型的社会养老保险制度。

（1）城镇企业职工基本养老保险的相关规定见表 3-18。

表 3-18　城镇企业职工基本养老保险的相关规定

| 项目 | | 具体规定 | 计入账户 |
|---|---|---|---|
| 单位缴付 | 基本比例 | 2019 年 5 月 1 日起降低城镇职工基本养老保险单位缴费比例，按照企业工资总额的 16% 计算 | 基本养老保险统筹基金 |
| 个人缴付 | 基本比例 | 本人缴费工资的 8% | 个人账户全部由个人缴费形成，单位缴费不再划入个人账户 |
| | 基数 | ①一般为职工本人上一年度月平均工资（有条件的地区也可以本人上月工资收入为个人缴费工资的基数）<br>②过低：本人月平均工资低于当地职工月平均工资的 60% 的，最低按当地职工月平均工资的 60%<br>③过高：本人月平均工资高于当地职工月平均工资的 300% 的，最高按当地职工月平均工资的 300% | |

（2）领取条件。

①年龄条件：达到法定退休年龄并办理了退休手续。

②所在单位和个人依法参加基本养老保险并履行缴费义务。

③缴费年限条件：15 年。

（3）享受的待遇。

①按月领取按规定计发的基本养老金，直至死亡。

②享受基本养老金的正常调整待遇。

③对企业退休人员实行社会化管理服务。

## 2. 城乡居民基本养老保险制度

（1）参保范围。年满16周岁（不含在校学生），非国家机关和事业单位工作人员及不属于职工基本养老保险制度覆盖范围的城乡居民，可以在户籍地参加城乡居民养老保险。

（2）基金筹集。基金由个人缴费、集体补助和政府补贴构成。

①个人缴费标准目前设为每年100元、200元、300元、400元、500元、600元、700元、800元、900元、1 000元、1 500元、2 000元12个档。参保人自主选择档次缴费，多缴多得。

②集体补助：补助、资助金额不超过当地设定的最高缴费档次标准。

③政府补贴：对符合领取城乡居民基本养老保险待遇条件的参保人全额支付基础养老金，其中，中央财政对中西部地区按中央确定的基础养老金标准给予全额补助，对东部地区给予50%的补助。

（3）建立个人账户。国家为每个参保人员建立终身记录的养老保险个人账户，个人缴费、地方人民政府对参保人的缴费补贴、集体补助及其他社会经济组织、公益慈善组织、个人对参保人的缴费资助，全部记入个人账户。个人账户储存额按国家规定计息。

（4）待遇及调整。城乡居民基本养老保险待遇由基础养老金和个人账户养老金构成，支付终身。个人账户养老金的月计发标准目前为"个人账户全部储蓄存款余额除以139"。参保人死亡，个人账户金额余额可以被依法继承。

（5）领取条件。参加城乡居民养老保险的个人，年满60周岁，累计缴费满15年，且未领取国家规定的基本养老保障待遇的，可以按月领取城乡居民养老保险待遇。

（6）制度衔接。参保人员不得同时领取城镇职工基本养老保险和城乡居民基本养老保险待遇。

## 3. 机关事业单位工作人员养老保险改革

（1）改革的目标。坚持全覆盖、保基本、多层次、可持续方针，以增强公平性、适应流动性、保证可持续性为重点，改革机关事业单位工作人员退休保障制度，逐步建立独立于机关事业单位之外、资金来源多渠道、保障方式多层次、管理服务社会化的养老保险体系。

（2）改革的主要原则。

①改革前与改革后待遇水平相衔接。

②解决突出矛盾与保证可持续发展相促进。

（3）改革的范围。机关事业单位工作人员养老保险适用于按照公务员法管理的单位、参照公务员法管理的机关（单位）、事业单位及其编制内的工作人员。

（4）改革的基本思路。改革的基本思路是"一个统一、五个同步"。

> **典型例题**

[多项选择题] 缴纳我国城乡居民基本养老保险的个人，可以按月领取城乡居民养老保险待遇的条件包括（    ）。

A. 累计缴费满10年

B. 年龄满60周岁

C. 累计缴费满 15 年

D. 未领取国家规定的基本养老保障待遇

E. 年龄满 55 周岁

[解析] 参加城乡居民基本养老保险的个人，年满 60 周岁，累计缴费满 15 年，且未领取国家规定的基本养老保障待遇的，可以按月领取城乡居民养老保险待遇。

答案：BCD

### 三、财政补贴支出 ☆☆

（一）财政补贴

1. 财政补贴的内涵

财政补贴是指国家为了实现特定的政治经济目标，对指定事项由财政安排专项基金向企业或个人提供的一种补贴。

财政补贴的**主体**是国家；**对象**是企业、职工和城镇居民；**目的**是实现特定的政治、经济和社会目标；**性质**是通过财政资金的无偿补助进行的一种社会财富的再分配。

2. 财政补贴与社会保障支出的联系与区别

（1）**联系**：财政补贴支出与社会保障支出同属财政的**转移性支出**。

（2）**区别**：主要体现在影响相对价格变动的关系上。财政补贴可改变资源配置结构、供求结构，因此财政补贴与相对价格的变动有直接联系；社会保障支出则不会影响相对价格的变动。

>> 典型例题

1. [多项选择题] 下列关于财政补贴的表述，正确的是（    ）。

A. 财政补贴的对象是企业和居民

B. 财政补贴是一种转移性支出

C. 财政补贴会增加补贴者的实际收入

D. 财政补贴可以改变供需结构

E. 财政补贴是有偿拨付的

[解析] 财政补贴与相对价格结构有直接联系，因而可以改变资源配置结构、供给结构与需求结构。财政补贴是一种无偿拨付。

2. [单项选择题] 财政补贴的主要对象是（    ）。

A. 国家                    B. 主管部门

C. 企业和居民              D. 生活必需品

[解析] 财政补贴的主体是国家；对象是企业和居民；目的是实现特定的政治、经济和社会目标；性质是通过财政资金的无偿补助进行的一种社会财富的再分配。

答案：1. ABCD   2. C

3. 财政补贴的分类

根据需要不同，财政补贴有不同的分类，具体见表3-19。

表3-19 财政补贴的分类

| 分类 | 项目 | 补充说明 |
| --- | --- | --- |
| 按补贴的环节分类 | 生产环节补贴 | 生产企业的政策性亏损补贴、农业生产资料价格补贴、工矿产品价格补贴 |
| | 流通环节补贴 | 商业和外贸企业的政策性亏损补贴、农副产品价格补贴 |
| | 分配环节补贴 | 财政贴息和税收支出 |
| | 消费环节补贴 | 职工副食品补贴 |
| 按补贴的项目和形式分类 | | 企业亏损补贴、价格补贴、房租补贴、职工生活补贴、外贸补贴、财政贴息 |
| 按补贴的经济性质分类 | 生产补贴 | 农业生产资料价格补贴、财政贴息 |
| | 生活补贴 | 职工副食品价格补贴 |
| 按补贴的内容分类 | 现金补贴（一般称明补） | 职工副食品补贴 |
| | 实物补贴（一般称暗补） | 农副产品价格补贴和农业生产资料价格补贴 |
| 按照WTO的分类方法分类 | 禁止性补贴（红色补贴） | 指WTO反补贴协议规定禁止成员方给予或者予以维持的补贴行为；只要被证实存在，都必须取消；其包括出口补贴和进口替代补贴 |
| | 可诉补贴（黄色补贴） | 可诉补贴并不一定意味着必须取消，一般来说，只有同时具备下列三种条件，该种可诉补贴才需要被取消：第一，该种补贴必须要具有专向性，《补贴与反补贴措施协议》规定了企业专向性、产业专向性和地区专向性；第二，该种补贴必须被某个成员国起诉；第三，该补贴必须被证明对成员国造成了<u>实质损害或实质损害威胁</u> |
| | 不可诉补贴（绿色补贴） | 不可诉补贴是指不会招致其他成员方提起反补贴申诉的补贴，主要包括给予基础研究的援助性补贴、给予贫困地区的补贴、不具有专向性的补贴、为帮助个人和企业适应新环境而实施的补贴，以及用于鼓励农业研究与开发、鼓励农民退休等方面的补贴 |

【提示】我国的补贴，每年反映在国家预算上的仅有价格补贴和企业亏损补贴这两项，可见我国补贴以这两项为主。

（二）财政补贴的经济影响分析及其实际经济效应

1. 财政补贴的经济影响分析

（1）财政补贴可以改变需求结构。

（2）财政补贴可以改变供给结构。

（3）财政补贴可以将外部效应内在化（如科学研究的补贴）。

2. 财政补贴的实际经济效应

（1）有效地贯彻国家的经济政策（首要意义）。

（2）以少量的财政资金带动社会资金，扩充财政资金的经济效应（实际经济意义）。

(3) 加大技术改造力度，推动产业升级。

(4) 消除"排挤效应"。

(5) 社会经济稳定的效应。

（三）我国财政补贴的调整

(1) 取消不符合 WTO 规则的补贴。

(2) 合理利用可诉补贴：关键是把握好补贴的范围和"度"。

(3) 用足用好不可诉补贴：增加对落后地区的补贴；运用财政补贴，加强环境保护；运用财政补贴，促进中小企业的发展。

## 四、税收支出 ☆

（一）税收支出的定义及分类

1. 税收支出的定义

税收支出是以特殊的法律条款规定的、给予特定类型的活动或纳税人以各种税收优惠待遇而形成的收入损失或放弃的收入。这是政府的一种间接性支出，属于财政补贴性支出。

2. 税收支出的分类

按税收支出发挥的作用，可分为刺激性税收支出和照顾性税收支出。

(1) 刺激性税收支出——主要是指用来改善资源配置，增进经济效率的特殊减免规定，其主要目的在于正确引导产业结构、产品结构、进出口结构以及市场供求，促进纳税人开发新产品、新技术以及积极安排劳动就业等。

根据支出对象的不同，刺激性税收支出又可分为两类：针对特定纳税人（伤残人和高校毕业生）的税收支出；针对特定课税对象的税收支出（如我国对农、牧、渔业等用盐可减征盐税等）。

(2) 照顾性税收支出——主要是针对纳税人出于客观原因在生产经营上发生临时困难而无力纳税所采取的照顾性措施。

（二）税收支出的形式（即税收优惠）

税收支出大致可以分为以下几种形式，具体内容见表 3-20。

表 3-20　税收支出的形式

| 形式 | 说明 |
| --- | --- |
| 优惠税率 | 对合乎规定的企业采用比一般较低的税率，该方法既可为有期限的鼓励，也可是长期优待 |
| 税收豁免 | 常见的税收豁免项目：一类是免除关税与货物税；另一类是免除所得税 |
| 延期纳税 | 允许纳税人对那些合乎规定的税收延迟缴纳或分期缴纳其应负担的税额；相当于纳税人得到了一笔无息贷款，该方法适用于各种税 |
| 盈亏相抵 | 盈亏相抵通常只适用于所得税方面，指准许企业以某一年度的亏损，抵消以后年度的盈余，以减少其以后年度的应纳税款；或是冲抵以前年度的盈余，申请退还以前年度已纳的部分税款（通常，抵消或冲抵前后年度的盈余都有一定的时间限制） |

续表

| 形式 | 说明 |
|---|---|
| 退税 | 按国家规定退还纳税人已纳税款，包括出口退税和再投资退税 |
| 加速折旧 | 加速折旧是一种特殊的税收支出形式；是在固定资产使用年限的初期提列较多的折旧，这样可以在固定资产的使用年限内早一些得到折旧费和减免税的税款，对企业来说，相当于获得了一笔无息贷款 |
| 纳税扣除 | 准许企业将合乎规定的特殊支出，以一定的比率或全部从应税所得中扣除 |
| 税收抵免 | 允许纳税人从其合乎奖励规定的支出中，以一定比率从其应纳税额中扣除 |

>> 典型例题

**1.[单项选择题]** 在税收优惠中，准予纳税人将某种合乎奖励规定的特殊支出，以一定的比例或全部从应纳税所得中扣除，以减轻其税负的是（　　）。

A. 盈亏相抵　　　　　　　　B. 纳税扣除

C. 税收抵免　　　　　　　　D. 税收豁免

[解析] 纳税扣除是指准许企业把一些合乎规定的特殊支出，以一定的比例或全部从应税所得中扣除，以减轻其税负。

**2.[多项选择题]** 下列税收支出的形式中，对纳税人来讲，相当于获得了一笔无息贷款效应的有（　　）。

A. 税收抵免　　　　　　　　B. 延期纳税

C. 盈亏相抵　　　　　　　　D. 优惠税率

E. 加速折旧

[解析] 本题考查税收支出的形式。延期纳税也称"税负延迟缴纳"，是允许纳税人对那些合乎规定的税收，延迟缴纳或分期缴纳其应负担的税额。在实施这种方法的场合，因可延期纳税，纳税人相当于得到了一笔无息贷款，这能在一定程度上帮助纳税人解除财务上的困难。加速折旧是指在固定资产使用初期提列较多的折旧。对企业来讲，虽然总税负未变，但税负前轻后重，有税收递延缴纳之利，亦同政府给予一笔无息贷款之效。

答案：1.B　2.BE

（三）税收支出的预算控制

（1）统一的税收支出账户。

（2）临时性与制度化相结合的控制方法。

（3）非制度化的临时监督与控制。

# 第四章

# 公债

📖 **大纲再现**

理解公债理论，分析公债制度中发行、偿还、发行管理权限、收入使用、持有者、流通等方面的规定，分析公债市场的原理与功能，理解政府直接隐性债务和或有债务的原理，分析我国地方政府的债务。

**大纲解读** ✎

从历年考题来看，本章题型主要以单项选择题、多项选择题为主，无案例分析题，分值通常在3分左右。

本章结构清晰，知识内容相对较简单，考点突出，重点是要理解政府直接隐性债务和或有债务的原理。

知识脉络 ▶

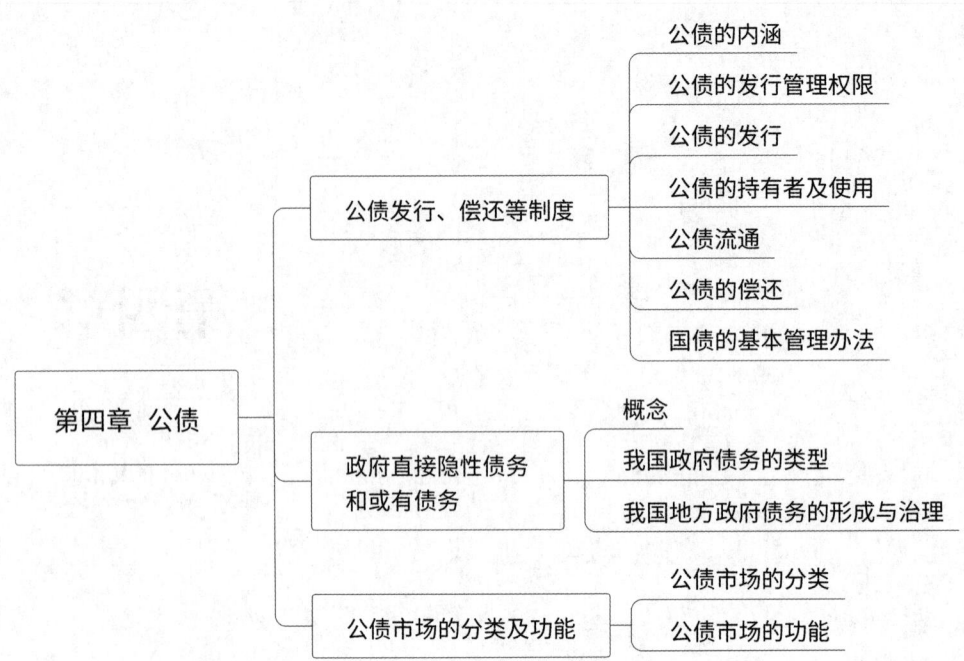

## 考点1　公债发行、偿还等制度 ☆☆☆

### 一、公债的内涵

公债是国家或政府举借的债,指国家或政府以债务人的身份,采取信用的方式,向国内外取得的债务。社会闲置资金的存在以及财政支出需要是公债产生需要具备的两个条件。

【提示1】公债的发行须遵循信用原则,具有偿还性和认购上的资源性。

【提示2】公债与私债的本质区别:发行依据或担保物不同,公债的担保物是政府信誉。

### 二、公债的发行管理权限

(1) 公债可分为中央公债(国债)、地方公债和准公债(国有企业债和政府担保债)。

(2) 是否授予地方政府公债发行权和相应的管理权是公债发行管理权限的中心问题。

(3) 在公债管理制度中,规定公债管理权限的主要依据是按照财政管理体制中设置财政机构的原则,有一级政权就应设置一级财政。

(4) 2018年,我国对《中华人民共和国预算法》进行修订,允许地方政府发行公债。《中华人民共和国预算法》第三十五条作出如下规定:

①地方各级预算按照量入为出、收支平衡的原则编制,除另有规定外,不列赤字。

②经国务院批准的省、自治区、直辖市的预算中必需的建设投资的部分资金,可以在国务院确定的限额内,通过发行地方政府债券举借债务的方式筹措。举借债务的规模,由国务院报全国人民代表大会或者全国人民代表大会常务委员会批准。省、自治区、直辖市依照国务院下达的限额举借的债务,列入本级预算调整方案,报本级人民代表大会常务委员会批准。举借的债务应当有偿还计划和稳定的偿还资金来源,只能用于公益性资本支出,不得用于经常性支出。

③除上述规定外,地方政府及其所属部门不得以任何方式举借债务。

④除法律另有规定外,地方政府及其所属部门不得为任何单位和个人的债务以任何方式提供担保。

⑤国务院建立地方政府债务风险评估和预警机制、应急处置机制以及责任追究制度。国务院财政部门对地方政府债务实施监督。

### 三、公债的发行

公债的发行是国家各级政府凭借信誉向社会发行债券的行为。

(一) 公债发行原则

公债发行原则有四个,具体见表4-1。

表 4-1　公债发行原则

| 原则 | 解释 |
| --- | --- |
| 稳定市场秩序原则 | 是指发行公债不应影响债券市场价格的稳定,也不应导致证券市场的巨大波动 |
| 景气发行原则 | 是指应根据社会经济状况来决定公债的发行情况,公债的发行必须有利于社会经济的稳定和发展 |

续表

| 原则 | 解释 |
| --- | --- |
| 发行有度原则 | 是指发行公债时要从供需两个方面考虑，要保持适度发行量，也就是说既要考虑居民的应债能力，又要考虑财政支出的需要 |
| 发行成本最小原则 | 是指发行公债时要最大限度地降低发行费用和证券的利息支出 |

**》典型例题**

[单项选择题] 根据社会经济状况且利于社会经济稳定和发展的公债发行原则是（　　）。

A. 景气发行原则　　　　　　　　　　B. 干预市场秩序原则

C. 发行成本最小原则　　　　　　　　D. 发行有度原则

[解析] 景气发行原则是指发行公债应根据社会经济状况而定，必须有利于社会经济的稳定和发展。

答案：A

（二）公债发行方式

世界各国通用的公债发行方式主要有四种，具体见表4-2。

表4-2　公债发行的方式

| 发行方式 | 解释 |
| --- | --- |
| 公募招标 | 政府向社会公众公开募集，不指定具体公债发行对象。这是各国主要采用的发行方式 |
| 直接发行 | 直接向机构投资者或个人销售公债 |
| 连续发行 | 发行主体委托发行网点和代理销售机构相机确定，根据需要可随时调整发行条件、发行流量，不需要预先确定发行条件 |
| 承购包销 | 大宗机构投资者组成承购包销团，按一定条件向财政部承购包销公债，并由其负责在市场上转售，任何未能售出的余额均由承销者包购 |

**》典型例题**

[单项选择题] 发行主体不预先确定发行条件，而是委托发行网点和代理销售机构相机确定，且可随时调整发行条件，调节发行流量的公债发行方式是（　　）。

A. 直接发行方式　　　　　　　　　　B. 承购包销方式

C. 公募招标方式　　　　　　　　　　D. 连续发行方式

[解析] 连续发行方式即发行主体委托发行网点和代理销售机构相机确定，根据需要可随时调整发行条件、发行流量，不预先确定发行条件。

答案：D

**四、公债的持有者及使用**

公债的持有者一般包括商业银行、非银行金融机构、中央银行、政府机构、公司（企业）和个人。

国家公债资金应主要用于社会主义建设事业。

## 五、公债流通

（1）广义的公债流通包括公债发行、转让和偿还的全过程。

（2）狭义的公债流通仅指公债在流通市场上的转让。

（3）公债流通制度包括对公债流通范围、办法、渠道以及价格决定方式等的一系列规定。

【提示】我国国债的基本管理办法：国债余额管理制度。

## 六、公债的偿还

公债的偿还是指公债到期后，政府按期偿还本金和利息。

### （一）公债偿还资金的来源

公债偿还资金的来源有三个，具体见表4-3。

表4-3 公债偿还资金的来源

| 资金来源 | 解释 |
| --- | --- |
| 举借新债 | 政府通过发行新债偿还旧债 |
| 通过预算安排 | 每年的公债偿还数额基本上是固定的，政府将其列入当年的预算支出，从而保证公债的偿还 |
| 设置偿债基金 | 政府为保证公债的偿还在财政预算中设置专项基金 |

### （二）公债偿还本金的方式

公债偿还本金有五种方式，具体见表4-4。

表4-4 公债偿还本金的方式

| 方式 | 解释 |
| --- | --- |
| 到期一次偿还法 | 债券到期日政府一次性偿清本金和利息 |
| 抽签偿还法 | 通过定期抽签的方法确定偿还对象，从而分期分批地予以偿还 |
| 比例偿还法 | 把公债总额分为若干份，确定每年偿还的份额，逐年偿还 |
| 市场购销偿还法 | 政府从债券市场上按照市场价格购回公债券 |
| 调换偿还法 | 政府用发行新债券所筹集的资金偿还即将到期的旧债券 |

### （三）公债的付息

公债的付息方式大体分为两类，一类是到期一次支付法，另一类是按期分次支付法。

》典型例题

[单项选择题] 根据《预算法》，我国对地方政府发行公债管理权限的规定是（　　）。

A. 地方政府可自行发行公债

B. 地方政府发行公债的规模经国务院确定

C. 地方政府所属部门可根据实际情况发行公债

D. 地方公债用于解决本地区财政经费的不足

[解析] 经国务院批准的省、自治区、直辖市的预算中必需的建设投资的部分资金，可以在国

务院确定的限额内，通过发行地方政府债券举借债务的方式筹措。举借债务的规模，由国务院报全国人民代表大会或者全国人民代表大会常务委员会批准。省、自治区、直辖市依照国务院下达的限额举借的债务，列入本级预算调整方案，报本级人民代表大会常务委员会批准。举借的债务应当有偿还计划和稳定的偿还资金来源，只能用于公益性资本支出，不得用于经常性支出。

答案：B

### 七、国债的基本管理办法

（1）每年向全国人大作预算报告时，报告当年年度预算赤字和年末国债余额限额，全国人大予以审批；一般情况下，年度预算赤字即为当年年度新增国债限额。

（2）在年度预算执行中，如出现特殊情况需要增加年度预算赤字或发行特别国债，由国务院提请全国人大常委会审议批准，相应追加年末国债余额限额。

（3）当年期末国债余额不得突破年末余额限额。

（4）国债借新还旧部分由国务院授权财政部自行运作。

（5）每年第一季度，在中央预算批准前，由财政部在该季度到期国债还本数额以内合理安排国债发行额。

## 考点2 政府直接隐性债务和或有债务 ☆☆

### 一、概念

（1）债务一般分为两类：直接债务和或有债务。直接债务是指在任何条件下都要承担的债务，如政府的内外债、养老金负债等可控或可预测的债务。或有债务是指因某一或有事项在未来政府可能会承担的债务。

（2）从债务风险的角度，直接债务和或有债务又可各自划分为显性债务和隐性债务。显性债务指建立在某一法律或者合同基础之上的政府负债。当债务到期时，政府具有清偿债务的法定义务。隐性债务是当时尚未预见到的、随着后续事项的逐步明朗化而出现的债务。由此，政府债务可分为直接显性债务、直接隐性债务、或有显性债务、或有隐性债务四类。

四种债务又可被归纳为两类债务风险：

①直接债务风险（即直接显性债务），由财政直接承担。

②间接债务风险，由财政间接承担，包括直接隐性债务、或有显性债务和或有隐性债务。

**典型例题**

[单项选择题] 从债务风险的角度看，由财政直接承担的债务是（　　）。

A. 直接显性债务　　　　　　　　B. 直接隐性债务
C. 或有显性债务　　　　　　　　D. 或有隐性债务

[解析] 直接债务风险（即直接显性债务），是由财政直接承担的债务；间接债务风险，是由财政间接承担的国家预算体系以外的债务，包括直接隐性债务、或有显性债务和或有隐性债务。

答案：A

## 二、我国政府债务的类型 ☆☆☆

我国政府债务的类型有四类，具体见表4-5。

**表4-5 我国政府债务的类型**

| 类型 | 具体内容 |
|---|---|
| 直接隐性债务 | 主要包括养老保险资金缺口所形成的债务及失业救济等 |
| 直接显性债务 | 包括欠发工资形成的债务、粮食亏损挂账和乡镇财政债务等 |
| 或有隐性债务 | 主要包括国有企业未弥补亏损和对供销系统及农村合作基金会的援助，以及金融机构不良资产 |
| 或有显性债务 | 主要包括公债投资项目的配套资金以及公共部门的债务等 |

> **典型例题**

**1.[多项选择题]** 政府直接显性债务包括（　　）。

A. 政府性金融债券　　　　　　　　B. 乡镇财政债务

C. 欠发公办学校的教师工资　　　　D. 金融机构不良资产

E. 国有企业未弥补亏损

[解析] 直接显性债务包括：①欠发职工工资而形成的债务；②粮食收购和流通中的亏损挂账；③乡镇财政债务。

**2.[单项选择题]** 下列政府债务中，构成政府直接隐性债务的是（　　）。

A. 粮食收购和流通中的亏损挂账　　B. 乡镇财政债务

C. 政策性金融债券　　　　　　　　D. 养老保险资金的缺口

[解析] 直接隐性债务指由社会保障资金缺口形成的债务。

答案：1.BC　2.D

## 三、我国地方政府债务的形成与治理

地方政府债务主要是指地方政府融资平台公司向银行的借款。

地方政府债务的形成与治理具体内容见表4-6。

**表4-6 地方政府债务的形成与治理**

| 要点 | | 具体内容 |
|---|---|---|
| 地方政府债务的形成 | 融资平台公司债务特点 | (1) 融资数额巨大，增长快<br>(2) 普遍性<br>(3) 管理不统一，运作不规范，不仅未纳入预算，甚至有的地方财政部门根本无权过问公司债务 |
| | 地方政府融资平台债务形式 | (1) 融资平台公司因承担公益性项目建设举借，而项目本身有稳定经营性收入并主要依靠财政性资金偿还的债务<br>(2) 融资平台公司因承担公益性项目建设举借，而项目本身有稳定经营性收入并主要依靠自身收益偿还的债务<br>(3) 融资平台公司因承担非公益性项目建设举借的债务 |

续表

| 要点 | 具体内容 |
|---|---|
| 地方政府债务的治理 | 根本出路：通过法制化途径，加强预算约束，逐步建立有法可依、管理规范、运行高效、风险可控的地方政府债务管理制度和运行机制 | （1）加快建立规范的地方政府举债融资机制，赋予地方政府依法适度举借权限，建立规范的地方政府举债融资机制，剥离融资平台公司政府融资职能，并推广使用政府与社会资本合作模式<br>（2）对地方政府债务实行规模控制和预算管理，对地方政府债务规模实行限额管理，严格规定地方政府举债程序和资金用途，把地方政府债务分门别类纳入全口径预算管理<br>（3）控制和化解地方政府性债务风险，建立地方政府性债务风险预警机制，建立债务风险应急处理机制，严肃财经纪律<br>（4）妥善处理存量债务和在建项目后续融资，抓紧将存量债务纳入预算管理，积极降低存量债务利息负担 |

【提示】目前，我国地方政府债务依法主要包括地方政府债券以及经甄别认定的2014年年末非政府债券形式存量政府债务。

## 考点3 公债市场的分类及功能 ☆☆

### 一、公债市场的分类

按构成，公债市场可分为发行市场和流通市场，具体见表4-7。

表4-7 公债市场的分类

| 分类 | 解释 |
|---|---|
| 发行市场 | 又称初级市场或一级市场，是流通市场存在的前提条件 |
| 流通市场 | 又称次级市场或二级市场，包括公债持有者与认购者之间的交易、承销机构与认购者之间的交易。流通市场又可分为场内交易和场外交易 |

>> 典型例题

[单项选择题] 公债市场中，（　　）也称为一级市场或初级市场。

A. 发行市场　　　　　B. 流通市场　　　　　C. 二级市场　　　　　D. 投资市场

[解析] 公债市场按构成可分为发行市场和流通市场。发行市场又称一级市场或初级市场，它是流通市场存在的前提条件。

答案：A

### 二、公债市场的功能 ☆☆

公债市场具有如下功能：

（1）顺利实现公债发行和偿还。

（2）合理有效地调节社会资金的运行，提高社会资金效率：

①公债市场是一国金融市场的重要组成部分。

②公债市场是连接货币市场和资本市场的渠道。

③公债是央行在公开市场上最重要的操作工具。

④公债市场拓宽了居民的投资渠道。

⑤公债市场的发展有利于完善商业银行资本结构，有利于降低不良资产率，使商业银行抗风险能力大大提高。

# 第五章

# 政府间财政关系

📖 **大纲再现**

理解政府间财政关系划分的基本理论,分析政府间收支划分的制度安排,理解分税制财政管理体制,分析政府间转移支付制度内容。

✏️ **大纲解读**

从历年考题来看,本章题型以单项选择题、多项选择题为主,无案例分析题,分值通常在8分左右。

本章主要研究了政府间财政关系,需要了解四大财政分权理论,掌握政府间事权、财政的收入和支出的划分,理解记忆我国分税制管理体制的主要内容和政府间转移支付制度的相关内容。

知识脉络

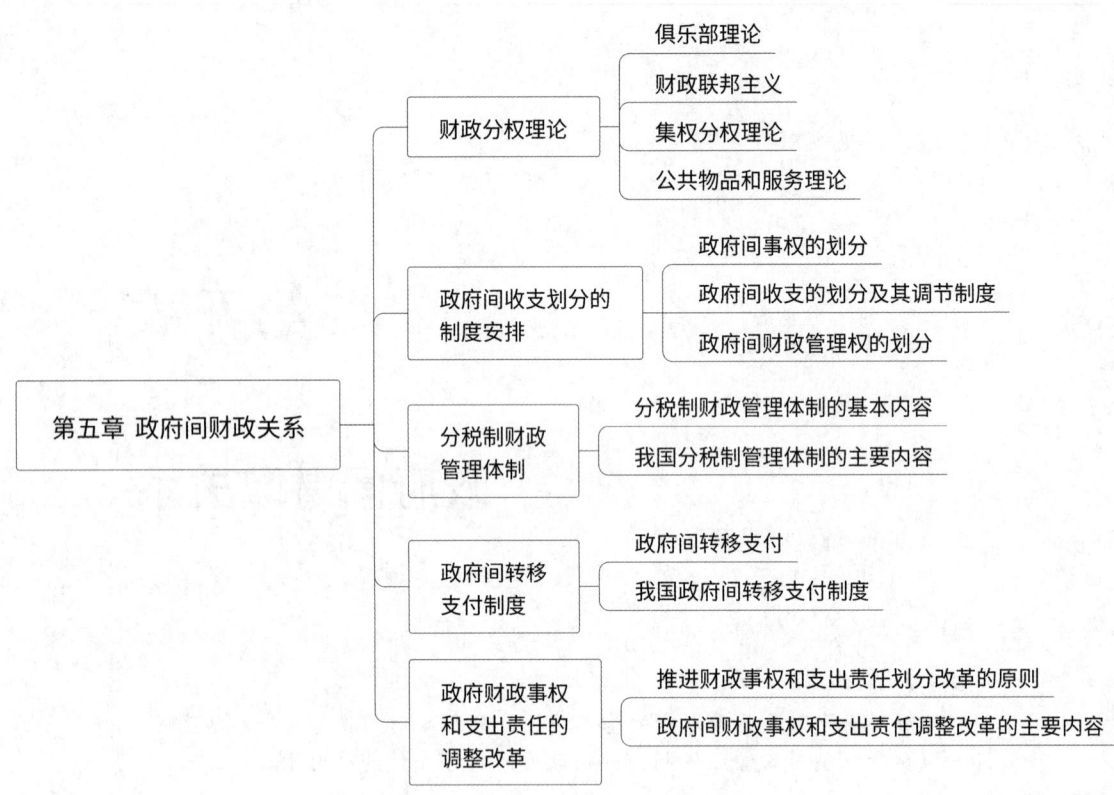

# 第五章 政府间财政关系

## 考点1 财政分权理论 ☆☆

财政分权理论包括四方面的内容,具体见图 5-1。

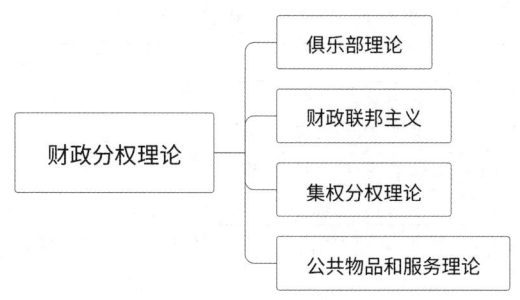

图 5-1 财政分权理论

### 一、俱乐部理论 ☆☆

(1) 非纯公共品的供给、需求与均衡数量是俱乐部理论的主要研究对象。

(2) 所谓"俱乐部"理论,简要地说,就是把社区比作俱乐部,研究在面临外部因素的条件下,任何一个俱乐部如何确定其最优成员数量。其理论核心有两个方面:一方面,随着俱乐部新成员的增加,原有俱乐部成员所承担的成本会由更多的新成员分担;另一方面,新成员加入得过多会随之增加拥挤成本,产生外部负效应。显然,一个俱乐部的最佳规模,应确定在外部负效应所产生的拥挤成本等于由新成员分担成本所带来节约的均衡点上。该理论论证了地方政府的适当规模问题,人们可以通过在不同辖区之间进行移居来提高资源配置效率。

(3) 布坎南和蒂鲍特是俱乐部理论的真正奠基人。

> **典型例题**

[单项选择题] 俱乐部理论主要论证的问题是( )。

A. 中央政府分权　　　　　　　　B. 地方政府的适当规模
C. 政治体制及经济体制　　　　　　D. 以上都不对

[解析] 俱乐部理论主要论证的问题是地方政府的适当规模。

答案:B

### 二、财政联邦主义 ☆☆

(1) 财政联邦主义就是财政分权,其精髓在于使地方政府依据合适与合意的财政自主权进行决策。具体来讲,就是给予地方政府一定的税收权力和支出责任范围,并允许地方政府自主决定其预算支出的规模与结构。

(2) 结论:地方政府之间的竞争更有利于资源配置效率的提高;某些公共决策在较低层次的政府进行可以提高资源配置的有效性和分配的公平性。

### 三、集权分权理论 ☆

中央政府是国家利益(整体利益)的代表者,地方政府是地方利益(局部利益)的代表者,处理整体利益和局部利益,必然引发政府的集权与分权问题。

## 四、公共物品和服务理论 ☆

公共物品和服务的类型有两种，具体见表 5-1。

表 5-1 公共物品和服务的类型

| 分类 | 特征 |
| --- | --- |
| 全国性公共物品和服务 | （1）由中央政府提供<br>（2）全国范围内都可以受益 |
| 地方性公共物品和服务 | （1）由各级地方政府提供<br>（2）地方范围内可受益 |

【说明】沃伦斯·欧茨和查尔斯·提布特是公共物品和服务理论的代表人物。

### 典型例题

**1.[单项选择题]** 下列理论中，研究非纯公共物品的供给、需求与均衡数量的理论是（　　）。

A. 公共物品及服务理论　　　　　　　B. 集权分权理论
C. 财政联邦主义　　　　　　　　　　D. 俱乐部理论

[解析] 俱乐部理论主要研究非纯公共品的供给、需求与均衡数量。

**2.[单项选择题]** 精髓在于使地方政府拥有合适与合意的财政决策自主权的理论是（　　）。

A. 公共产品及服务理论　B. 重商主义理论　C. 财政联邦主义　D. 俱乐部理论

[解析] 财政联邦主义是指各级政府间财政收入和支出的划分，以及由此产生的相关制度。财政联邦主义从某种意义上说就是财政分权，即给予地方政府一定的税收权力和支出责任范围，并允许地方政府自主决定其预算支出规模与结构，其精髓在于使地方政府拥有合适与合意的财政决策自主权。

答案：1.D　2.C

## 考点2　政府间收支划分的制度安排 ☆☆☆

政府间财政关系包括五个方面的内容：一是财政事权划分；二是支出责任划分；三是收入划分；四是转移支付制度；五是建立预算管理制度。

### 一、政府间事权的划分 ☆☆☆

财政管理体制的主导环节是预算管理体制，它在财政管理体制中占有核心地位。

（一）政府间事权划分的原则

政府间事权划分的原则具体见表 5-2。

表 5-2　政府间事权划分的原则

| 原则 | 解释 |
| --- | --- |
| 信息复杂性原则 | （1）适合于国家来管理——信息复杂程度低一点，属于全局性的事务<br>（2）适合于地方政府来管理——信息处理较为复杂，易造成信息不对称的事务 |
| 激励相容原则 | 激励相容即各级政府都按划定的职能做好自己的事情，就可以使全局利益最大化。实现激励相容，必须满足以下条件：权力制度化条件；共同市场条件；地方政府自治条件；预算硬约束条件 |

续表

| 原则 | 解释 |
|---|---|
| 外部性原则 | 为了实现公共服务效益最大、成本最小的目的,应该尽可能将公共服务的供应责任下放到最低层级的辖区 |

## 典型例题

**1. [单项选择题]** 财政管理体制中居于核心地位的是（　　）。

A. 预算管理体制　　　B. 税收管理体制　　　C. 投资管理体制　　　D. 债务管理体制

[解析] 预算管理体制是财政管理体制的主导环节,占有核心地位。

**2. [单项选择题]** 政府提供公共服务成本分担的地理边界与收益范围一致所依据的原则是（　　）。

A. 外部性原则　　　　　　　　　　B. 信息复杂性原则
C. 绩效管理原则　　　　　　　　　D. 激励相容原则

[解析] 根据外部性原则,在实际操作中可以根据公共服务的受益范围确定公共服务成本的辖区范围,使成本分担的地理边界同受益范围一致,据以实现成本和受益在地理范围上的完全内部化,而不至于外溢到其他辖区。

**3. [单项选择题]** 能够使各级政府在按照所赋职能做好自己的事情的同时,又能使全局利益最大化的政府间事权划分原则是（　　）。

A. 外部性原则　　　　　　　　　　B. 内部性原则
C. 激励相容原则　　　　　　　　　D. 信息复杂性原则

[解析] 如果在某种制度安排下,各级政府都按划定的职能做好自己的事情,就可以使全局利益最大化,那么这种制度安排就是激励相容的。

答案:1.A　2.A　3.C

### (二) 政府间事权划分的具体做法

政府间事权划分的具体做法见表 5-3。

表 5-3　政府间事权划分的具体做法

| 具体事务 | 具体做法 |
|---|---|
| 外交事务 | 外交事务划归中央专门管理,只有部分联邦制（邦联制）国家容许成员国保留部分外交权 |
| 国防事务 | 以中央直接管辖为主 |
| 司法事务 | 世界各国的司法体制分为分权、集权为主和高度集权三类 |
| 公安事务 | 中央对如国籍管理、出入境管理等事关国家主权的公安事务,实行专门管理;对于维护国家安全与秩序的主要工具——警察,则由中央与地方共同管辖 |
| 内政事务 | 地方机构的建制由地方决定并建立;中央机构的建制由中央决定,地方与中央分别建立 |
| 经济事务 | 由国家统一管理信用、货币和银行体系,各国实行的是以中央集中管理为主、地方协助管理为辅的财政金融管理体制 |
| 文化教育事务 | 既有由中央负责执行的,也有由地方政府负责执行的,还有由中央和地方共同负责的 |

## 二、政府间收支的划分及其调节制度 ☆☆☆

（一）政府间税收收入的划分

1. 税收收入划分的原则

税收收入划分的原则有四项，具体见表5-4。

表5-4 税收收入划分的原则

| 原则 | 划分标准 | 举例 |
| --- | --- | --- |
| 适应原则 | 划分中央与地方政府收入的标准是税基的宽窄。归中央政府的是税基宽的税种，归地方政府的是税基狭窄的税种 | 如增值税应属于中央税，房产税应属于地方税 |
| 恰当原则 | 划分中央与地方政府收入的标准是税收负担的分配是否公平 | 如所得税划归中央政府 |
| 效率原则 | 划分中央和地方收入的标准是征税效率的高低 | 如所得税一般由中央政府征收，土地税或财产税一般划为地方税 |
| 经济利益原则 | 划分中央与地方收入的标准是增进经济利益 | 如增值税、消费税划归中央 |

2. 税收收入划分的方式

税收收入划分的方式有五种，具体见表5-5。

表5-5 税收收入划分的方式

| 划分方式 | 解释 |
| --- | --- |
| 分割税种 | 按税种划分收入范围 |
| 分割税额 | 又称收入分享，其具体做法为：先统一征税，然后按一定比例在中央与地方政府之间加以分割，如"总额分成" |
| 分割税率 | 对同一课税对象，由各级财政按照不同的税率征收 |
| 分割税制 | 分别设立中央税和地方税两个相互独立的税收制度和税收管理体系 |
| 混合型 | 在现代经济社会条件下，通常采用混合型的税收分割方式 |

3. 税收收入划分的具体做法

（1）将那些税基流动性大的税种，如增值税、企业所得税、个人所得税、销售税和遗产赠与税等，划归中央政府。

（2）将那些税基流动性较小的、税源分布较广（不易统一征收）的税种，如土地税、土地增值税、房产税等，划归地方政府。

（3）将那些与稳定国民经济有关，以及与收入再分配有关的税种，如个人所得税和企业所得税，划归中央政府。

（4）如果某些自然资源在地区间分布不均匀，则与自然资源有关的税种（如资源税）应该划归中央政府，如果分布均匀，则划归地方政府。

（5）将进出口关税和其他收费全部划归中央政府。

> **典型例题**

**1.** [单项选择题] 以税收负担的分配是否公平为标准划分中央与地方收入的原则是（　　）。

A. 效率原则　　　　　　　　　　　　B. 适应原则

C. 恰当原则　　　　　　　　　　　　D. 经济利益原则

[解析] 恰当原则以税收负担的分配是否公平为标准划分中央与地方政府收入。

**2.** [单项选择题] 税收收入划分形式不包括（　　）。

A. 分割税额　　　B. 分割税种　　　C. 分割税率　　　D. 分割税权

[解析] 中央与地方之间进行税收收入划分，也称税收分割，它有多种方式，主要包括分割税额、分割税率、分割税种、分割税制和混合型五种类型。

答案：1.C　2.D

（二）政府间的财政支出划分

1. 财政支出划分的原则

财政支出划分的原则有三项，具体见表5-6。

表5-6　财政支出划分的原则

| 原则 | 解释 |
| --- | --- |
| 公平性原则 | 各级政府的财权财力划分应相对平衡，包括纵向均衡和横向均衡 |
| 与事权相对称原则 | 一级事权必须有一级财力作保证 |
| 权责结合原则 | 是划分支出的依据，即解决财权财力与财政责任的结合问题 |

2. 我国财政支出划分的具体做法

（1）总额分成。

（2）定额上缴。

（3）统收统支——收支两条线。

（4）收入分类分成。

（5）分税制。

> **典型例题**

[单项选择题] 下列原则中，不属于财政支出划分原则的是（　　）。

A. 与事权相对称原则　　　　　　　　B. 公平性原则

C. 总额分成原则　　　　　　　　　　D. 权责结合原则

[解析] 财政支出划分的原则包括公平性原则、与事权相对称原则、权责结合原则，故C项符合题意。

答案：C

（三）政府间收支的调节制度 ☆☆

（1）横向均衡是指在各地区间实现基本公共产品的供给标准和供给数量的均等化。

（2）纵向均衡是指使各级政府在履行各自的职责时有必要的财力做保障，也就是使各级政府的资金来源与各自的支出责任相对称。

《中华人民共和国预算法实施条例》规定，转移性收入是指上级税收返还和转移支付、下级上解收入、调入资金以及按照财政部规定列入转移性收入的无隶属关系政府的无偿援助。转移性支出包括上解上级支出、对下级的税收返还和转移支付、调出资金以及按照财政部规定列入转移性支出的给予无隶属关系政府的无偿援助。

政府间调节制度包括各级预算间的纵向调节和各地区预算间的横向调节。政府间的转移支付是调节的主要手段。

### 三、政府间财政管理权的划分 ☆☆

（一）政府预算管理级次

一级政权一级预算，我国预算分为中央、省、市、县、乡五级。

（二）预算管理权限的划分

（1）各单位的预算管理权。各单位按照国家规定上缴预算收入，安排预算支出，编制本单位预算、决算草案。

（2）各部门的预算管理权。各部门编制本部门的预算、决算草案；对本部门预算的执行进行组织和监督，并定期向本级政府财政部门报告。

（3）预算管理的职能部门是各级财政部门。其主要职权有：具体编制预算、决算草案；组织预算的执行；编制预算的调整方案；提出预算预备费动用方案；定期报告预算的执行情况等。

（4）预算管理的国家行政机关是各级人民政府。其主要职权有：编制预算、决算草案；向本级人民代表大会作出关于预算草案的报告；组织预算的执行；编制预算调整方案；决定预备费的动用；监督预算执行等。

（5）审查、批准与决算的权力机关是各级人民代表大会。各级人民代表大会审查总预算草案及总预算执行情况的报告；批准本级预算和本级预算执行情况的报告。

各级人大常委会的职权有：监督预算的执行；审查和批准预算的调整方案；审查和批准决算。

财政经济委员会的职权有：对预算草案初步方案及上一年预算执行情况、预算调整初步方案和决算草案进行初步审查，提出初步审查意见。

> **典型例题**

**1. [单项选择题]** 决定动用本级政府预备费的权力属于（　　）。

A. 上级人民代表大会　　　　　　　　B. 本级人民代表大会

C. 上级政府　　　　　　　　　　　　D. 本级政府

[解析] 预算管理的国家行政机关是各级人民政府。其主要职权有：①编制预算、决算草案；②向本级人民代表大会作出关于预算草案的报告；③组织预算的执行；④编制预算调整方案；⑤决定预备费的动用；⑥监督预算执行等。

**2. [单项选择题]** 下列不属于政府间转移性支出的是（   ）。

A. 上解上级支出

B. 对下级的税收返还和转移支付

C. 按照财政部规定列入转移性支出的给予无隶属关系政府的无偿援助

D. 向一般公共预算调出资金

[解析]《中华人民共和国预算法实施条例》规定，转移性收入是指上级税收返还和转移支付、下级上解收入、调入资金以及按照财政部规定列入转移性收入的无隶属关系政府的无偿援助。转移性支出包括上解上级支出、对下级的税收返还和转移支付、调出资金以及按照财政部规定列入转移性支出的给予无隶属关系政府的无偿援助。D项属于国有资本经营预算支出编制的内容。

答案：1.D  2.D

### 考点3 分税制财政管理体制☆☆

#### 一、分税制财政管理体制的基本内容☆☆

（一）分税制财政管理体制的内涵

分税制财政管理体制简称分税制，是指按照事权与财权财力统一的原则，在合理划分各级政府事权范围的基础上，主要按税收来划分各级政府的预算收入，各级预算相对独立，负有明确的平衡责任，各级次间和地区间的差别通过转移支付制度进行调节。它是市场经济国家普遍推行的一种财政管理体制模式。财政分权管理体制的典型代表是分税制。

（二）分税制的含义

分税制的含义主要有四层，即分事、分税、分权和分管。具体见表5-7。

表5-7 分税制的主要含义

| 项目 | 含义 |
| --- | --- |
| 分事 | 在各级政府间划分社会管理权和经济管理权的基础上确定各级政府的预算支出范围 |
| 分税 | 按照财权和事权相统一的原则，将税种划分为中央税、地方税和中央与地方共享税 |
| 分权 | 中央和地方都对属于自己的税种有开停征权、调整税目税率和减免税权，地方也有权力开征地方性新税 |
| 分管 | 实行分级财政管理，建立中央和地方两级税收征管体系 |

（三）分税的方法

（1）按税源实行分率分征——如美国（所得税为其主体税种）。

（2）按税种划分——包括完全形式和不完全形式两种。

①完全形式：只设中央税和地方税。

②不完全形式：除设中央税和地方税之外，还设置共享税。

▶ 典型例题

[多项选择题] 分税制的含义包括（   ）。

A. 分事    B. 分税

C. 分权 　　　　　　　　　　　　D. 分管

E. 分利

[解析] 分税制主要包括"分事、分税、分权、分管"四层含义。

答案：ABCD

## 二、我国分税制管理体制的主要内容 ☆☆

我国从1994年开始实行分税制财政管理体制。

（一）中央与地方的事权和支出责任划分

中央与地方的事权和支出责任划分见表5-8。

表5-8　中央与地方的事权和支出责任划分

| 项目 | 具体内容 |
| --- | --- |
| 关系国家安全的支出 | 边境安全、国防、界河管理等支出应由中央统一协调、监管及承担相应的支出责任 |
| 司法支出 | 司法支出主要由中央政府负责 |
| 社会保障 | （1）养老保险：中央管理<br>（2）医疗保险：我国以地方管理为主，中央提供帮助<br>（3）工伤、生育、失业保险：地方自行管理 |
| 公共卫生 | （1）传染病及免疫业务支出责任由中央承担或中央委托地方实施<br>（2）普通的公共卫生支出则由地方政府负担 |
| 教育 | （1）义务教育支出由地方政府管理<br>（2）高等教育支出和科研支出服务的主要支出责任在中央和省级 |
| 跨区域重大项目的建设和维护 | 中央负责交通建设、跨境重点项目。地方政府负责地方性交通基础设施建设。中央负责海域和流域管理、航运、水利调度、大江大河治理、全流域国土整治、全国性生态和环保重点项目建设 |
| 涉及全国市场统一标准的管理 | 由中央承担支出责任和管理执行责任 |

（二）中央与地方政府收入的划分

（1）中央税：维护国家权益、实施宏观调控所必需的税种。

（2）中央与地方共享税：同经济发展直接相关的主要税种。

（3）地方税：适合地方征管的税种。

（三）中央财政对地方财政税收返还数额的确定

中央财政对地方财政的税收返还，包括基数返还和递增返还。就其性质而言，中央的税收返还是一种转移支付。

> 典型例题

[单项选择题] 适合地方政府管理的事权及支出责任的是（　　）。

A. 外交　　　　　　　　　　　　B. 跨境高速公路

C. 边境安全　　　　　　　　　　D. 义务教育

[解析] 国防、边境安全、界河管理等支出是典型的全国性公共物品，应由中央统一协调、监管及承担相应的支出责任。适合地方政府管理的事权及支出责任的是义务教育，故 D 项正确。

答案：D

## 考点4 政府间转移支付制度 ☆☆

### 一、政府间转移支付 ☆☆

（一）政府间转移支付的含义与特点

1. 含义

最早提出转移支付概念的是著名经济学家庇古，他在 1928 年出版的《财政学研究》中第一次使用这一概念。

政府间转移支付分为纵向转移支付和横向转移支付两种形式。

转移性支出主要有捐赠支出、债务利息支出和补助支出。

2. 特点

（1）政府间转移支付是无偿的支出。

（2）政府间转移支付范围只限于政府之间。

（3）政府间转移支付并不是政府的终极支出。

（二）政府间转移支付的种类

（1）根据政府间的关系，政府间转移支付可以分为纵向转移支付、横向转移支付、混合转移支付（纵向为主，横向为辅）三种类型。

（2）根据地方政府使用补助资金权限的大小，政府间转移支付可以分为无条件转移支付和有条件转移支付。

（三）实行政府间转移支付的理论依据

（1）纠正某些公共产品或服务的外部性。

（2）加强中央财政对地方财政的宏观调控。

（3）纠正政府间的纵向财政失衡。

（4）纠正政府间的横向财政失衡。

（四）政府间转移支付的一般模式

（1）支出均衡模式。

（2）财政收入能力均等化模式。

（3）收支均衡模式。

（4）有限的财政收入能力——支出需求均衡模式。

>> 典型例题

**1. [单项选择题]** 下列支出中，不属于转移支付支出的是（    ）。

A. 补助支出　　　　　　　　　　　　　　B. 捐赠支出

C. 工资支出　　　　　　　　　　　　D. 债务利息支出

[解析] 转移支付支出主要有捐赠支出、债务利息支出和补助支出。

**2.** [单项选择题] 关于政府间转移支付制度理论依据的说法，错误的是（　　）。

A. 纠正政府间的纵向财政失衡　　　　B. 纠正政府间的横向财政失衡

C. 赋予地方政府更大的自主权　　　　D. 纠正某些公共物品或服务的外部性

[解析] 实行政府间转移支付的理论依据包括：①纠正某些公共产品或服务的外部性；②加强中央财政对地方财政的宏观调控；③纠正政府间的纵向财政失衡；④纠正政府间的横向财政失衡。

答案：1.C　2.C

## 二、我国政府间转移支付制度 ☆☆

（一）我国中央对地方转移支付类型

**1. 专项转移支付**

（1）专项转移支付是指上级政府为了实现特定的经济和社会发展目标给予下级政府，并由下级政府按照上级政府规定的用途安排使用的预算资金。（实行专款专用）

（2）我国在农业、教育卫生、基础设施建设、社会保障以及环境保护等方面均设立了专项转移支付项目。

（3）按照事权和支出责任划分，专项转移支付分为共担类、委托类、救济类、引导类、应急类五类。

**2. 一般性转移支付**

一般性转移支付主要包括农村税费改革转移支付、均衡地区间财力差距的均衡性转移支付、民族地区转移支付，以及作为国家增支减收政策配套措施的调整工资转移支付等。

【提示】均衡性转移支付不规定具体用途，由接受补助的省级政府根据本地区实际情况统筹安排。

**3. 共同事权转移支付**

共同事权转移支付主要包括城乡义务教育补助经费、学生资助补助经费、就业补助资金、困难群众救助补助资金、基本公共卫生服务补助资金、城乡保障性安居工程资金。

> 典型例题

[单项选择题] 下列转移支付项目中，不属于一般性转移支付的是（　　）。

A. 农村税费改革转移支付　　　　　　B. 民族地区转移支付

C. 均衡性转移支付　　　　　　　　　D. 国债补助

[解析] 一般性转移支付主要包括农村税费改革转移支付、均衡地区间财力差距的均衡性转移支付、民族地区转移支付，以及作为国家增支减收政策配套措施的调整工资转移支付等。

答案：D

## (二) 中央对地方转移支付制度的改革和完善

(1) 对专项转移支付实行从严控制，并规范其分配和使用：规范资金分配；严格控制新设专项；建立健全专项转移支付定期评估和退出机制；取消地方资金配套要求；严格资金使用。

(2) 完善一般性转移支付制度：建立一般性转移支付稳定增长机制；将一般性转移支付占比提高到 60%以上；清理整合一般性转移支付；加强一般性转移支付管理。

(3) 优化转移支付结构：形成以均衡地区间基本财力、由地方政府统筹安排使用的一般性转移支付为主体，一般性转移支付和专项转移支付相结合的转移支付制度。

(4) 强化转移支付预算管理：

①推进信息公开：中央对地方转移支付预算安排及执行情况在全国人大批准后 20 日内由财政部向社会公开。

②及时下达预算：除据实结算等特殊项目可以分期下达预算或先预付后结算外，中央对地方一般性转移支付在全国人大批准预算后 30 日内下达，专项转移支付在 90 日内下达。省级政府在接到中央转移支付后，应在 30 日内正式下达到本行政区域县级以上各级政府。

③做好绩效评价。

【提示】县级以上各级政府应当按照本年度转移支付预计执行数的一定比例将下一年度转移支付预计数提前下达至下一级政府，除据实结算等特殊项目的转移支付外，提前下达的一般性转移支付预计数的比例一般不低于 90%；提前下达的专项转移支付预计数的比例一般不低于 70%。

>> 典型例题

**1. [单项选择题]** 中央政府对地方政府的专项转移支付，应在全国人大批准预算后的（ ）日内下达。

A. 20　　　　　　　　　　　　B. 30

C. 45　　　　　　　　　　　　D. 90

[解析] 除据实结算等特殊项目可以分期下达预算或先预付后结算外，中央对地方一般性转移支付在全国人大批准预算后 30 日内下达，专项转移支付在 90 日内下达。

**2. [单项选择题]** 根据《预算法》，我国政府一般性转移支付要逐步提高，应达到的比例是（ ）。

A. 40%以上　　　　　　　　　B. 50%以上

C. 60%以上　　　　　　　　　D. 70%以上

[解析] 完善一般性转移支付制度，建立一般性转移支付稳定增长机制，将一般性转移支付占比提高到 60%以上，故 C 项正确。

答案：1.D　2.C

## 考点5　政府财政事权和支出责任的调整改革 ☆

### 一、推进财政事权和支出责任划分改革的原则

推进财政事权和支出责任划分改革的原则见表 5-9。

表 5-9　推进财政事权和支出责任划分改革的原则

| 原则 | 具体内容 |
|---|---|
| 激励地方政府主动作为 | 合理确定地方财政事权，使基本公共服务受益范围与政府管辖区域保持一致 |
| 实现权、责、利相统一 | — |
| 体现基本公共服务受益范围 | (1) 中央负责：体现国家主权、维护统一市场以及受益范围覆盖全国的基本公共服务<br>(2) 地方负责：地区性基本公共服务<br>(3) 中央与地方共同负责：跨省（区、市）的基本公共服务 |
| 兼顾政府职能和行政效率 | (1) 地方的财政事权：所需信息量大、信息复杂且获取困难的基本公共服务<br>(2) 中央的财政事权：信息比较容易获取和甄别的全国性基本公共服务 |
| 做到支出责任与财政事权相适应 | 按照"谁的财政事权谁承担支出责任"的原则，确定各级政府支出责任 |

## 二、政府财政事权和支出责任调整改革的主要内容

政府财政事权和支出责任调整改革的主要内容见表 5-10。

表 5-10　政府财政事权和支出责任调整改革的主要内容

| 要点 | | 主要内容 |
|---|---|---|
| 完善中央与地方支出责任划分 | 地方的财政事权由地方承担支出 | 属于地方的财政事权，原则上由地方通过自有财力安排 |
| | 中央的财政事权由中央承担支出 | 属于中央的财政事权，应当由中央财政安排经费，中央各职能部门和直属机构不得要求地方安排配套资金 |
| | 中央与地方共同财政事权区分情况划分支出 | |
| 加快省以下财政事权和支出责任划分 | 省以下财政事权和支出责任的清晰界定 | 合理划分省以下各级财政事权；清晰界定省以下各级财政支出责任 |
| | 省以下政府间收入关系的理顺 | 参照税种属性划分收入；规范收入分享方式；适度增强省级调控能力 |
| | 省以下转移支付制度的完善 | 厘清各类转移支付功能定位；优化转移支付结构；科学分配各类转移支付资金 |
| 推进中央与地方财政事权划分 | 建立财政事权划分动态调整 | |
| | 减少并规范中央与地方共同财政事权 | 包括义务教育、高等教育、科技研发、公共文化、基本养老保险、基本医疗和公共卫生、城乡居民基本医疗保险、就业、粮食安全、跨省（区、市）重大基础设施项目建设和环境保护与治理等体现中央战略意图、跨省（区、市）且具有地域管理信息优势的基本公共服务 |
| | 适度加强中央的财政事权 | 包括国防、外交、国家安全、出入境管理、国防公路、国界河湖治理、全国性重大传染病防治、全国性大通道、全国性战略性自然资源使用和保护等基本公共服务 |
| | 保障地方履行财政事权 | 包括社会治安、市政交通、农村公路、城乡社区事务等受益范围地域性强、信息较为复杂且主要与当地居民密切相关的基本公共服务 |

>> 典型例题

[单项选择题] 对于跨省（区、市）的基本公共服务，应当由（　　）管理。

A. 中央负责  B. 地方负责

C. 中央与地方共同负责  D. 上述几项均可

[解析] 中央与地方共同负责跨省（区、市）的基本公共服务。

答案：C

# 第六章

# 财政平衡与财政政策

**大纲再现**

理解财政平衡和财政政策的基本理论,分析财政政策的目标、财政政策的类型,提出财政赤字的弥补方式,辨析财政政策的类型与效应,理解财政政策与货币政策配合的原理,分析财政政策与货币政策的配合方式。

**大纲解读**

从历年考题来看,本章题型主要以单项选择题、多项选择题为主,无案例分析题,分值通常在9分左右。

本章主要介绍有关财政平衡的相关内容,需要重点掌握的是财政政策的主要内容,理解其中的逻辑关系,才能记忆牢固。对于货币政策和财政政策各自所采用的工具,以及二者的配合,需要对照学习,这样容易理解记忆。

知识脉络 ▶

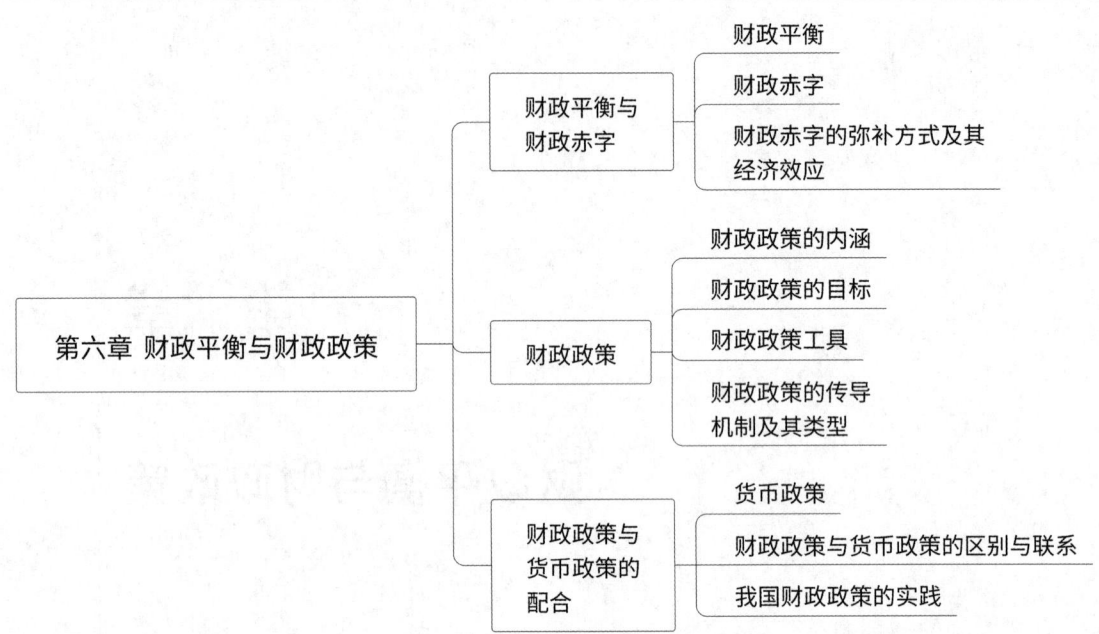

## 考点1 财政平衡与财政赤字 ☆☆☆

### 一、财政平衡 ☆☆☆

（一）财政平衡的含义

财政平衡是指财政收支计划在执行过程中，某一时点或年终出现的财政收支对比状况。其结果不外乎三种：

（1）收入大于支出，有结余。

（2）支出大于收入，出现赤字。

（3）收入等于支出，即平衡。

一般来讲，财政收支略有结余或略有赤字，可以被视作财政基本平衡或大体平衡。财政政策问题的焦点为：如何处理财政平衡问题。

（二）财政收支不平衡的原因

（1）财政决策的失误、计划与实际不一致。

（2）存在财政支出需要的无限性与财政收入可能的有限性之间的矛盾（最主要原因）。

（3）遭遇某些意外事故，如遇到严重自然灾害、政局不稳定或临时发生战争等情况。

（4）生产力发展水平与经济管理水平会对财政收支计划的执行产生影响。

（5）财政收入的均衡性和部分财政支出的集中性，也会导致财政收支在时间上的不一致。

（三）财政平衡的内涵

财政平衡的真正内涵：收支平衡，略有结余。

（四）坚持财政收支平衡的重要意义

财政平衡的意义是把收支对比的一种理想状态作为预算编制和执行追求的目标。财政赤字是实现财政平衡的重要手段。

>> 典型例题

[单项选择题] 关于财政平衡的说法，错误的是（　　）。

A. 财政收支在数量上的绝对平衡才是财政平衡

B. 财政收支略有结余可视作财政基本平衡

C. 财政收支略有赤字可视作财政基本平衡

D. 财政收支平衡是指财政收支之间的对比关系

[解析] 一般来讲，财政收支略有结余或略有赤字，可以被视作财政基本平衡或大体平衡。

答案：A

### 二、财政赤字 ☆

（一）财政赤字的含义

财政支出大于财政收入而形成的差额即为财政赤字。

## （二）财政赤字的计算口径

财政赤字的计算口径具体见表 6-1。

表 6-1　财政赤字的计算口径

| 项目 | 硬赤字 | 软赤字 |
| --- | --- | --- |
| 定义 | 用债务收入弥补收支差额以后仍然存在的赤字 | 未经债务收入弥补的赤字 |
| 计算口径 | 硬赤字＝（经常收入＋债务收入）－（经常支出＋债务支出） | 软赤字＝经常收入－经常支出 |
| 赤字弥补方式 | 无法利用债务收入进行弥补，只能通过向中央银行借款或透支，有造成通货膨胀的可能性 | 世界上大多数国家统计本国财政赤字时的计算口径为软赤字 |

## （三）财政赤字的分类

财政赤字的分类具体见表 6-2。

表 6-2　财政赤字的分类

| 划分依据 | 分类内容 |
| --- | --- |
| 赤字的起因 | 主动赤字和被动赤字 |
| 赤字在财政年度出现时间的早晚 | 预算赤字和决算赤字 |
| 财政收支统计口径 | 硬赤字和软赤字 |
| 赤字和经济周期的关系 | 充分就业赤字（结构性赤字）：在经济实现充分就业目标的前提下，仍然存在的赤字 |
| | 周期性赤字：在经济未实现充分就业条件下所新增的赤字<br>周期性赤字的数额＝总赤字－充分就业赤字 |

>> 典型例题

[单项选择题]在经济实现充分就业目标的前提下，仍然存在的财政赤字，称为（　　）。

A. 充分就业赤字　　　　　　　　B. 周期性赤字

C. 硬赤字　　　　　　　　　　　D. 软赤字

[解析]充分就业赤字也称结构性赤字，是指在经济实现充分就业目标的前提下，仍然存在的赤字。

答案：A

## 三、财政赤字的弥补方式及其经济效应 ☆☆☆

### （一）财政赤字的弥补方式

(1) 动用结余。

(2) 增收减支。

(3) 向中央银行透支或借款。

(4) 发行公债。发行公债是最为理想的弥补财政赤字的方法，也是世界各国弥补财政赤字的普遍做法。

> 典型例题

**1.** [单项选择题] 下列弥补财政赤字的方式中，属于凭空创造购买力的方式是（  ）。

A. 发行公债　　　　　　　　　　　B. 向中央银行借款或透支

C. 动用结余　　　　　　　　　　　D. 增收节支

[解析] 向中央银行借款或透支实际相当于通过货币发行，凭空创造购买力来弥补赤字。

**2.** [单项选择题] 世界各国普遍使用的弥补财政赤字的做法是（  ）。

A. 增收减支　　　　　　　　　　　B. 动用结余

C. 发行公债　　　　　　　　　　　D. 向中央银行透支或借款

[解析] 财政赤字的弥补方式包括增收减支、动用结余、发行公债和向中央银行透支或借款。其中，发行公债来弥补赤字通常只是购买力的转移，不会凭空增加购买力，所以一般被认为是最为理想的方式。

答案：1. B　2. C

（二）财政赤字弥补方式的经济效应

1. 财政赤字与货币供给

（1）向银行借款或透支：增加货币供给量，并导致物价上涨、通货膨胀。

（2）动用结余：若结余未被信贷部门使用，不会增加货币供给；反之，则会增加。

（3）增收减支：不影响货币供给量。

（4）发债方式：

①若认购者为中央银行，则会增加货币供给量。

②若认购者为商业银行，其能实现信贷收支平衡，则不增加货币供给，反之，则会增加。

③若认购者为家庭和企业，不会增加货币供给，但如果企业认购后出现流动资金严重不足，会增加对商业银行的流动资金贷款需求，而商业银行因此不能实现信贷收支平衡时，则会增加货币供给。

2. 财政赤字的排挤效应

（1）排挤效应指由于增发国债、增加财政支出引起利率上升或引起对有限信贷资金的竞争，导致民间投资减少，居民消费下降。

（2）排挤效应产生的途径：

①直接排挤效应：政府公债利率↑或发行价格↓→企业或个人认购公债↑→投资和消费↓。

②间接排挤效应：政府发债→货币需求↑→利率↑→企业的投资和个人的消费↓。

（3）影响排挤效应的因素：主要受货币需求和投资对利率的弹性大小的制约。

①在利率水平很高，货币需求对利率缺乏弹性时，财政赤字造成利率提高，投资消费减少，排挤效应较大。

②在利率水平很低，货币需求对利率富有弹性时，财政赤字造成产量和收入的增加，故排

挤效应较小。

③在投资对利率富有弹性时，财政赤字的排挤效应明显。

④在投资对利率缺乏弹性时，财政赤字的排挤效应不明显。

3. 通货膨胀税

(1) 一般来说，造成通货膨胀的重要原因是连年的政府财政赤字。

(2) 弥补财政赤字→流通中的货币量↑→物价↑→GDP↑。在GDP因物价上升形成名义增长而无实际增长的情况下，政府收入的增长就是通过价格再分配机制实现的，即通货膨胀税。

(3) 政府收入通常可以分为两个部分：国内生产总值（GDP）正常增量的分配所得；价格再分配所得（即通货膨胀税）。

》典型例题

**1. [单项选择题]** 当政府过多发行债券时，有可能对市场产生的影响是（　　）。

A. 马太效应　　　　　　　　　　B. 木桶效应

C. 破窗效应　　　　　　　　　　D. 排挤效应

[解析] 财政赤字的排挤效应指由财政赤字的弥补导致的私人经济部门投资以及个人消费减少的现象。排挤效应是否明显，主要受货币需求和投资对利率的弹性大小的制约。

**2. [单项选择题]** 一般来说，造成通货膨胀的重要原因是（　　）。

A. 连年的财政赤字

B. 累积的财政结余

C. 持续的财政紧缩

D. 阶段性的货币政策

[解析] 一般来说，连年的政府财政赤字是造成通货膨胀的重要原因。

答案：1. D　2. A

## 考点2　财政政策☆☆☆

### 一、财政政策的内涵☆☆☆

(1) 财政政策是指政府变动税收和支出，通过影响总需求进而影响就业和国民收入的政策。

(2) 财政政策的主体是指财政政策的制定者和执行者。其只能是各级政府，主要是中央政府。

(3) 财政政策对国民经济运行的调节的特点为：直接性和强制性。

(4) 财政政策由支出政策、税收政策、预算平衡政策、公债政策等构成。

(5) 财政政策的功能如下：

①协调功能：对社会经济发展过程中的某些失衡状况的制约、调节。

②导向功能：包括直接导向（如加速折旧的税收政策）和间接导向（如对某些行业实行低税政策）。财政政策的直接作用对象是财政收支及其平衡关系。

③稳定功能：实现国民经济的稳定发展，主要特征是反周期性和补偿性。

④控制功能：实现对整个国民经济发展的控制。

> **典型例题**

**1.** [单项选择题] 政府利用加速折旧的税收政策促使企业进行设备投资，发挥的是财政政策的（　　）。

A. 协调功能　　　　　　　　　　B. 控制功能

C. 稳定功能　　　　　　　　　　D. 导向功能

[解析] 导向功能是指通过对物质利益的调整，发挥对个人和企业的经济行为以及国民经济发展方向的引导作用。财政政策的直接作用对象是财政收支及其平衡关系。

**2.** [单项选择题] 关于财政政策的说法，错误的是（　　）。

A. 财政政策运用不当会引起经济波动

B. 财政政策是国家宏观调控的重要杠杆

C. 财政政策具有导向功能

D. 财政政策不具有控制功能

[解析] 财政政策具有控制功能、协调功能、稳定功能和导向功能。

**3.** [单项选择题] 财政政策的主体是（　　）。

A. 中国人民银行

B. 行政事业单位

C. 中国进出口银行

D. 各级人民政府

[解析] 财政政策的主体只能是各级政府，主要是中央政府。

答案：1.D　2.D　3.D

## 二、财政政策的目标 ☆☆

财政政策的目标具体见表6-3。

表6-3　财政政策的目标

| 目标 | 解释 |
| --- | --- |
| 物价基本稳定 | 物价稳定是指物价总水平的基本稳定 |
| 充分就业 | 充分就业是政府进行宏观经济调控的首要目标 |
| 收入公平分配 | — |
| 经济适度增长 | 经济适度增长包括质和量两个方面 |
| 国际收支平衡 | 国际收支平衡指经常项目、资本项目、遗漏与误差三个项目的总的收支对比状况 |

> **典型例题**

[单项选择题] 关于物价稳定的说法，错误的是（　　）。

A. 物价稳定就是指物价固定不变

B. 物价稳定就是物价水平短期内没有显著波动

C. 物价稳定是指物价总水平基本稳定

D. 物价稳定是把物价总水平控制在社会可以承受的限度内

[解析] 物价稳定是指物价总水平的基本稳定，即物价水平在短期内没有显著或急剧的波动。所谓物价基本稳定并不是要求物价固定不动，而是要求把物价总水平控制在社会经济稳定发展可以容纳的限度内，以避免和抑制通货膨胀。因此，A项说法错误，B、C、D三项说法正确。

答案：A

### 三、财政政策工具☆☆☆

财政政策工具的类型见图6-1。

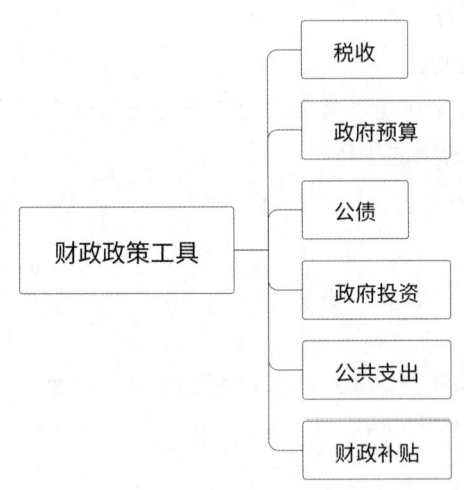

图6-1 财政政策工具的类型

> 典型例题

[多项选择题] 属于财政政策工具的有（　　）。

A. 税收　　　　　　　　　　B. 利率

C. 预算　　　　　　　　　　D. 公债

E. 信贷

[解析] 财政政策工具有政府预算、税收、公债、政府投资、公共支出和财政补贴等。

答案：ACD

（一）税收

税收作为调节手段，可以调节收入分配关系，也可以调节社会总供给和总需求的关系。这些调节作用主要通过税率的确定、税种的选择、税负的分配、税收优惠以及税收惩罚等规定体现出来。

1. 税收在实现收入公平分配中的作用

通过调节企业利润水平和居民的个人收入水平,实现收入公平分配。

2. 税收在资源配置中的作用主要表现

(1) 调节资源在政府部门和非政府部门(企业和居民)之间的配置。

(2) 调节产业结构,即调节资源在产业之间的配置。

(3) 调节资源在消费和积累之间的分配。

> 典型例题

[单项选择题] 关于税收在资源配置中所起作用的说法,错误的是( )。

A. 税收调节积累和消费的比例

B. 税收调节产业之间的资源配置

C. 税收调节资源在国际间的配置

D. 税收调节资源在政府部门和非政府部门之间的配置

[解析] 税收在资源配置中的作用主要表现在:①调节资源在积累和消费之间的分配;②调节资源在产业之间的配置,即调节产业结构;③调节资源在政府部门和非政府部门(企业和居民)之间的配置。

答案:C

(二) 政府预算

政府预算在财政政策中居于核心地位,具有综合性、计划性和法律性等特点。从总需求的影响而言,预算收入对总需求产生收缩效果;预算支出对总需求产生扩张效果。

1. 预算收支差额的三种情况

(1) 收大于支的预算结余,可起到压缩需求的作用——紧缩性财政政策。

(2) 支大于收的预算赤字,可起到扩张需求的作用——扩张性(积极的)财政政策。

(3) 收支平衡,对总需求的净影响是中性的——中性财政政策。

2. 政府预算的调控作用

(1) 通过调整政府预算支出结构,可以调节国民经济中各种比例关系和经济结构。

(2) 通过预算收支规模的变动及其平衡状态,可以有效地调节社会总供求的平衡关系。

(三) 公债

公债的调节作用主要体现在以下几方面:

(1) 公债可以调节产业结构。

(2) 公债可以调节国民收入的使用结构。

(3) 公债可以调节资金需求和货币流通。

(四) 政府投资

政府投资是指使用预算安排的资金,进行固定资产投资建设的活动。政府投资是全社会固定资产投资的重要组成部分。

政府主要投资于那些外部效应大、产业关联度高、具有自然垄断特征或具有示范和诱导作用的基础性产业，以及新兴的高科技主导产业。

（五）公共支出

公共支出是指政府满足纯公共需要的一般性支出（或称经常性项目支出），包括购买性支出和转移性支出。

（1）萧条时期：增加公共支出。

（2）膨胀时期：减少公共支出。

（六）财政补贴

财政补贴是政府为实现特定目的而给予的财政援助。

1．特征

（1）财政补贴具有鲜明的政策意图，为特定的目标或目的服务。

（2）财政补贴会对接受补贴者产生激励作用，是一种财政援助。

2．财政补贴的优点

财政补贴的主要优点是具有灵活性和针对性。

> 典型例题

[单项选择题] 最终能够形成各种类型固定资产的财政政策工具是（    ）。

A．税收　　　　　　　　　　　B．政府预算

C．公债　　　　　　　　　　　D．政府投资

[解析] 政府投资是指财政用于资本项目的建设支出，最终形成各种类型的固定资产。

答案：D

**四、财政政策的传导机制及其类型☆☆**

（一）传导机制

财政政策发挥作用的最重要传导媒介体是货币供应、价格、收入分配。

（1）财政政策工具的使用必然影响财政收支的增减变化，进而形成财政盈余或财政赤字，从而不可避免地影响货币的供应量。

（2）财政政策工具（如税收、财政补贴等）的运用，必然引起产品价格的变化，进而影响相关行业的发展或产业结构的调整，最终实现财政政策宏观调控的目标。

（3）财政政策工具变量的调整对收入分配的影响主要体现在改变货币收入者实得货币收入或使货币收入者的实际购买力发生变化。

（二）财政政策的类型

财政政策的类型具体见表6-4。

表 6-4 财政政策的类型

| 分类依据 | 分类 | 解释 |
| --- | --- | --- |
| 根据在国民经济总量方面的不同功能 | 扩张性财政政策（即赤字政策） | 通过财政分配活动来增加和刺激社会的总需求 |
| | 紧缩性财政政策（即结余政策） | 通过财政分配活动来减少和抑制总需求 |
| | 中性财政政策 | — |
| 按照政策作用的对象 | 宏观财政政策（也称为经济稳定政策） | 调节总供需 |
| | 中观财政政策 | 调节产业结构 |
| | 微观财政政策 | 调节经济个体的经济行为 |
| 按照对经济周期的调节作用 | 自动稳定的财政政策 | 其包括累进税制和转移支付制度，也称"自动稳定器"或者"内在稳定器" |
| | 相机抉择的财政政策（斟酌使用的财政政策） | 政府有意识地运用财政政策来调节社会总供求 |

》 典型例题

**1. [单项选择题]** 下列选项中，属于自动稳定的财政政策的是（    ）。

A. 财政转移支付制度　　　　　　　　B. 紧缩性财政政策

C. 扩张性财政政策　　　　　　　　　D. 中性财政政策

[解析] 自动稳定的财政政策是指某些能够根据经济波动情况自动发生稳定作用的政策，不用借助外力即可直接产生调控作用。这种内在的、自动产生的稳定效果可以随社会经济的波动自行发挥调节作用，而不需要政府采取任何干预行动。自动稳定的财政政策主要是累进税制度和转移支付制度，它们被称为"自动稳定器"或"内在稳定器"。

**2. [单项选择题]** 自动稳定的财政政策和相机抉择的财政政策的划分标准是（    ）。

A. 按照对经济周期的调节作用划分

B. 按照在国民经济总量方面的不同功能划分

C. 按照经济性质划分

D. 按照政策作用的对象划分

[解析] 按照政策作用的对象划分，财政政策可分为宏观财政政策、中观财政政策和微观财政政策。按照对经济周期的调节作用划分，财政政策可分为自动稳定的财政政策和相机抉择的财政政策。按照在国民经济总量方面的不同功能划分，财政政策可分为扩张性财政政策、紧缩性财政政策和中性财政政策。

答案：1. A　2. A

## 考点3　财政政策与货币政策的配合☆☆

### 一、货币政策☆☆

（一）货币政策的内涵

（1）货币政策是指中央银行为实现其特定的经济目标而采用的各种控制和调节货币供应量

和信用量的方针、政策和措施的总称。

(2) 一个国家的中央银行制定该国的货币政策。

(3) 货币政策主要包括政策目标、政策工具和政策传导机制等内容。

(二) 货币政策的目标

(1) 最终目标：稳定物价，充分就业，促进经济增长和国际收支平衡。

(2) 基本目标：保持货币币值的稳定，以促进经济增长。

(三) 货币政策工具的类型

货币政策工具的类型具体见表 6-5。

表 6-5 货币政策工具的类型

| 类型 | 具体手段 |
| --- | --- |
| 直接信用控制 | 利率最高限、信用配额、直接干预、流动性比率 |
| 间接信用指导 | 道义劝告、窗口指导 |
| 一般性政策工具 | 法定存款准备金率（不宜经常使用） |
|  | 再贴现率（可供经常使用） |
|  | 公开市场业务（最经常使用、最为灵活、最为有效） |
| 选择性政策工具 | 消费者信用控制 |
|  | 不动产信用控制 |
|  | 证券市场信用控制 |
|  | 优惠利率 |
|  | 预缴进口保证金 |

(四) 货币政策传导机制

中央银行调整货币政策工具（法定存款准备金、再贴现率政策和公开市场业务等）→各金融机构和金融市场货币供给量变化→企业和个人的投资与消费变化→社会总需求总供给变化→物价和就业变化→实现对宏观经济的调控。

(五) 货币政策的类型

货币政策的核心是通过变动货币供应量，使货币供应量与货币需求量之间形成一定的对比关系，进而调节社会的总需求和总供给。

(1) 扩张性货币政策——刺激社会总需求的增长。

(2) 紧缩性货币政策——抑制社会总需求的增长。

(3) 中性货币政策。

>> 典型例题

[单项选择题] 下列货币政策工具中，属于间接信用指导工具的是（　　）。

A. 消费者信用控制　　　　　　　　　　B. 中央银行窗口指导

C. 不动产信用控制　　　　　　　　　　D. 法定存款准备金率

[解析] 间接信用指导是指中央银行通过道义劝告、窗口指导等办法间接影响商业银行的

信用创造,这是中央银行利用自己的权威和声望,采取口头或书面通知的方式,通报金融形势,以说服和政策指导的方法,引导各金融机构扩大或收缩贷款。

答案:B

## 二、财政政策与货币政策的区别与联系☆☆

(一) 财政政策与货币政策配合的必要性

1. 财政政策与货币政策的相同点和统一性

(1) 调控目标是统一的,即都属于宏观经济调控目标。

(2) 两者都是需求管理政策。

(3) 从经济运行的统一性来看,两者之间有不可分割的内在联系。

2. 财政政策与货币政策的不同点

(1) 两者在国民收入分配中所起的作用不同。

①财政政策可以从收入和支出两个方面影响社会总需求的形成。

②货币政策由中央银行执行,它影响货币供给,通过中央银行调节货币供应量,影响利息率及经济中的信贷供应程度,间接影响总需求,以达到总需求与总供给趋于理想的均衡的一系列措施。

(2) 两者调节的范围不同。

①财政政策的调节范围要比货币政策的调节范围广,不仅包括经济领域,还包括非经济领域。

②货币政策的调节范围主要限于经济领域。

(3) 两者的工具不同。

①财政政策工具:公债、政府预算、税收、公共支出、财政补贴和政府投资。

②货币政策工具:公开市场业务、再贴现率、法定存款准备金率、存贷款利率、汇率、贷款限额。

(4) 两者对需求调节的作用方向不同。

①财政政策主要通过调整产业结构,促进国民经济结构的合理化。

②货币政策主要调整总量和产品结构。

(5) 两者在扩大和紧缩需求方面的作用不同。

①财政政策的扩张和紧缩效应一定要通过信贷机制的传导才能发生。

②货币政策的扩张和收缩可以直接扩张或紧缩需求。

(6) 两者的政策时滞性不同。财政政策的决策时滞、执行时滞比货币政策的长,但效果时滞短。

(二) 财政政策与货币政策的配合运用

松的政策措施:减税,增加政府支出,降低准备金率与利息率,扩大信贷支出,增加货币供应量。

紧的政策措施：增税，减少财政支出，提高准备金率，压缩信贷支出，减少货币供应量。财政政策与货币政策的配合运用具体见表6-6。

表6-6 财政政策与货币政策的配合运用

| 适用情况 | 财政政策 | 货币政策 |
| --- | --- | --- |
| 适用于在总需求严重不足、生产能力未得到充分利用的情况下 | 松 | 松 |
| 适用于严重通货膨胀时期，但若控制力度过猛，易导致经济衰退、失业增加 | 紧 | 紧 |
| 适用于总需求与总供给大体平衡，但消费偏旺而投资不足时 | 紧 | 松 |
| 适用于总供给与总需求大体平衡，但投资过旺、消费不足时 | 松 | 紧 |

>> 典型例题

[单项选择题] 在总需求与总供给大体平衡，但消费旺而投资不足时可以采用（　　）。

A. "双紧"政策  B. "双松"政策
C. 紧的财政政策与松的货币政策  D. 松的财政政策与紧的货币政策

[解析] 紧的财政政策可以抑制社会总需求，防止经济过旺和制止通货膨胀；松的货币政策可以保持经济的适度增长。这种政策搭配适用于总需求与总供给大体平衡，但消费旺而投资不足的情况。

答案：C

### 三、我国财政政策的实践☆

（1）1993—1997年：适度从紧的财政政策。

（2）1998—2004年，2008年第4季度：积极的财政政策。

（3）2005—2008年第3季度：稳健的财政政策（控制赤字、调整结构、推进改革、增收节支）。

（4）2011年至今：积极的财政政策和稳健的货币政策。2021年，宏观政策要保持连续性、稳定性、可持续性。2021年12月的中央经济工作会议提出，2022年经济工作要稳字当头、稳中求进，各地区各部门要担负起稳定宏观经济的责任，各方面要积极推出有利于经济稳定的政策，政策发力适当靠前。2023年继续坚持稳字当头，稳中求进，继续实施积极的财政政策和稳健的货币政策，加大宏观政策调控力度，加大各类政策协调配合，形成共促高质量发展合力。

# 第七章

# 税收理论

### 大纲再现

理解税收的基本原理,分析税收原则,理解税制与税制结构,分析税收负担,理解国际税收相关概念、解决国际重复征税的方法以及国际避税与反避税。

### 大纲解读

从历年考题来看,本章题型主要以单项选择题、多项选择题为主,无案例分析题,分值通常在9分左右。

本章是税收理论的具体内容,也是学习后续有关18个税种的基础。学习本章内容时,要重点掌握现代税收原则、税制要素、税收负担的转嫁和国际重复征税的免除等内容,这对学习后续章节非常有帮助。对于国际重复征税免除的几种方法,一定要理解其原理,掌握其计算方法。

知识脉络 ▶

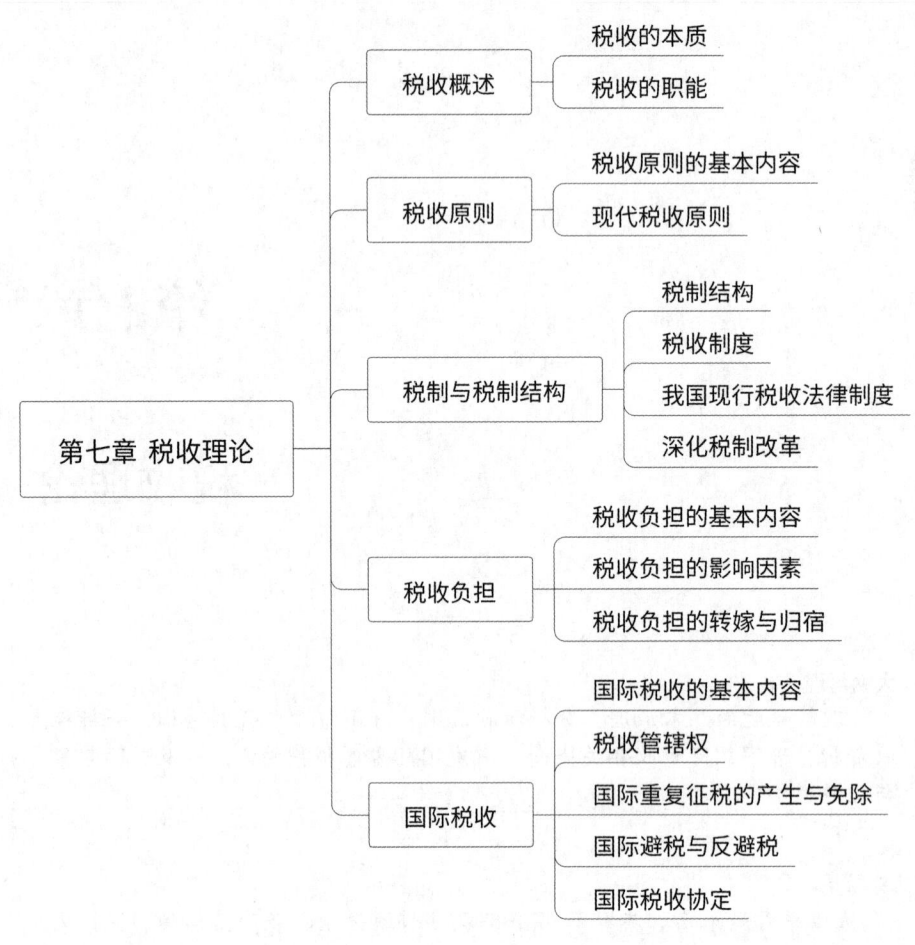

## 考点1　税收概述 ☆

### 一、税收的本质 ☆

（一）税收的概念

税收是指国家为了向社会提供公共产品、满足社会共同需要，按照法律的规定，参与社会产品的分配，强制、无偿地取得财政收入的一种规范形式。

税收由国家征收，行使征税权的主体是国家。

（二）税收本质

税收的本质是国家与纳税人在征税、纳税和利益分配上的一种特殊关系。

（1）国家是税收分配的主体。

（2）社会产品是税收分配的客体。

（3）税收是国家、社会集团、社会成员之间形成的特定分配关系。

（4）税收分配的目的是国家取得财政收入，满足社会公共需要。

（5）税收分配关系是社会整个生产关系的有机组成部分。

》典型例题

**1.** [单项选择题] 税收的本质是（　　）。

A. 税收仅仅是一种取得财政收入的工具

B. 税收能调节国民经济分配格局

C. 税收体现了国家与纳税人的一种特定分配关系

D. 税收能监督国民经济运行

[解析] 税收体现了国家与纳税人在征税、纳税和利益分配上的一种特殊关系。

**2.** [单项选择题] 下列关于税收的说法，错误的是（　　）。

A. 税收的取得具有强制性和无偿性

B. 税收的本质体现了国家与纳税人在征税、纳税和利益分配上的一种特殊关系

C. 行使征税权的主体是国家

D. 税收分配的目的是满足特定群体的需要

[解析] 税收分配的目的是实现国家职能服务，主要是为了满足社会公共的需要，故 D 项错误。

答案：1. C　2. D

### 二、税收的职能 ☆☆

税收的职能是由税收的本质决定的，是税收本质的体现。

税收的职能见表 7-1。

表 7-1　税收的职能

| 税收的职能 | 含义 |
| --- | --- |
| 财政职能 | 财政职能亦称"收入职能"。国家为了实现其职能，需要大量的财政资金。税收作为国家依照法律规定参与剩余产品分配的活动，承担着筹集财政收入的重要任务。税收自产生之日起，就具备了筹集财政收入的职能，并且是税收首要的和基本的职能 |
| 监督职能 | 监督经济运行，对纳税人的生产、经营活动进行监督。监督职能既涉及宏观层次，又涉及微观层次 |
| 经济职能 | 税收作为国家强制参与社会产品分配的主要形式，在筹集财政收入的同时，也改变了各阶级、阶层、社会成员及各经济组织的经济利益。经济职能是通过税收分配，对实现社会总需求与总供给的平衡，对资源配置、社会财富分配和居民消费结构等进行调节的功能，亦称"调节职能" |

》典型例题

**1. [多项选择题]** 税收的职能包括（　　）。

A. 财政职能　　　　B. 经济职能　　　　C. 保障职能　　　　D. 救济职能

E. 监督职能

[解析] 税收的职能包括财政职能、经济职能和监督职能。

**2. [单项选择题]** 税收的经济职能通过（　　）发生作用。

A. 转移财富所有权　　　　　　　　　B. 调节财富分配格局

C. 扩大财富规模　　　　　　　　　　D. 提高财富的利用效率

[解析] 本题考查税收的经济职能。税收的经济职能亦称调节职能，是指通过税收分配，对实现社会总需求与总供给的平衡，对资源配置、国民经济的地区分配格局、产业结构、社会财富分配和居民消费结构等进行调节的功能。由于这种影响主要通过财富的所有权转移，即一种经济的手段来进行，此税收职能亦称经济职能。

答案：1. ABE　　2. A

## 考点2　税收原则☆

### 一、税收原则的基本内容☆

（一）税收原则的内涵

（1）税收原则是指导一国税制建立、发展和制定税收政策的准则或规范。

（2）税收原则理论是税收理论的重要组成部分和核心问题。

（3）税收原则的核心问题是如何使税收关系适应一定的生产关系的要求。

（二）制定税收原则的依据

（1）政府公共职能——满足社会公共需要是税收的首要和基本目的。

（2）生产关系状况。

（3）社会生产力水平。

> 典型例题

**[多项选择题]** 制定税收原则的依据主要包括（    ）。
A. 政府支出水平　　　　B. 政府公共职能　　C. 社会生产力水平　　D. 人均国民收入
E. 生产关系状况
**[解析]** 制定税收原则的依据主要包括政府公共职能、社会生产力水平和生产关系状况。

答案：BCE

## （三）税收原则理论的形成和发展（古典税收原则）

古典税收原则的内容见图 7-1。

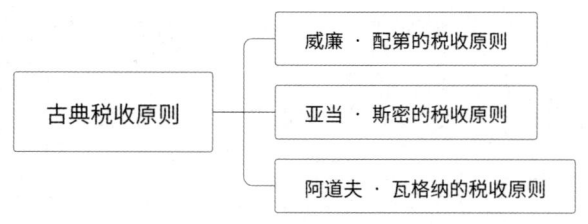

图 7-1　古典税收原则

### 1. 威廉·配第的税收原则

历史上第一次提出税收原则的是英国古典经济学家威廉·配第。

税收三原则：公平、简便、节省。

### 2. 亚当·斯密的税收原则

（1）平等原则。

（2）确定原则。

（3）便利原则。

（4）最少征收费用原则。

### 3. 阿道夫·瓦格纳的税收原则

阿道夫·瓦格纳提出了"四端九项"税收原则，具体内容见图 7-2。

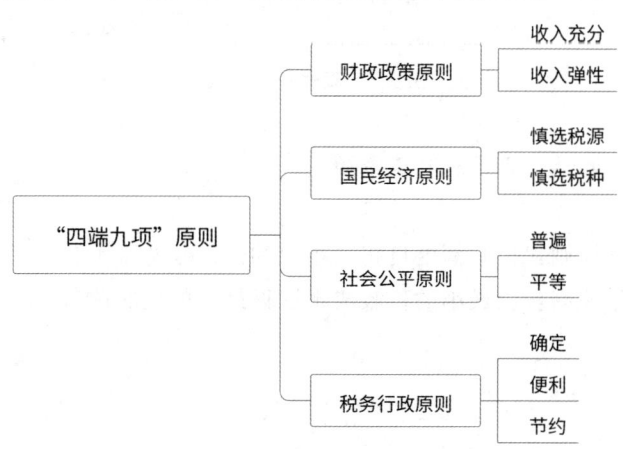

图 7-2　"四端九项"原则

>> 典型例题

**1. [多项选择题]** 19世纪德国经济学家阿道夫·瓦格纳提出的税收原则包括（　　）。

A. 财政政策原则　　　　　　　　　　B. 国民经济原则

C. 适应国家本质的原则　　　　　　　D. 社会公平原则

E. 税务行政原则

[解析] 本题考查阿道夫·瓦格纳提出的税收原则。阿道夫·瓦格纳提出的税收原则包括：①财政政策原则；②国民经济原则；③社会公平原则；④税务行政原则。

**2. [多项选择题]** 19世纪德国社会政策学派创始人阿道夫·瓦格纳提出的"四端九项"原则中，属于税务行政原则的有（　　）。

A. 收入充分原则　　B. 确定原则　　C. 弹性原则　　D. 便利原则

E. 节约原则

[解析] 税务行政原则包括确定原则、便利原则和节约原则。

答案：1. ABDE　2. BDE

## 二、现代税收原则 ☆☆

现代税收原则的具体内容见图7-3。

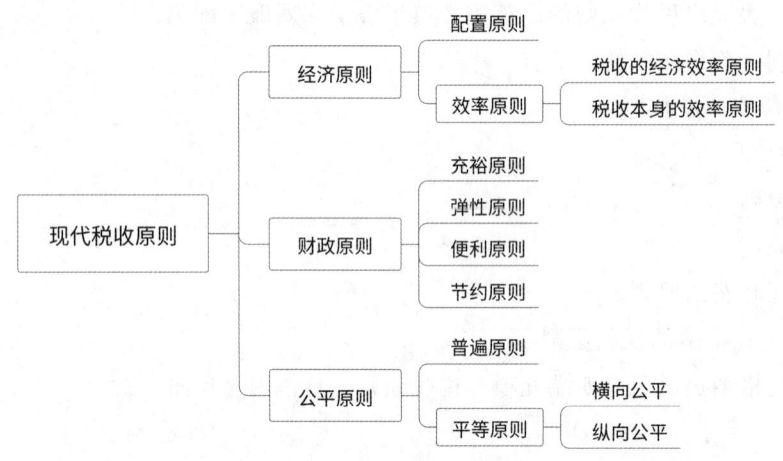

图7-3 现代税收原则

（一）经济原则

（1）配置原则。税收活动必须有利于资源配置。

（2）效率原则。

①税收的经济效率原则：税收额外负担最小化和额外收益最大化。

②税收本身的效率原则：以最小的税收成本取得最大的税收收入。

（二）财政原则

（1）充裕原则。

（2）弹性原则。

（3）便利原则。

(4) 节约原则。

>> **典型例题**

[多项选择题] 现代税收的财政原则包括（    ）。
A. 充裕原则            B. 配置原则            C. 中性原则            D. 公平原则
E. 弹性原则
[解析] 现代税收的财政原则包括充裕原则、弹性原则、便利原则和节约原则。

答案：AE

（三）公平原则——设计和实施税收制度的最重要原则
(1) 普遍原则。
(2) 平等原则。
平等原则的具体内容见表 7-2。

表 7-2　平等原则的具体内容

| 具体内容 | 解释 |
| --- | --- |
| 横向公平（水平） | 经济能力或纳税能力相同的人应当缴纳数额相同的税收 |
| 纵向公平（垂直） | 对不同纳税能力的人在税收上应有一定区别，即纳税能力强的多纳税，纳税能力弱的少纳税，无纳税能力的不纳税。而判断纳税能力的标准一般包括受益标准和能力标准。测定纳税人纳税能力的标准包括收入（测定纳税人纳税能力最好的尺度）、财产和消费支出 |

>> **典型例题**

1. [单项选择题] 关于税收横向公平的说法，错误的是（    ）。
A. 自然人和法人均须纳税            B. 不同收入的纳税人纳税相同
C. 本国人和外国人在征税上一视同仁     D. 公私经济均等纳税
[解析] 横向公平又称水平公平，是指对相同境遇的人课征相同的税收。

2. [多项选择题] 可以作为测定纳税人能力大小的指标有（    ）。
A. 收入            B. 财产            C. 家庭人口            D. 年龄
E. 消费支出
[解析] 测定纳税人纳税能力的标准包括收入、财产和消费支出。收入通常被认为是测定纳税人支付能力的最好尺度。

答案：1.B    2.ABE

## 考点3　税制与税制结构 ☆☆

一、税制结构 ☆

（一）税制结构模式
税制结构模式是指由主体税特征所决定的税制结构类型。
不同的税制结构模式见表 7-3。

表 7-3　不同的税制结构模式

| 项目 | 以所得税与货物和劳务税为双主体的税制结构 | 以货物和劳务税为主体的税制结构 | 以所得税为主体的税制结构 |
| --- | --- | --- | --- |
| 特点 | 所得税与货物和劳务税占有相近的比重，在财政收入和调节经济方面共同起着主导作用 | 货物和劳务税作为主体税，占比较高并起主导作用 | 所得税作为主体税，占比较高并起主导作用 |
| 采用国家 | — | 一些发展中国家 | 主要发达国家 |
| 优势 | 既能确保财政收入的稳定可靠，又能使税收的刚性与弹性相结合，充分发挥税收的宏观调控作用 | (1) 征税对象普遍、税源丰富，对经济扭曲较小<br>(2) 征管相对容易，征收成本较小<br>(3) 税负容易转嫁 | (1) 所得税作为直接税的一种，税负相对不易转嫁<br>(2) 税收收入弹性较高，具有自动稳定器功能，有利于经济稳定 |
| 局限性 | | (1) 货物和劳务税与价格关系密切，一旦提高税率往往会导致价格上涨，抑制需求，从而使税收减少<br>(2) 具有一定的累退性，不利于税收公平目标的实现 | (1) 所得税会抑制劳动者的工作积极性和投资者的投资热情，促使其更多地选择闲暇和消费，从而对经济产生扭曲<br>(2) 所得税的计算和征管相对复杂，征税成本相对更高 |

（二）税制结构的影响因素

（1）政策因素。国家的经济政策目标和收入再分配政策目标会对税制结构设计和选择产生一定的影响。

（2）经济因素。经济发展水平（根本因素）、经济结构。

（3）征管因素。

（三）我国税制结构现状

（1）我国税制结构具有较为典型的发展中国家税制结构的特点。我国税收总额的主体部分是货物和劳务税，比重较低的是财产税和行为目的税。就单个税种而言，增值税的比重最高，其次是企业所得税。

（2）目前我国所得税在税收总额中的比重正在随着经济发展水平和征管水平的提高而上升，我国税制结构正向以所得税与货物和劳务税为双主体的模式转变。

>> 典型例题

[单项选择题] 影响税制结构的根本性因素是（　　）。
A. 经济发展水平　　　　　　　　B. 经济结构
C. 征管因素　　　　　　　　　　D. 收入再分配政策
[解析] 影响税制结构的根本性因素是经济发展水平。

答案：A

## 二、税收制度☆☆

### （一）税收制度的定义☆
税收制度是指国家（政府）以法律或法规的形式确定的各种课税方法的总称。

### （二）税收制度的构成要素☆☆☆

**1. 税收制度的基本要素**

税收制度的构成要素是纳税人（谁纳税）、征税对象（对什么征税）和税率（征多少）。

（1）纳税人：负有纳税义务的单位和个人。

（2）征税对象：征税客体，指对什么课税。

征税对象的具体内容见表7-4。

表7-4　征税对象

| 基本概念 | 含义 |
| --- | --- |
| 征税范围 | 只要列入征税范围的，都应征税 |
| 税目 | 征税对象的具体化，是税法规定应征税的具体项目，体现了征税的广度 |
| 计税依据 | ①从价计征的税收以计税金额为计税依据<br>②从量计征的税收以征税对象的重量、容积、体积、数量为计税依据 |
| 计税标准 | ①指划分课税对象适用税目税率所依据的标准<br>②与计税依据同义，是计算应纳税额的依据 |
| 税类 | 税收类别的简称 |
| 税种 | 税收种别的简称 |
| 税基 | 征税的客观基础 |
| 税源 | 税收的源泉，即税收的经济来源或最终出处 |

（3）税率：是税收制度的中心环节，是税收制度中最活跃、最有力的因素。

税率的分类见表7-5。

表7-5　税率的分类

| 类别 | 具体内容 |
| --- | --- |
| 定额税率 | 包括地区差别定额税率、幅度定额税率和分级分类定额税率 |
| 比例税率 | 包括地区差别比例税率、产品比例税率、幅度比例税率 |
| 累进税率 | 包括全率累进税率、超率累进税率、超倍累进税率、全额累进税率、超额累进税率，其中使用时间最长和应用较多的是超额累进税率 |

【解释】

①全额累进税率，是指当计税基数增加时，计税基数的全部都按照相适应的最高边际税率计算应纳税额。一定征税对象的数额只适用一个等级的税率。

②超额累进税率，指把同一计税基数划分为相应等级，分别适用各等级的税率分别计算税额，各等级税额之和才是应纳税额，即一定征税对象的数额同时适用几个等级的税率。

二者之间的关系：按超额累进方法计算的税额＝按全额累进方法计算的税额－速算扣除

数,即:应纳税额=应纳税所得额×适用税率-速算扣除数。

本级速算扣除数的计算方法:

方法1:本级速算扣除数=(本级税率-上级税率)×上级课税对象的最高数额+上级速算扣除数。

方法2:本级速算扣除数=按全额累进方法计算的税额-按超额累进方法计算的税额。

>> **典型例题**

[单项选择题] 下列关于税收制度的构成要素的说法,错误的是(　　)。

A. 征税对象规定了每一种税的征税界限,是一种税区别于另一种税的主要标志

B. 征税对象可以从质和量两个方面进行划分

C. 税率是税收制度中最活跃、最有力的因素

D. 纳税人就是代扣代缴义务人

[解析] 纳税人也称纳税义务人或纳税主体,是指税法上规定直接负有纳税义务的单位和个人,它规定了税款的直接承担者。不同的纳税人缴纳不同的税种。纳税人必须依法纳税并服从国家的税务管理,如有违反,税务乃至司法机关有权依法给予处罚。代扣代缴义务人是指按照税法的规定负有代扣代缴义务的单位和个人。

答案:D

2. 税收制度的其他要素

税收制度的其他要素见表7-6。

表7-6　税收制度的其他要素

| 其他要素 | 具体内容 |
| --- | --- |
| 纳税期限 | 纳税期限分按次征收、按天征收、按月征收、按年征收和按季征收等 |
| 纳税环节 | 按照纳税环节的多少分为"一次课征制""两次课征制""多次课征制" |
| 减免税 | (1) 税基式减免,包括起征点、免征额、项目扣除以及跨期结转等<br>(2) 税额式减免,包括全部免征、减半征收、核定减免率、另定减征税额等 |
| 违章处理 | 主要形式有处以罚款、加收滞纳金、通知银行扣款、吊销税务登记证、提请工商行政管理部门吊销营业执照、移送司法机关追究刑事责任等 |

>> **典型例题**

[单项选择题] 下列减免税方式中,属于税基式减免方式的是(　　)。

A. 减半征收　　　　　　　　　　　　B. 核定减免率

C. 全部免征　　　　　　　　　　　　D. 免征额

[解析] 税基式减免是通过直接缩小计税依据的方式实现的减税免税,具体包括起征点、免征额、项目扣除以及跨期结转等。

答案:D

## 三、我国现行税收法律制度 ☆

我国现行税收法律制度分类见表7-7。

表7-7 我国现行税收法律制度分类

| 税类（5） | 税种（18） |
| --- | --- |
| 货物和劳务税类 | 增值税、消费税、关税 |
| 所得税类 | 企业所得税、个人所得税 |
| 资源税类 | 资源税、耕地占用税、土地增值税、城镇土地使用税 |
| 财产税类 | 契税、房产税、车船税 |
| 行为、目的税类 | 城市维护建设税、教育费附加、环境保护税、印花税、烟叶税、船舶吨税 |

》【典型例题】

[单项选择题] 下列税种中，属于财产税类的是（　　）。

A. 增值税　　　　　　　　　　　B. 房产税

C. 消费税　　　　　　　　　　　D. 个人所得税

[解析] 按照税种的性质和作用进行分类，财产税类包括房产税、契税和车船税。A、C两项属于货物和劳务税类，D项属于所得税类。

答案：B

## 四、深化税制改革 ☆

（1）健全间接税体系。

（2）完善直接税体系。

（3）积极稳妥推进健全地方税体系改革。

（4）全面落实税收法定原则。

## 考点4　税收负担 ☆☆

### 一、税收负担的基本内容 ☆

（一）税收负担的概念

税收负担是国家征税给纳税人造成的一种经济负担。税收负担可用两种形式加以表示：

（1）税负率，即用税额占税基的比重来表示。

（2）税负额，即用绝对量来表示。

税收负担是税收制度和税收政策的核心。

（二）税收负担的衡量指标

税收负担的衡量指标见表7-8。

表 7-8　税收负担的衡量指标

| 类型 | 指标 | 计算公式 |
| --- | --- | --- |
| 宏观税收负担的衡量指标（从全社会的角度） | 国民（国内）生产总值负担率 | 税收总额/国民（国内）生产总值×100% |
| | 国民收入负担率 | 税收总额/国民收入×100% |
| 微观税收负担的衡量指标（从企业或个人角度） | 企业（个人）综合税收负担率 | 企业（或个人）缴纳的各项税收的总和/企业总产值（或个人毛收入）×100% |
| | 直接税税收负担率 | 企业（个人）一定时期缴纳的所得税（包括财产税）/企业（个人）一定时期获得的纯收入×100% |
| | 个人所得税税收负担率 | 实际缴纳的个人所得税税额/同期个人收入总额×100% |
| | 货物和劳务税税收负担率 | 实际缴纳的货物和劳务税税额/同期销售（营业）收入×100% |
| | 企业所得税负担率 | 实际缴纳的所得税税额/同期实现的利润总额×100% |
| | 企业增值税税收负担率 | 实际缴纳的增值税税额/同期实现营业收入总额×100% |

>> 典型例题

**1.** [单项选择题] 企业 2021 年度销售收入额为 1 000 万元，投资收益为 300 万元，实现的利润总额为 300 万元，缴纳的企业所得税为 25 万元，该企业的企业所得税税收负担率为（　　）。

A. 8.33%　　　　　　　　　　　　B. 2.5%

C. 1.92%　　　　　　　　　　　　D. 30%

[解析] 企业所得税税收负担率＝企业在一定时期实际缴纳的所得税税额/同期实现利润总额×100%＝25/300×100%≈8.33%。

**2.** [单项选择题] 采用直接税负担率反映纳税人真实负担时，直接税负担率的计算公式是（　　）。

A. 企业（个人）一定时期缴纳的所得税（不包括财产税）×企业（个人）一定时期获得的总收入×100%

B. 企业（个人）一定时期缴纳的所得税（包括财产税）×企业（个人）一定时期获得的总收入×100%

C. 企业（个人）一定时期缴纳的所得税（不包括财产税）/企业（个人）一定时期获得的纯收入×100%

D. 企业（个人）一定时期缴纳的所得税（包括财产税）/企业（个人）一定时期获得的纯收入×100%

[解析] 纯收入直接税负担率＝企业（或个人）一定时期缴纳的所得税（包括财产税）/企

业（或个人）一定时期获得的纯收入×100%。

答案：1.A  2.D

## 二、税收负担的影响因素 ☆☆

影响税收负担的因素见表 7-9。

**表 7-9  影响税收负担的因素**

| 因素 | 内容 | 影响方式 |
|---|---|---|
| 经济因素 | 一国的政治经济体制 | 中央集权制的国家税收负担要高一些；如果国家参与国民收入分配的形式主要是税收，税负水平则相对较重 |
| | 经济发展水平或生产力发展水平。一国的经济发展水平是影响其税收负担水平的决定性因素 | 通常，经济发展水平较高的国家税收负担也要高一些 |
| 税制因素 | 征税对象 | 课税对象的范围和数额越大，税负水平越高 |
| | 计税依据 | 在相同税率标准下，若纳税人计征所得税时允许其扣除许多项目，则会使计税依据减少，从而使纳税人的实际负担率低于名义税率 |
| | 税率 | 税率直接决定着税负的高低，即税率越高，税收负担越高；反之则越低 |
| | 减免税 | 减免税越多，税收负担越低；反之则越高 |
| | 附加和加成 | 附加和加成越多，税收负担越高；反之则越低 |
| 征管因素 | 税务部门征管效率与征管水平会影响实际税收负担率 | |
| 政策因素 | 通过对税收负担的调节来对国家的宏观经济政策进行调节 | |
| | 税收本身，国家在一定时期实行的财政税收政策会对税收负担形成直接影响 | |

### 典型例题

**1. [单项选择题]** 关于税收负担的说法，错误的是（　　）。

A. 税收的附加和加成使得纳税人税收负担加重

B. 经济发展过热时应适当提高社会总体税率

C. 经济发展水平是税收负担的影响因素

D. 累进税率下，纳税人的边际税率等于实际税率

[解析] 若实行累进税率，则名义的边际税率与纳税人实际税负率是不同的，一般来说，税率累进的程度越大，纳税人的名义税率与实际税率、边际税率与平均税率的差距也越大。

**2. [单项选择题]** 下列税收负担的影响因素中，属于税收负担水平的决定性因素的是（　　）。

A. 经济发展水平　　　　　　　　B. 一国的政治经济体制

C. 征税对象　　　　　　　　　　D. 税率

[解析] 一国的经济发展水平是影响其税收负担水平的决定性因素，在众多因素中占据重

要地位。

答案：1. D　2. A

### 三、税收负担的转嫁与归宿 ☆☆☆

（一）税负转嫁与归宿的概念

（1）税负转嫁：纳税人将所缴纳的税款通过各种途径和方式，转由他人负担的行为和过程。

（2）税负归宿：税收负担的最终归着点。

（二）税负转嫁的形式

（1）前转，又称"顺转"，指纳税人将其所纳税款顺着商品流转方向，通过提高商品价格的办法，转嫁给商品的购买者或最终消费者负担。

（2）后转，又称"逆转"，即纳税人将其所纳税款逆商品流转的方向，以压低生产要素的进价的方式，转嫁给生产要素的销售者或生产者负担的形式。

（3）消转，又称"税收转化"，指纳税人用降低课税品成本的办法，使税负在新增利润中求得抵补的转嫁方式。纳税人在不提高售价的前提下，以改进生产技术、提高工作效率、节约原材料、降低生产成本的方式，将所缴纳的税款从所增利润中求得补偿。

（4）税收资本化，又称"资本还原"，纳税人以压低资本品购买价格的方法，将所购资本品可预见的未来应纳税款，从所购资本品的价格中作一次扣除，从而将未来应纳税款全部或部分转嫁给资本品出卖者。

>> 典型例题

[单项选择题] 纳税人通过压低生产要素的价格从而将应缴纳的税款转嫁给生产要素的销售者或生产者负担的税负转嫁形式为（　　）。

A. 前转　　　　　　　　　　　　　　B. 后转

C. 消转　　　　　　　　　　　　　　D. 税收资本化

[解析] 后转，亦称"逆转"，指纳税人通过压低生产要素的进价，将应缴纳的税款转嫁给生产要素的销售者或生产者负担的形式。

答案：B

（三）税负转嫁的条件

（1）存在商品经济。

（2）价格体制的自由。

（四）税负转嫁的一般规律

（1）货物和劳务税较易转嫁。

（2）征收范围广的税种较易转嫁。

（3）对垄断性商品课征的税较易转嫁。

(4) 供给弹性较大、需求弹性较小的商品的征税较易转嫁。
①商品需求弹性大小和税负向前转嫁的程度成反比，与税负向后转嫁的程度成正比。
②商品供给弹性大小和税负向前转嫁的程度成正比，与税负向后转嫁的程度成反比。
③当商品的需求弹性大于供给弹性时，则税负由需求方负担的比例小于由供给方负担的比例；当商品的需求弹性小于供给弹性时，则税负由需求方负担的比例大于由供给方负担的比例。

>> 典型例题

[单项选择题] 税负转嫁的一般规律是（　　）。
A. 商品需求弹性大的商品，税负前转的量小
B. 货物和劳务税较难转嫁
C. 竞争性商品的税负转嫁能力较强
D. 所得税容易转嫁

[解析] 税负转嫁的一般规律：①供给弹性较大、需求弹性较小的商品的征税较易转嫁。a. 商品需求弹性大小和税负向前转嫁的程度成反比，与税负向后转嫁的程度成正比。b. 商品供给弹性大小和税负向前转嫁的程度成正比，与税负向后转嫁的程度成反比。c. 当商品的需求弹性大于供给弹性时，则税负由需求方负担的比例小于由供给方负担的比例；当商品的需求弹性小于供给弹性时，则税负由需求方负担的比例大于由供给方负担的比例。②对垄断性商品课征的税较易转嫁。③货物和劳务税较易转嫁。④征收范围广的税种较易转嫁。

答案：A

## 考点5　国际税收 ☆☆☆

### 一、国际税收的基本内容 ☆

（一）概念
国际税收是指各主权国家对跨国纳税人征税所形成的国家之间的税收分配关系。

（二）研究内容
国际税收需要研究的重要内容主要有：税收管辖权问题、国际重复征税的产生与免除、国际避税与反避税等。

### 二、税收管辖权 ☆☆

（一）税收管辖权的概念及确定原则

税收管辖权指一个国家在征税方面所拥有的管辖权力，即国家在税收领域中的主权，一国政府有权决定对什么人征税，征什么税和征多少税。

**属人主义原则**以纳税人（包括自然人和法人）的国籍、登记注册所在地或者住所、居所和管理机构所在地为标准，确定其税收管辖权，凡属该国的公民和居民（包括自然人和法人），都受该国税收管辖权管辖，对该国负有无限纳税义务。

**属地主义原则**是指以纳税人的收入来源地或经济活动所在地为标准确定其税收管辖权。这

是各国行使税收管辖权的最基本原则。

（二）税收管辖权的种类

税收管辖权的种类见表 7-10。

表 7-10　税收管辖权的种类

| 种类 | 税收管辖权的确定原则 | 定义 |
| --- | --- | --- |
| 居民管辖权 | 属人主义原则 | 一国政府对本国居民的全部所得征税 |
| 收入来源地管辖权 | 属地主义原则 | 一国政府只对来自本国境内的所得进行征税 |

（三）税收管辖权的选择

目前，包括我国在内的多数国家都是同时实行属人和属地两类税收管辖权。

>> 典型例题

**1.** [单项选择题] 目前多数国家对税收管辖权的选择是（　　）。

A. 只行使地域管辖权

B. 只行使居民管辖权

C. 同时行使地域管辖权和居民管辖权

D. 只行使公民管辖权

[解析] 本题考查税收管辖权的内容。多数国家对税收管辖权的选择是同时行使地域管辖权和居民管辖权。

**2.** [单项选择题] A 国居民王先生在 B 国取得所得 100 000 元，已知 A 国实行收入来源地管辖权，A 国税率为 20%；B 国实行居民管辖权，B 国税率为 10%。A、B 两国没有税收抵免的税收协定，则王先生这笔所得应纳税款为（　　）元。

A. 0　　　　　　　　　　　　　　B. 10 000

C. 20 000　　　　　　　　　　　　D. 30 000

[解析] 收入来源地管辖权是指一国政府只对来自或被认为是来自本国境内的所得拥有征税权力。王先生是 A 国居民，A 国实施的是收入来源地管辖权，所以王先生来源于 B 国所得在 A 国不征税。由于 B 国实施的是居民管辖权，王先生在 B 国的所得在 B 国不纳税。因此，王先生这笔所得应纳税款为 0 元。

答案：1. C　2. A

### 三、国际重复征税的产生与免除 ☆☆☆

目前常用的方法主要包括免税法（豁免法）、低税法、扣除法和抵免法。

（一）免税法

（1）原理：居住国政府对其居民来源于非居住国的所得额，在一定条件下放弃行使居民管辖权，免于征税。这种方法是以承认收入来源地税收管辖权的独占地位为前提的。

（2）评价：使国际重复征税得以彻底免除；使居住国利益损失较大。

>> 典型例题

[单项选择题] 甲国居民有来源于乙国所得 300 万元，甲、乙两国的所得税税率分别为 40％、30％，两国均行使地域管辖权和居民管辖权。在免税法下，甲国应对这笔所得征收所得税为（　　）万元。

A. 120
B. 90
C. 10
D. 0

[解析] 在免税法下，甲国放弃征税权，所以甲国不对这笔所得征收所得税。

答案：D

（二）低税法

（1）原理：居住国政府对其居民取得的国外所得，单独制定较低的税率征税。
（2）评价：只能在一定程度上降低重复征税的数额，不能从根本上免除国际重复征税。

>> 典型例题

[单项选择题] 甲国 A 公司 2019 年境内外所得总计 200 万元，其中来自境内所得为 160 万元，来自设在乙国的分公司所得为 40 万元，在乙国已纳所得税 12 万元。甲国税率为 30％，但甲国对本国居民来自境外所得实行 15％ 的低税率。在低税法下，A 公司在甲国应纳所得税税额为（　　）万元。

A. 48
B. 66
C. 30
D. 54

[解析] A 公司在甲国应纳所得税税额 $=160 \times 30\% + 40 \times 15\% = 54$（万元）。

答案：D

（三）扣除法

（1）原理：居住国政府对本国居民（公民）征税时，将纳税人的国外所得已缴纳的税款，视为一般费用从总应税所得中扣除，然后就余额按本国税率计征税款。
（2）评价：不能从根本上免除国际重复征税。

>> 典型例题

[单项选择题] 甲国某公司 2014 年度来源乙国所得 200 万元，甲国、乙国均实行属人兼属地税管辖权，甲、乙两国的企业所得税税率分别为 40％ 和 30％，甲国对境外所得实行扣除法，该公司 2014 年度境外所得应向甲国缴纳企业所得税税额为（　　）万元。

A. 20
B. 56
C. 60
D. 80

[解析] 该公司 2014 年度境外所得应向甲国缴纳企业所得税税额 $=(200 - 200 \times 30\%) \times 40\% = 56$（万元）。

答案：B

## （四）抵免法☆☆☆

（1）原理：居住国（国籍国）政府准许本国居民（公民）以向非居住国（非国籍国）政府已纳的所得税或一般财产税，抵冲其应向本国政府汇总缴纳的税额。也就是说，抵免法承认收入来源地管辖权优先于居民管辖权。

（2）评价：目前解决国际重复征税最有效的方法。

（3）分类：抵免法按适用对象不同，分为<u>直接抵免</u>和<u>间接抵免</u>两种方法，见表7-11。

表7-11 抵免法的分类

| 抵免方法 | 含义 | 适用 |
| --- | --- | --- |
| 直接抵免 | 指居住国政府对其居民纳税人在非居住国直接缴纳的所得税款，允许冲抵其应缴本国政府的所得税款 | 适用于同一经济实体，是总、分机构间的税收抵免 |
| 间接抵免 | 指居住国政府对其母公司来自外国子公司股息的相应利润所缴纳的外国政府所得税，允许在应缴本国政府所得税内进行抵免 | 适用于母、子公司的经营方式，又适用于母、子、孙等多层公司的经营方式 |

（4）抵免限额的三种方法：分国抵免限额、综合抵免限额和分项抵免限额。

回国应补缴税款的计算步骤如下：

第一步，计算抵免限额。分国抵免限额、综合抵免限额和分项抵免限额的计算公式：

$$分国抵免限额 = 某一外国应税所得额 \times 本国税率$$
$$综合抵免限额 = 国外应税所得额 \times 本国税率$$
$$分项抵免限额 = 国外某一单项所得额 \times 本国税率$$

第二步，计算实际缴纳税款。

第三步，计算抵免额。

抵免限额＜实际缴纳税款，以抵免限额为"允许抵免额"；抵免限额≥实际缴纳税款，以实际缴纳税款为"允许抵免额"。

【结论】两数相比，取其小的一方。

第四步，在"抵免限额＞实际缴纳税款"时，计算回国应补缴税款。

$$回国应补缴税款 = 抵免限额 - 允许抵免额$$

[例题1] 甲国居民张某有来源于甲国所得0万元，乙国所得120万元，丙国所得100万元，甲、乙、丙三国所得税税率分别为30%、40%、20%。已知甲、乙、丙三国均实行属人兼属地税收管辖权，在分国抵免限额法下，试计算居民张某在甲国应缴纳的所得税。

[答案]

乙国抵免限额＝120×30%＝36（万元）。

在乙国实际纳税＝120×40%＝48（万元），大于抵免限额，允许抵免36万元。因此对于来自乙国所得，回甲国应补缴税额为0元。

丙国抵免限额＝100×30%＝30（万元）。

在丙国实际纳税＝100×20%＝20（万元），小于抵免限额，允许抵免20万元。

来自丙国的所得，回甲国应补缴税额＝30－20＝10（万元）。

所以，在分国抵免限额法下，居民张某在甲国应缴纳所得税共计 10 万元。

[例题 2] 承上例，假设甲国采用综合抵免限额，试计算居民张某在甲国应纳税额。

[答案]

境外所得抵免限额 =（120＋100）×30% ＝220×30% ＝66（万元）。

实际缴纳税款 ＝120×40%＋100×20% ＝68（万元）。

抵免额 66 万元，小于实际缴纳税额，故不需要补缴税款。

【结论】综合抵免限额法可以使纳税人在不同的国家发生的不足限额和超限额部分相互抵消，从而获得最大限度的抵免。

[例题 3] 甲国居民李某有来源于乙国经营所得 300 万元、特许权使用费所得 100 万元，甲、乙两国所得税税率分别为 35%、25%，甲、乙两国特许权使用费所得税税率分别为 15%、20%，在分项抵免下，试计算居民李某在甲国的应纳税额。

[答案]

经营所得的抵免限额 ＝300×35% ＝105（万元）。

在国外实际已纳税额 ＝300×25% ＝75（万元）。

经营所得在甲国需要补交税款 ＝105－75＝30（万元）。

特许权使用费所得的抵免限额 ＝100×15% ＝15（万元）。

在国外实际已纳税额 ＝100×20% ＝20（万元）。

在国外实际已纳税款大于抵免限额，特许权使用费所得在甲国不用纳税。

所以，在分项抵免下，居民李某在甲国的应纳税额为 30 万元。

（五）税收饶让

（1）原理：居住国政府对其居民在国外得到减免税优惠的那一部分，视同已经缴纳，同样给予税收抵免待遇，不再按居住国税法规定的税率予以补征。

（2）评价：它是税收抵免的延伸，目的是保障各国税收优惠措施的实际效果。

[例题] A 国某总公司在 B 国设立了分公司，该分公司来源于 B 国的所得 800 万元，B 国所得税税率为 25%。B 国为鼓励外来投资，对该分公司减按 15% 税率征收所得税。A 国和 B 国之间签订有税收饶让协定，并对境外所得实行综合抵免限额法，A 国所得税税率为 40%。试计算该公司在 A 国的应纳税额。

[答案]

A 国所得抵免限额 ＝800×40% ＝320（万元）。

实际缴纳税款 ＝800×15% ＝120（万元）。由于税收饶让协定，A 国政府按照 B 国税法规定的税率计算应纳税额，应纳税额 ＝800×25% ＝200（万元），可给予抵免，实际抵免额 200 万元。

该公司在 A 国应补缴税款 ＝320－200＝120（万元）。

> 典型例题

1. [单项选择题] 假定甲国居民企业 A 在某纳税年度中的境内外总所得为 100 万元，其中来自甲国的所得 60 万元，来自乙国的所得 10 万元，来自丙国的所得 30 万元。甲、乙、丙三国的所得税税率分别为30%、25%和20%。甲国同时实行属地与属人税收管辖权,针对本国居民的境外所得实行免税法,则A企业在该年度应向甲国缴纳的所得税税额为（　　）万元。

  A. 60.0            B. 30.0
  C. 21.5            D. 18.0

[解析] A企业在该年度应向甲国缴纳的所得税税额=60×30%=18.0（万元）。

**2.** [单项选择题] A国某居民有来源于B国的所得100万元, A、B两国的所得税税率分别为25%、30%,但B国对外国居民来源于本国的所得实行20%的优惠税率,A国采用分国限额抵免法消除国际重复征税并不给予税收饶让,这样,A国对该居民的这笔境外所得应征所得税款为（　　）万元。已知两国均实行属人兼属地税收管辖权。

  A. 25             B. 5
  C. 5.75            D. 0

[解析] 本题考查应征所得税款的计算。①计算抵免限额：100×25%=25（万元）；②计算实际抵免额：因为A国不给予税收饶让政策,所以我们可以认为该居民在B国缴纳的所得税为：100×20%=20（万元）,低于抵免限额,只能就已纳税抵免,实际抵免额为20万元；③计算甲国应征所得税款：25-20=5（万元）。

**3.** [单项选择题] 关于税收饶让的说法,正确的是（　　）。

  A. 税收饶让可以完全解决重复征税
  B. 居民在境外所得的已纳税款可以得到抵免
  C. 居民在国外所得的减免税部分可以得到抵免
  D. 居民在境外所得按居住国规定的税率进行补征

[解析] 税收饶让是指居住国政府对其居民在国外得到减免税优惠的那一部分,视同已缴纳,同样给予税收抵免待遇,不再按居住国税法规定的税率予以补征。税收饶让是税收抵免的延伸,是以税收抵免的发生为前提的,其目的主要是保障各国税收优惠措施的实际效果。

答案：1.D   2.B   3.C

### 四、国际避税与反避税 ☆

（一）国际避税产生的原因

国际避税产生的内在动机是跨国纳税人对利润的追求；外在条件是各国税收制度的差别和税法的缺陷。

（二）国际避税的基本手段

（1）利用避税地规避纳税义务。

（2）滥用国际税收协定。

（3）利用转让定价转移利润。通过关联企业之间的商品交易、劳务派遣、金融行为等,将利润聚集在低税率国家（或地区）,尽可能降低在高税率国家（或地区）的税负。

（三）国际反避税的措施

（1）加强国际多边合作。

（2）完善税法。其具体措施包括：完善税制；加强税收立法，制定专门的反避税条款；国际避税案件的裁定应形成相应的法规作为法院或税务官员对国际避税有关事宜做出裁定的依据。

（3）加强税务管理。

（四）BEPS行动计划与国际税收合作

1. BEPS行动计划

BEPS行动计划15项产出成果不仅包含对现行国际税收规则的多处修改，而且针对如何遏制跨国企业规避全球纳税义务、侵蚀各国（或地区）税基的行为提出了具体的行动方案。

2. 国际税收合作

国家税收合作可以通过签订《多边税收征管互助公约》《金融账户涉税信息自动交换多边主管当局间协议》《实施税收协定相关措施以防止税基侵蚀和利润转移的多边公约》等实现。

### 五、国际税收协定 ☆

（一）国际税收协定及其分类

1. 概念

国际税收协定是指两个或两个以上的主权国家，为了协调相互间在处理跨国纳税人征纳事务方面的税收关系，本着对等原则，通过政府间谈判签订的能确定其在国际税收分配关系的具有法律效力的书面协议或条约。

2. 分类

（1）按参加国的多少，国际税收协定分为双边国际税收协定和多边国际税收协定。目前，大多是双边国际税收协定。

（2）按涉及的内容和范围的大小，国际税收协定分为一般国际税收协定和特定国际税收协定。

（二）国际税收协定范本

（1）目前国际上最重要、影响力最大的两个国际税收协定范本：

①联合国的《关于发达国家与发展中国家间避免双重征税的协定范本》，即《UN协定范本》。

②经济合作与发展组织的《关于对所得和财产避免双重征税的协定范本》，即《OECD协定范本》。

（2）国际税收协定范本有两个特征：规范化、内容弹性化。

（三）国际税收协定的作用

（1）国际税收协定本身就是适应国际经济技术交流需要的产物。

（2）国际税收协定具有体现主权国家之间相互尊重、平等协商的作用。

（3）国际税收协定具有赋予本国居民和公民履行跨国纳税义务的安全保障作用。

# 第八章

# 货物和劳务税制度

## 大纲再现

理解增值税的各项规定，计算增值税应纳税额，分析增值税的征收管理规定，理解消费税的各项规定，计算消费税应纳税额，理解关税的各项规定，计算关税应纳税额。

## 大纲解读

历年考试时，单项选择题、多项选择题以及案例分析题都会涉及本章的内容，分值一般在24分左右。

本章为财政税收的重点章节，涉及增值税、消费税和关税三个税种，看似复杂，其实内在的逻辑结构是一致的，可以对比学习。这一章的重难点是有关应纳税额的计算，一定要注意理解其原理，这对解答案例分析题有很大帮助。

知识脉络 ▶

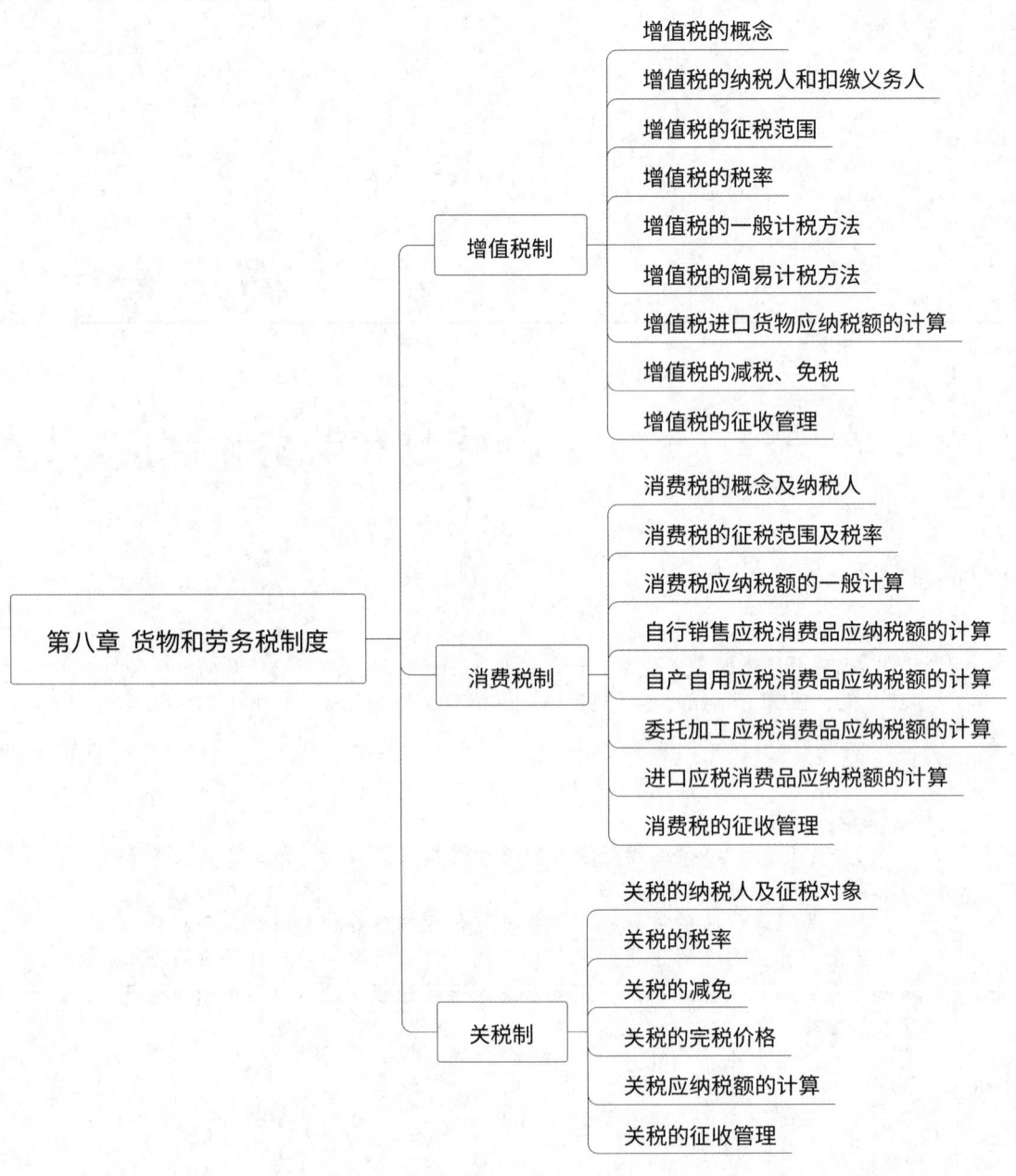

## 考点1 增值税制☆☆☆

### 一、增值税的概念☆

增值税是以商品（含应税劳务）在流转过程中产生的增值额为计税依据而征收的一种流转税。

### 二、增值税的纳税人和扣缴义务人☆☆

（一）纳税人

增值税的纳税人是指凡在中华人民共和国境内销售货物、劳务、服务、无形资产或者不动产以及进口货物的单位和个人。

【提示1】在境内销售服务、无形资产或者不动产是指：

（1）服务（租赁不动产除外）或者无形资产（自然资源使用权除外）的销售方或者购买方在境内。

（2）所销售或者租赁的不动产在境内。

（3）所销售自然资源使用权的自然资源在境内。

【提示2】单位，包括企业、行政单位、事业单位、军事单位、社会团体及其他单位。个人，包括个体工商户和其他个人（指自然人）。

【提示3】企业租赁或承包给他人经营的，以承租人或承包人为纳税人。

（二）扣缴义务人

境外的单位或个人在境内提供应税劳务，在境内未设有经营机构的，以其境内代理人为扣缴义务人；在境内没有代理人的，以购买方为扣缴义务人。

境外的单位或者个人在境内发生应税行为，在境内未设有经营机构的，以购买方为增值税扣缴义务人。

（三）合并纳税

两个或者两个以上的纳税人，经财政部和国家税务总局批准可以视为一个纳税人合并纳税。

（四）增值税纳税人分为一般纳税人与小规模纳税人

1. 划分一般纳税人与小规模纳税人的依据

（1）质量标准：会计核算健全。

（2）数量标准：年销售额达标。

2. 小规模纳税人的认定和管理

（1）小规模纳税人的认定。《关于统一增值税小规模纳税人标准的通知》（财税〔2018〕33号）规定，自2018年5月1日起，统一增值税小规模纳税人标准，即增值税小规模纳税人标准为年应征增值税销售额500万元及以下。按照《中华人民共和国增值税暂行条例实施细则》第二十八条规定，已登记为增值税一般纳税人的单位和个人，在2018年12月31日前，可转登记为小规模纳税人，其未抵扣的进项税额作转出处理。

(2) 小规模纳税人的管理。小规模纳税人实行简易办法征收增值税，一般不使用增值税专用发票。

3. 一般纳税人的认定及管理

(1) 纳税人办理一般纳税人资格登记遵循的程序。

①纳税人向主管税务机关填报《增值税一般纳税人登记表》，如实填写固定生产经营场所等信息，并提供税务登记证件。

②纳税人填报内容与税务登记信息一致的，主管税务机关当场登记。

③纳税人填报内容与税务登记信息不一致，或者不符合填列要求的，税务机关应当场告知纳税人需要补正的内容。

(2) 办理登记的时限和地点。纳税人在年应税销售额超过规定月份（或季度）的所属申报期结束后15日内按照税法规定办理相关手续；未按规定时限办理的，主管税务机关应当在规定期限结束后5日内制作《税务事项通知书》，告知纳税人应当在5日内向主管税务机关办理相关手续。

除财政部、国家税务总局另有规定外，纳税人自其选择的一般纳税人资格生效之日起，按照增值税一般计税方法计算应纳税额，并按照规定领用增值税专用发票。

纳税人一经认定为一般纳税人后，不得转为小规模纳税人，国家税务总局另有规定的除外。

(3) 一般纳税人管理。

①凡增值税一般纳税人，均应向其企业所在地主管税务机关申请办理一般纳税人认定手续。一般纳税人总分支机构不在同一县（市）的，应分别向其机构所在地主管税务机关申请办理一般纳税人认定手续。

②企业在申请办理一般纳税人认定手续时，应提出申请报告，并提供下列有关证件、资料：营业执照；有关合同、章程、协议书；银行账号证明；其他有关证件、资料。

③分支机构在申请办理一般纳税人认定手续时，须提供总机构所在地主管税务机关批准其总机构为一般纳税人的证明。

④对已使用增值税防伪税控系统但年应税销售额未达到规定标准的一般纳税人，如会计核算健全，且未有下列情形之一者，不取消其一般纳税人资格：虚开增值税专用发票或者有偷、骗、抗税行为的；连续3个月未申报或连续6个月纳税申报异常且无正当理由的；不按规定保管、使用增值税专用发票、税控装置，造成严重后果的。

### 三、增值税的征税范围 ☆☆☆

增值税的征税范围是指在中国境内销售的货物、劳务、服务、无形资产或者不动产以及进口的货物。

（一）销售货物

1. 基本规定

销售货物是指有偿转让货物的所有权，"货物"即为销售除土地、房屋和其他建筑物等不动产外的有形动产，包括电力、热力、气体在内。在境内销售货物的业务才属于增值税的征税范围。"有偿"不仅指从购买方取得货币,还包括取得货物或其他经济利益。

2. 视同销售货物的规定

(1) 将货物交付其他单位或个人代销——代销中的委托方。

(2) 销售代销货物——代销中的受托方。

[举例] 2019年6月,A企业(增值税一般纳税人)将不含税价值为200万元的商品交付B企业委托其代销,B企业7月将其全部销售,取得不含税销售额200万元,按合同规定,按不含税销售额的10%收取手续费20万元,其余款项(180万元)于8月交付给A企业,取得A企业开具的增值税专用发票。A企业要按200万元缴纳增值税(即200×13%=26万元),不得扣除支付给B企业的手续费。

[提示] 委托方和受托方均属于视同销售,均属于增值税纳税人。

(3) 设有两个以上机构并实行统一核算的纳税人,将货物从一个机构移送到其他机构用于销售,但相关机构设在同一县(市)的除外。

(4) 将自产、委托加工或购进的货物作为投资,提供给其他单位或个体经营者;分配给股东或投资者;无偿赠送给其他单位或者个人(对外)。

(5) 将自产、委托加工的货物用于集体福利、个人消费、非应税项目(对内)。

[提示] 购买的货物用于非应税项目、集体福利或个人消费(对内),即最终使用了(不视同销售),所涉及的进项税额不得抵扣,已抵扣的,作进项税转出处理。

> 典型例题

1. [单项选择题] 下列行为中,不属于增值税征收范围的是( )。
   A. 将购买的货物分配给股东    B. 将购买的货物用于集体福利
   C. 将自产的货物无偿赠送给他人    D. 将自产的货物用于对外投资

[解析] 本题考查增值税的征税范围。将购买的货物用于集体福利不视同销售行为,不属于增值税征收范围。A、C、D三项均为视同销售行为。

2. [单项选择题] 某增值税一般纳税人将购进的一批货物分配给投资者,下列税务处理中,正确的是( )。
   A. 该批货物视同销售计算销项税额,其进项税额符合条件的可以抵扣
   B. 该批货物不计算销项税额,不得抵扣该批货物的进项税额
   C. 该批货物不计算销项税额,但可以抵扣其进项税额
   D. 该批货物视同销售计算销项税额,并且不得抵扣其进项税额

[解析] 将购买的货物作为投资,提供给其他单位或个体经营者;分配给股东或投资者;无偿赠送给他人,视同销售货物,需要计算销项税额,其进项税额符合条件的可以抵扣,A项正确。

答案:1. B  2. A

## （二）销售劳务

劳务是指加工和修理修配劳务。

## （三）销售服务

### 1. 交通运输服务（适用税率9%）

交通运输服务是指使用运输工具将货物或者旅客送达目的地，使其空间位置得到转移的业务活动。

交通运输服务的具体内容见表8-1。

表8-1　交通运输服务

| 类型 | 解释 |
| --- | --- |
| 陆路运输服务 | 是指通过陆路（地上或者地下）运送货物或者旅客的运输业务活动，包括铁路运输服务和其他陆路运输服务。其中，其他陆路运输服务是指铁路运输以外的陆路运输业务活动，包括公路运输、缆车运输、索道运输、地铁运输、城市轻轨运输等。出租车公司向使用本公司自有出租车的出租车司机收取的管理费用，按照陆路运输服务缴纳增值税 |
| 水路运输服务 | 是指通过江、河、湖、川等天然、人工水道或者海洋航道运送货物或者旅客的运输业务活动。水路运输的程租、期租业务，属于水路运输服务：<br>(1) 程租业务是指运输企业为租船人完成某一特定航次的运输任务并收取租赁费的业务<br>(2) 期租业务是指运输企业将配备有操作人员的船舶承租给他人使用一定期限，承租期内听候承租方调遣，不论是否经营，均按天向承租方收取租赁费，发生的固定费用均由船东负担的业务 |
| 航空运输服务 | 航空运输的湿租业务属于航空运输服务。湿租业务是指航空运输企业将配备有机组人员的飞机承租给他人使用一定期限，承租期内听候承租方调遣，不论是否经营，均按一定标准向承租方收取租赁费，发生的固定费用均由承租方承担的业务。航天运输服务按照航空运输服务缴纳增值税 |
| 管道运输服务 | 是指通过管道设施输送气体、液体、固体物质的运输业务活动 |

【提示1】无运输工具承运业务、运输工具舱位承包和舱位互换业务都按照交通运输服务缴纳增值税

【提示2】自2018年1月1日起，纳税人已售票但客户逾期未消费取得的运输逾期票证收入，按照"交通运输服务"缴纳增值税

### 2. 邮政服务（适用税率9%）

邮政服务的具体内容见表8-2。

表8-2　邮政服务

| 类型 | 解释 |
| --- | --- |
| 邮政普遍服务 | (1) 函件、包裹等邮件寄递<br>(2) 邮票发行、报刊发行<br>(3) 邮政汇兑（不包括邮政储蓄） |
| 邮政特殊服务 | 是指义务兵平常信函、机要通信、盲人读物和革命烈士遗物的寄递等业务活动 |
| 其他邮政服务 | 是指邮册等邮品销售、邮政代理等业务活动 |

【提示】中国邮政速递物流股份有限公司及其子公司（含各级分支机构），不属于中国邮政集团公司所属邮政企业。

### 3. 电信服务

电信服务的具体内容见表 8-3。

表 8-3　电信服务

| 类型 | 解释 |
|---|---|
| 基础电信服务<br>（适用税率 9%） | 是指利用固网、移动网、卫星、互联网，提供语音通话服务的业务活动，以及出租或者出售带宽、波长等网络元素的业务活动 |
| 增值电信服务<br>（适用税率 6%） | 是指利用固网、移动网、卫星、互联网、有线电视网络，提供短信和彩信服务、电子数据和信息的传输及应用服务、互联网接入服务等业务活动。卫星电视信号落地转接服务按照增值电信服务缴纳增值税 |

### 4. 建筑服务（适用税率 9%）

建筑服务是指各类建筑物、构筑物及其附属设施的建造、修缮、装饰，线路、管道、设备、设施等的安装以及其他工程作业的业务活动，包括工程服务、安装服务、修缮服务、装饰服务和其他建筑服务。

固定电话、有线电视、宽带、水、电、燃气、暖气等经营者向用户收取的安装费、初装费、开户费、扩容费以及类似收费，按照安装服务缴纳增值税。

物业服务企业为业主提供的装修服务按照"建筑服务"缴纳增值税；纳税人将建筑施工设备出租给他人使用并配备操作人员的，按照"建筑服务"缴纳增值税。不配备人员的则按经营租赁缴纳增值税，适用 13% 税率计税。

自 2019 年 10 月 1 日起，关于建筑服务分包款差额扣除的规定为：纳税人提供建筑服务，按照规定允许从其取得的全部价款和价外费用中扣除的分包款，是指支付给分包方的全部价款和价外费用。

### 5. 金融服务（适用税率 6%）

金融服务的具体内容见表 8-4。

表 8-4　金融服务

| 类型 | 解释 |
|---|---|
| 贷款服务 | (1) 各种占用、拆借资金取得的收入包括金融商品持有期间（含到期）利息（保本收益、报酬、资金占用费、补偿金等）收入、信用卡透支利息收入、买入返售金融商品利息收入、融资融券收取的利息收入，以及融资性售后回租、押汇、罚息、票据贴现、转贷等业务取得的利息及利息性质的收入，按贷款服务缴纳增值税。"保本收益、报酬、资金占用费、补偿金"是指合同中明确承诺到期本金可全部收回的投资收益<br>(2) 以货币资金投资收取的固定利润或者保底利润按照贷款服务缴纳增值税<br>【提示】融资租赁属于现代服务——租赁服务（适用税率 13%） |
| 直接收费金融服务 | 包括提供货币兑换、账户管理、电子银行、信用卡、信用证、财务担保、资产管理、信托管理、基金管理、金融交易场所（平台）管理、资金结算、资金清算、金融支付等服务 |
| 保险服务 | 包括人身保险服务和财产保险服务 |

续表

| 类型 | 解释 |
|---|---|
| 金融商品转让 | 是指转让外汇、有价证券、非货物期货和其他金融商品（包括基金、信托、理财产品、金融衍生品）所有权的业务活动<br>【提示】纳税人购入基金、信托、理财产品等各类资产管理产品持有至到期，不属于金融商品转让（归于利息收入处理） |

【提示】2017年7月1日以后，资管产品运营过程中发生的增值税应税行为，以资管产品管理人为增值税纳税人，按照现行规定缴纳增值税。

6. 现代服务（大部分适用税率6%）

现代服务是指围绕制造业、文化产业、现代物流产业等提供技术性、知识性服务的业务活动，包括研发和技术服务、信息技术服务、文化创意服务、物流辅助服务、租赁服务、鉴证咨询服务、广播影视服务、商务辅助服务和其他现代服务。

（1）研发和技术服务（适用税率6%）。研发和技术服务包括研发服务、合同能源管理服务、工程勘察勘探服务、专业技术服务。

其中，专业技术服务是指气象服务、地震服务、海洋服务、测绘服务、城市规划、环境与生态监测服务等专项技术服务。

纳税人受托对垃圾、污泥、污水、废气等废弃物进行专业化处理，即运用填埋、焚烧、净化、制肥等方式，对废弃物进行减量化、资源化和无害化处理处置，按照以下规定适用增值税税率：

①采取填埋、焚烧等方式进行专业化处理后未产生货物的，受托方属于提供《销售服务、无形资产、不动产注释》"现代服务"中的"专业技术服务"，其收取的处理费用适用6%的增值税税率。

②专业化处理后产生货物，且货物归属委托方的，受托方属于提供"加工劳务"，其收取的处理费用适用13%的增值税税率。

③专业化处理后产生货物，且货物归属受托方的，受托方属于提供"专业技术服务"，其收取的处理费用适用6%的增值税税率。受托方将产生的货物用于销售时，适用货物的增值税税率。

（2）信息技术服务（适用税率6%）。信息技术服务是指利用计算机、通信网络等技术对信息进行生产、收集、处理、加工、存储、运输、检索和利用，并提供信息服务的业务活动，包括软件服务、电路设计及测试服务、信息系统服务、业务流程管理服务和信息系统增值服务。

（3）文化创意服务（适用税率6%）。文化创意服务包括设计服务、知识产权服务、广告服务和会议展览服务。

（4）物流辅助服务（适用税率6%）。物流辅助服务包括航空服务、港口码头服务、货运客运场站服务、打捞救助服务、装卸搬运服务、仓储服务和收派服务。

（5）租赁服务。租赁服务包括融资租赁服务和经营租赁服务。

①融资租赁服务。按照标的物的不同，融资租赁服务可分为有形动产融资租赁服务（适用税率13%）和不动产融资租赁服务（适用税率9%）。

②经营租赁服务。按照标的物的不同，经营租赁服务可分为有形动产经营租赁服务（适用税率13%）和不动产经营租赁服务（适用税率9%）。

将建筑物、构筑物等不动产（适用税率9%）或者飞机、车辆等有形动产（适用税率13%）的广告位出租给其他单位或者个人用于发布广告，按照经营租赁服务缴纳增值税。

车辆停放服务（适用税率9%）、道路通行服务（包括过路费、过桥费、过闸费等）等按照不动产经营租赁服务缴纳增值税。

水路运输的光租业务、航空运输的干租业务，属于经营租赁（适用税率13%）。

光租业务是指运输企业将船舶在约定的时间内出租给他人使用，不配备操作人员，不承担运输过程中发生的各项费用，只收取固定租赁费的业务活动。干租业务是指航空运输企业将飞机在约定的时间内出租给他人使用，不配备机组人员，不承担运输过程中发生的各项费用，只收取固定租赁费的业务活动。

（6）鉴证咨询服务。鉴证咨询服务包括认证服务、鉴证服务和咨询服务。

翻译服务和市场调查服务按照咨询服务缴纳增值税。

（7）广播影视服务。广播影视服务包括广播影视节目（作品）的制作服务、发行服务和播映（含放映）服务。

（8）商务辅助服务。商务辅助服务包括企业管理服务、经纪代理服务、人力资源服务、安全保护服务。

其中，经纪代理服务，包括金融代理、知识产权代理、货物运输代理、代理报关、法律代理、房地产中介、职业中介、婚姻中介、代理记账、拍卖等。

（9）其他现代服务（适用税率6%）。

①自2017年5月1日起，纳税人对安装运行后的电梯提供的维护保养服务，按照其他现代服务缴纳增值税。

②自2018年1月1日起，纳税人为客户办理退票而向客户收取的退票费、手续费等收入，按照"其他现代服务"缴纳增值税。

7. 生活服务（适用税率6%）

生活服务的具体内容见表8-5。

表8-5　生活服务

| 项目 | 具体内容 |
| --- | --- |
| 文化体育服务 | 文艺表演、提供游览场所等<br>【提示】如纳税人在游览场所经营索道、摆渡车、电瓶车、游船等取得的收入，按文化体育服务缴纳增值税 |
| 教育医疗服务 | (1) 教育服务是指提供学历教育服务、非学历教育服务、教育辅助服务的业务活动<br>(2) 医疗服务是指提供医学检查、诊断、治疗、康复、预防、保健、接生、计划生育、防疫等方面的服务，以及与这些服务有关的提供药品、医用材料器具、救护车、病房住宿和伙食的业务 |
| 旅游娱乐服务 | 旅游服务是指根据旅游者的要求，组织安排交通、游览、住宿、餐饮、购物、文娱、商务等服务的业务活动 |
| 餐饮住宿服务 | 纳税人现场制作食品并直接销售给消费者，按照餐饮服务缴纳增值税 |

续表

| 项目 | 具体内容 |
| --- | --- |
| 居民日常服务 | 居民日常服务包括市容市政管理、家政、婚庆、养老、殡葬、护理、美容美发、按摩、桑拿、沐浴、洗染、摄影扩印等服务 |
| 其他生活服务 | 如纳税人提供植物养护服务 |

（四）销售无形资产

销售无形资产是指转让无形资产所有权或者使用权的业务活动，大多适用税率6%，但转让土地使用权适用税率9%。无形资产是指不具实物形态，但能带来经济利益的资产，包括技术、商标、著作权、商誉、自然资源使用权和其他权益性无形资产。转让自然资源使用权中的土地使用权归属于"转让土地使用权"，征收增值税，税率为9%。

纳税人通过省级土地行政主管部门设立的交易平台转让补充耕地指标，按照销售无形资产缴纳增值税，税率为6%。

（五）销售不动产（适用税率9%）

不动产是指不能移动或者移动后会引起性质、形状改变的财产，包括建筑物、构筑物等。其中，建筑物包括住宅、商业营业用房、办公楼等可供居住、工作或者进行其他活动的建造物。构筑物包括道路、桥梁、隧道、水坝等建造物。

（六）进口货物

进口货物是指申报进入我国海关境内的货物。确定一项货物是否属于进口货物，必须看其是否办理了报关进口手续。只要是报关进口的应税货物，均属于增值税征税范围，在进口环节缴纳增值税（享受免税政策的货物除外）。

（七）混合销售行为

一项销售行为如果既涉及服务又涉及货物，为混合销售。从事货物的生产、批发或者零售的单位和个体工商户的混合销售行为，按照销售货物缴纳增值税；其他单位和个体工商户的混合销售行为，按照销售服务缴纳增值税。

自2017年5月1日起，纳税人销售活动板房、机器设备、钢结构件等自产货物的同时提供建筑、安装服务，不属于混合销售，应分别核算货物和建筑服务的销售额，分别适用不同的税率或者征收率。

（八）兼营行为

1. 含义

兼营是指纳税人的经营范围既包括销售货物和加工修理修配劳务，又包括销售服务、无形资产或者不动产。但是，销售货物、加工修理修配劳务、服务、无形资产或者不动产不同时发生在同一项销售行为中（如百货商场中提供的餐饮服务）。

2. 兼营的税务处理

纳税人兼营免税、减税项目的，应当分别核算免税、减税项目的销售额；未分别核算的，不得免税、减税。

纳税人兼营销售货物、加工修理修配劳务、服务、无形资产或者不动产，适用不同税率或

者征收率的,应当分别核算适用不同税率或者征收率的销售额;未分别核算的,其具体核算方法如下:

(1) 兼有不同税率的销售货物、加工修理修配劳务、服务、无形资产或者不动产,从高适用税率。

(2) 兼有不同征收率的销售货物、加工修理修配劳务、服务、无形资产或者不动产,从高适用征收率。

(3) 兼有不同税率和征收率的销售货物、加工修理修配劳务、服务、无形资产或者不动产,从高适用税率。

一般纳税人销售自产机器设备的同时提供安装服务,应分别核算机器设备和安装服务的销售额,安装服务可以按照甲供工程选择适用简易计税方法计税。

一般纳税人销售外购机器设备的同时提供安装服务,如果已经按照兼营的有关规定,分别核算机器设备和安装服务的销售额,安装服务可以按照甲供工程选择适用简易计税方法计税。纳税人对安装运行后的机器设备提供的维护保养服务,按照"其他现代服务"缴纳增值税。

(九) 部分货物的征税

(1) 货物期货(包括商品期货和贵金属期货),应当征收增值税。

(2) 银行销售金银的业务,应当征收增值税。

(3) 基本建设单位和从事建筑安装业务的企业附设工厂、车间生产的水泥预制构件、其他构件或建筑材料,凡用于本单位或本企业的建筑工程的,应视同对外销售,在移送环节征收增值税。但对于在建筑现场制造的预制构件,凡直接用于本单位或本企业建筑工程的,不征收增值税。

(4) 集邮商品的生产、调拨征收增值税。

(5) 缝纫(属于加工劳务),应当征收增值税。

(6) 饮食店、餐馆(厅)、酒店(家)、宾馆、饭店等单位附设门市部、外卖点等对外销售货物的,仍按关于兼营行为的征税规定征收增值税。专门生产或销售货物(包括烧卤熟制食品在内)的个体工商户及其他个人应当征收增值税。

**四、增值税的税率**☆☆

(一) 税率

增值税的税率见图 8-1。

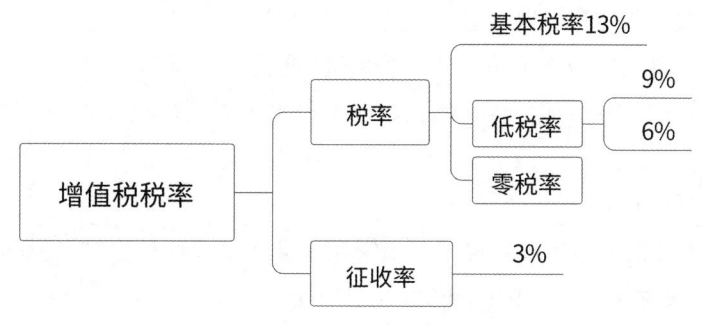

图 8-1 增值税税率

1. 货物税率

(1) 基本税率：13％ [除以下第 (2) 项、第 (3) 项规定外]。

(2) 低税率：9％。

适用税率为 9％ 的应税项目见表 8-6。

表 8-6 适用税率为 9％ 的应税项目

| 分类 | 具体构成 |
|---|---|
| 生活必需品类 | (1) 粮食、食用植物油、食用盐<br>(2) 自来水、暖气、冷气、热水、煤气、石油液化气、天然气、沼气、居民用煤炭制品 |
| 文化用品类 | (1) 图书、报纸、杂志<br>(2) 音像制品、电子出版物 |
| 农业生产资料类 | 饲料、化肥、农机（不包括农机零部件）、农药、农膜、农产品、二甲醚 |

(3) 零税率——出口货物（除国家禁止出口的货物外）。

2. 应税劳务税率

纳税人提供加工修理修配劳务的税率为 13％。

3. 销售服务、无形资产或者不动产的税率

销售服务、无形资产或者不动产的税率见表 8-7。

表 8-7 销售服务、无形资产或者不动产的税率

| 增值税应税项目 | 税率 |
|---|---|
| 自 2009 年 4 月 1 日起提供有形动产租赁服务 | 13％ |
| 自 2019 年 4 月 1 日起，纳税人销售交通运输、邮政、基础电信、建筑、不动产租赁服务，销售不动产，转让土地使用权 | 9％ |
| 增值电信服务、金融服务、现代服务（租赁服务除外）、生活服务、转让土地使用权以外的其他无形资产 | 6％ |
| 境内单位和个人发生的跨境销售服务、无形资产 | 0 |

(二) 简易征收率

简易办法征收增值税征收率为 3％。征收率的调整由国务院决定。

**五、增值税的一般计税方法** ☆☆☆

增值税一般纳税人销售货物、劳务、服务、无形资产、不动产（以下统称应税销售行为），采用一般计税方法缴纳增值税。其计算公式为：

应纳增值税＝当期销项税额－当期进项税额

＝当期不含税的销售额×税率－当期进项税额

(一) 销项税额

销项税额的计算公式为：

销项税额＝销售额×税率（或销项税额＝组成计税价格×税率）

【提示】若销售额含增值税，则需要换算，如下：

销项税额＝[含税销售额/(1＋税率)]×税率

推导：含税销售额＝不含税销售额＋销项税额

＝不含税销售额＋不含税销售额×税率

＝不含税销售额×（1＋税率）

所以，不含税销售额＝含税销售额/（1＋税率）。

其中，税率为13%、9%、6%。

>> 典型例题

[单项选择题] 某百货公司为增值税一般纳税人，2019年4月销售给消费者日用品一批，收取含税价款为62 400元，当月货物购进时取得增值税专用发票注明价款为30 000元，则该百货公司4月应缴纳的增值税税额为（  ）元。

A. 2 400.00              B. 2 496.00
C. 3 278.76              D. 9 066.67

[解析] 该百货公司4月应缴纳的增值税税额＝62 400÷（1＋13%）×13%－30 000×13%≈3 278.76（元）。

答案：C

1. 销售额的一般规定

《中华人民共和国增值税暂行条例》第六条规定，销售额为纳税人发生应税销售行为收取的全部价款和价外费用，但不包括收取的销项税额。具体来说，应税销售额包括以下内容：

（1）增值税专用发票所注明的价款是不含税价款。

（2）消费税税金。消费税属于价内税。

（3）普通发票上注明的金额为价税合计数，需要换算（向消费者、使用单位、小规模纳税人销售，一般应开具普通发票）。

（4）向购货方收取的各种价外费用，具体包括手续费、补贴、基金、集资费、返还利润、奖励费用、违约金、滞纳金、延期付款利息、包装费、包装物租金、储备费、优质费、运输装卸费、代收款项、代垫款项及其他各种性质的价外收费。

【提示】价外费用视为含税收入。

[举例] 甲公司2019年4月销售一批货物，售价200万元（不含税），向买方收取了20万元的手续费，其销项税额＝[200＋20÷（1＋13%）]×13%≈28.3（万元）。

>> 典型例题

[单项选择题] 某广告设计公司为增值税一般纳税人，2019年7月承接了一项广告业务，收取含增值税设计费20 000元，同时收取含增值税的广告发布手续费18 000元。该项行为销项税额为（  ）元。

A. 1 132.08              B. 1 200
C. 2 150.94              D. 2 280

[解析] 本题考查增值税销项税额的计算。提供应税服务，按照销售额和适用税率计算销项税额。销售额是纳税人提供应税服务取得的全部价款和价外费用。所以，销项税额＝（20 000＋18 000）÷（1＋6%）×6%≈2 150.94（元）。

[答案：C]

【提示】价外费用不包括以下项目：
①向购买方收取的销项税额。
②受托加工应征消费税的货物，而由受托方代收代缴的消费税。
③同时符合以下两个条件的代垫运费：即承运部门的运费发票开具给购货方，并且由纳税人将该项发票转交给购货方。
④同时符合以下条件代为收取的政府性基金或者行政事业费：
第一，由国务院或者财政部批准设立的政府性基金，由国务院或者省级人民政府及其财政、价格主管部门批准设立的行政事业性收费。
第二，收取时开具省级以上（含省级）财政部门印制的财政票据。
第三，所收款项全额上缴财政。

（5）销售货物的同时代办保险而向购买方收取的保险费，以及向购买方收取的代购买方缴纳的车辆购置税、车辆牌照费。

2. 特殊销售方式的销售额

（1）以折扣方式销售货物。将价款和折扣额在同一张发票上分别注明的，以折扣后的价款为销售额；未在同一张发票上分别注明的，以价款为销售额，不得扣减折扣额。

> 典型例题

[单项选择题] 某商场（一般纳税人，适用税率13%）2019年6月采取折扣方式销售彩电，专用发票上分别注明货款为80 000元，折扣额为15 000元，则该商店当月应纳的增值税为（　　）元。

A. 13 600　　　　　　　　　　　　B. 11 624
C. 8 450　　　　　　　　　　　　　D. 9 444

[解析] 采取折扣方式销售货物，如果销售额和折扣额在同一张发票上分别注明的，可按折扣后的销售额征收增值税；该商场销售彩电的折扣额符合条件，允许从销售额中扣除，因此，该商场当月应纳的增值税＝（80 000－15 000）×13%＝8 450（元）。

[答案：C]

（2）税法规定，纳税人采取以旧换新方式销售货物的（金银首饰除外），应按新货物的同期销售价格确定销售额。对于金银首饰以旧换新，可按销售方实际收取的不含增值税的全部价款征收增值税。

# 第八章 货物和劳务税制度

> **典型例题**

[单项选择题] 某金店为增值税一般纳税人。2019年4月，其采取以旧换新方式零售金银首饰，向顾客收取差价20万元。已知旧款金银首饰回收折价为5元。该金店当月增值税销项税额为（　　）元。

A. 0.58　　　　　　　　　　　　　　B. 1.73
C. 2.30　　　　　　　　　　　　　　D. 2.88

[解析] 纳税人采取以旧换新方式销售货物的，按新货物的同期销售价格确定销售额，不得扣减旧货收购价格（金银首饰以旧换新除外，应以销售方实际收取的不含增值税价款征收增值税）。该金店当月增值税销项税额＝20÷（1＋13%）×13%≈2.30（万元）。

答案：C

（3）纳税人采取还本销售方式销售货物的，不得从销售额中减除还本支出。还本销售指销货方将货物出售之后，按约定的时间，一次或分次将购货款部分或全部退还给购货方。

（4）纳税人采取以物易物方式，销售双方都应作购销处理。以各自发出的货物核算销售额并计算销项税额，以各自收到的货物核算购货额并计算进项税额。

（5）包装物收取的押金（含税价格）。

包装物押金是否并入销售的情况见表8-8。

表8-8　包装物押金是否并入销售的情况

| 包装物押金 | 取得时 | 逾期时（收取1年以上） |
|---|---|---|
| 一般货物 | 不并入销售额 | 并入销售额 |
| 啤酒、黄酒 | 不并入销售额 | 并入销售额 |
| 白酒、其他酒 | 并入销售额 | 不并入销售额 |

[举例] 某公司（增值税一般纳税人）2019年4月取得一批化妆品原材料的逾期包装物押金10万元，其销项税额＝10÷（1＋13%）×13%≈1.15（万元）。

> **典型例题**

[单项选择题] 某零部件生产企业为增值税一般纳税人。2021年4月，销售零部件取得不含税收入200万元，当月收取包装物押金2.16万元，约定两个月后返还，当月逾期未退回的包装物押金为3万元，该企业4月应缴纳的增值税税额为（　　）元。

A. 26.35　　　　　　　　　　　　　　B. 26
C. 26.59　　　　　　　　　　　　　　D. 26.39

[解析] 纳税人为销售货物而出租出借包装物收取的押金，单独记账核算的，不并入销售额征税。但对因逾期未收回包装物不再退还的押金，应按所包装货物的适用税率征收增值税。该企业4月应缴纳的增值税税额＝200×13%＋3÷（1＋13%）×13%≈26.35（万元）。

答案：A

3. 视同销售行为销售额的确定

视同销售行为一般不以资金形式反映出来,因而会出现视同销售而无销售额的情况。另外,有时纳税人销售货物或提供应税劳务的价格明显偏低且无正当理由,或偏高且不具有合理商业目的。在这些情况下,主管税务机关有权核定其销售额,确定销售额的顺序如下:

(1) 按纳税人最近时期同类货物的平均销售价格确定。

(2) 按其他纳税人最近时期同类货物的平均销售价格确定。

(3) 按组成计税价格确定。组成计税价格的公式为:

$$组成计税价格=成本\times(1+成本利润率)$$

【提示】属于应征消费税的货物,其组成计税价格应加计消费税税额,其公式为:

$$组成计税价格=成本\times(1+成本利润率)+消费税税额$$

或者:

$$组成计税价格=成本\times(1+成本利润率)/(1-消费税税率)$$

4. 纳税人开具增值税专用发票的相关规定

纳税人发生应税行为,开具增值税专用发票后,发生开票有误或者销售折让、中止、退回等情形的,应当按照国家税务总局的规定开具红字增值税专用发票;未按照规定开具红字增值税专用发票的,不得按照税法相关规定扣减销项税额或者销售额。

5. 营改增试点行业的销售额

根据《营业税改征增值税试点有关事项的规定》,营改增各项业务的销售额按照以下规定确定:

(1) 贷款服务(6%),以提供贷款服务取得的全部利息及利息性质的收入为销售额。

证券公司、保险公司、金融租赁公司、证券基金管理公司、证券投资基金以及其他经中国人民银行、中国银行保险监督管理委员会、中国证券监督管理委员会批准成立且经营金融保险业务的机构发放贷款后,自结息日起 90 天内发生的应收未收利息按现行规定缴纳增值税,自结息日起 90 天后发生的应收未收利息暂不缴纳增值税,待实际收到利息时按规定缴纳增值税。

(2) 直接收费金融服务,以提供直接收费金融服务收取的手续费、佣金、酬金、管理费、服务费、经手费、开户费、过户费、结算费、转托管费等各类费用为销售额。

(3) 金融商品转让,按照卖出价扣除买入价后的余额为销售额。

转让金融商品出现的正负差,按盈亏相抵后的余额为销售额。若相抵后出现负差,可结转下一纳税期与下期转让金融商品销售额相抵,但年末时仍出现负差的,不得转入下一个会计年度。

金融商品的买入价,可以选择按照加权平均法或者移动加权平均法进行核算,选择后 36 个月内不得变更。

金融商品转让,不得开具增值税专用发票。

(4) 经纪代理服务,以取得的全部价款和价外费用,扣除向委托方收取并代为支付的政府性基金或者行政事业性收费后的余额为销售额。向委托方收取的政府性基金或者行政事业性收费，不得开具增值税专用发票。

（5）融资租赁和融资性售后回租业务。融资租赁和融资性售后回租业务销售额的确定见表 8-9。

表 8-9　融资租赁和融资性售后回租业务销售额的确定

| 纳税人 | 租赁业务类型 | 销售额的确定 |
| --- | --- | --- |
| 经中国人民银行、中国银行保险监督管理委员会或者商务部批准从事融资租赁业务的试点纳税人 | 融资性售后回租服务（金融服务） | 以收取的全部价款和价外费用（不含本金），扣除对外支付的借款利息（包括外汇借款和人民币借款利息）、发行债券利息后的余额为销售额 |
| | 其他融资租赁服务 | 以收取的全部价款和价外费用，扣除支付的借款利息（包括外汇借款和人民币借款利息）、发行债券利息、车辆购置税后的余额为销售额 |

（6）自 2018 年 1 月 1 日起，金融机构开展贴现、转贴现业务，以其实际持有票据期间取得的利息收入作为贷款服务的销售额计算缴纳增值税。此前贴现机构已就贴现利息收入全额缴纳增值税的票据，转贴现机构转贴现利息收入继续免征增值税。

（7）航空运输企业的销售额，不包括代收的机场建设费和代售其他航空运输企业客票而代收转付的价款。

（8）一般纳税人提供客运场站服务，以其取得的全部价款和价外费用，扣除支付给承运方运费后的余额为销售额。

（9）试点纳税人提供旅游服务，可以选择以取得的全部价款和价外费用，扣除向旅游服务购买方收取并支付给其他单位或者个人的住宿费、餐饮费、交通费、签证费、门票费和支付给其他接团旅游企业的旅游费用后的余额为销售额。

（10）试点纳税人提供建筑服务适用简易计税方法的，以取得的全部价款和价外费用扣除支付的分包款后的余额为销售额。

（11）房地产开发企业中的一般纳税人销售其开发的房地产项目（选择简易计税方法的房地产老项目除外），以取得的全部价款和价外费用，扣除受让土地时向政府部门支付的土地价款后的余额为销售额。若选择采用简易计税方法，以当期销售额（不得扣除土地价款）和 5% 的征收率计税。

房地产老项目是指建筑工程施工许可证注明的合同开工日期在 2016 年 4 月 30 日前的房地产项目。

（12）试点纳税人按照上述（4）~（11）款的规定从全部价款和价外费用中扣除的价款，应当取得符合法律、行政法规和国家税务总局规定的有效凭证；否则，不得扣除。

（13）自 2018 年 1 月 1 日起，航空运输销售代理企业提供境外航段机票代理服务，以取得的全部价款和价外费用，扣除向客户收取并支付给其他单位或者个人的境外航段机票结算款和相关费用后的余额为销售额。

（14）自 2018 年 1 月 1 日起，资管产品管理人运营资管产品提供的贷款服务、发生的部分

金融商品转让业务,按照以下规定确定销售额:

①提供贷款服务,以2018年1月1日起产生的利息及利息性质的收入为销售额。

②转让2017年12月31日前取得的股票(不包括限售股)、债券、基金、非货物期货,可以选择按照实际买入价计算销售额,或者以2017年最后一个交易日的股票收盘价、债券估值、基金份额净值、非货物期货结算价格作为买入价计算销售额。

销售额以人民币计算。纳税人以人民币以外的货币结算销售额的,应当按外汇市场价格折合成人民币计算。人民币折合率可以选择销售额发生的当天或当月1日的人民币汇率中间价。纳税人应在事先确定采用何种折合率,确定后1年内不得变更。

(二)进项税额

进项税额是指纳税人购进货物、劳务、服务、无形资产或不动产,支付或者负担的增值税额。当期进项税额抵扣情况见图8-2。

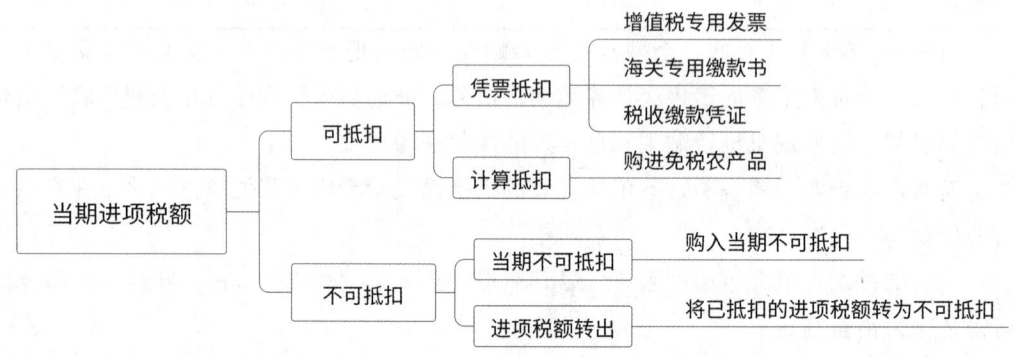

图8-2 当期进项税额抵扣情况

1. 准予抵扣的进项税额

(1)凭票抵扣。从销售方或提供方取得的增值税专用发票上注明的增值税额;从海关取得的海关进口增值税专用缴款书上注明的增值税额。

【提示】增值税专用发票——可抵扣进项税;增值税普通发票——不可抵扣进项税;普通发票——不可抵扣进项税。

(2)计算抵扣(特殊情况)。自2017年起连续三年,农产品适用税率实现三连降,税率从13%下调至9%;2019年4月1日实施生效的财政部、税务总局、海关总署公告(2019年第39号)明确了以下两方面内容:纳税人购进农产品,原适用10%扣除率的,扣除率调整为9%。纳税人购进用于生产或者委托加工13%税率货物的农产品,按照10%的扣除率计算进项税额。按照9%、10%扣除率计算的农产品的具体规定见表8-10。

表8-10 按照9%、10%扣除率计算的农产品的具体规定

| 来源 | 用途及税率 | 进项税额扣除 |
| --- | --- | --- |
| 外购已税(取得进口缴款书、增值税专用发票、代开专用发票);外购免税(取得农产品销售发票、收购发票) | 直接销售的,税率9% | 按9% |
| | 连续加工为13%货物销售 | 按10% |

第八章 货物和劳务税制度

续表

| 来源 | 用途及税率 | 进项税额扣除 |
|---|---|---|
| 计算抵扣及凭票抵扣依据 | (1) 购进农产品，除取得增值税专用发票或者海关进口增值税专用缴款书外，按照农产品收购发票或者销售发票上注明的农产品买价和9%的扣除率计算进项税额<br>(2) 取得增值税专用发票或海关进口增值税专用缴款书：法定扣税凭证上注明的增值税额为进项税额（9%）<br>(3) 取得小规模纳税人主管税务局代开的增值税专用发票，以专票上注明的金额和9%扣除率计算进项税额 | |

【提示】纳税人在购进农产品时，应按照农产品抵扣的一般规定，按照9%计算抵扣进项税额。在领用农产品环节，如果农产品用于生产或者委托加工13%税率货物，则再加计1%进项税额。

▶ 典型例题

[单项选择题] 某企业为一般纳税人。2022年4月，该企业从农民手中购入5万元苹果，用于生产苹果醋，支付运费，取得增值税专用发票，标注的金额为0.6万元，销售苹果醋取得不含税收入12万元。该企业4月应缴纳的增值税税额为（　　）万元。

A. 1.006　　　　　　　　　　　　B. 1.056

C. 0.856　　　　　　　　　　　　D. 1.06

[解析] 对于纳税人购进用于生产或委托加工13%税率货物的农产品，允许其按照10%的扣除率计算进项税额。该企业4月应缴纳的增值税税额＝$12×13\%-0.6×9\%-5×10\%$＝1.006（万元）。

答案：A

(3) 自境外单位或者个人购进服务、无形资产或者不动产，从税务机关或者扣缴义务人取得的解缴税款的"完税凭证"上注明的增值税额。

(4) 收费公路通行费增值税抵扣。纳税人支付道路通行费的进项税额的计算见表8-11。

表8-11　纳税人支付道路通行费的进项税额的计算

| 纳税人付费 | 取得发票 | 进项税额的计算 |
|---|---|---|
| 道路通行费 | 通行费增值税电子普通发票 | 发票上注明的增值税额抵扣进项税额 |
| | 通行费发票 | 高速公路通行费可抵扣进项税额＝高速公路通行费发票上注明的金额/（1+3%）×3% |
| | | 一级、二级公路通行费可抵扣进项税额＝一级、二级公路通行费发票上注明的金额/（1+5%）×5% |
| 桥、闸通行费 | 通行费发票 | 桥、闸通行费可抵扣进项税额＝桥、闸通行费发票上注明的金额/（1+5%）×5% |

(5) 建筑企业与发包方签订建筑合同后，以内部授权或者三方协议等方式，授权集团内其

他纳税人（以下称第三方）为发包方提供建筑服务，并由第三方直接与发包方结算工程款的，由第三方缴纳增值税并向发包方开具增值税发票，发包方可凭实际提供建筑服务的纳税人开具的增值税专用发票抵扣进项税额。

(6) 自2018年1月1日起，纳税人租入固定资产、不动产，既用于一般计税方法计税项目，又用于简易计税方法计税项目、免征增值税项目、集体福利或者个人消费的，其进项税额准予从销项税额中全额抵扣。

(7) 纳税人购进国内旅客运输服务。自2019年4月1日起，纳税人购进国内旅客运输服务，其进项税额允许从销项税额中抵扣。纳税人未取得增值税专用发票，暂按表8-12的规定确定进项税额。

表8-12　纳税人未取得增值税专用发票时确定进项税额的规定

| 取得凭证 | 抵扣依据 | 进项税额确定 |
| --- | --- | --- |
| 取得增值税电子普通发票 | 电子普通发票 | 发票上注明的税额 |
| 旅客客运发票 | 注明旅客身份信息的航空运输电子客票行程单 | 航空旅客运输进项税额＝（票价＋燃油附加费）/(1+9%)×9% |
| | 注明旅客身份信息的铁路车票 | 铁路旅客运输进项税额＝票面金额/(1+9%)×9% |
| | 注明旅客身份信息的公路、水路等其他客票 | 公路、水路等其他旅客运输进项税额＝票面金额/(1+3%)×3% |

【提示】国内旅客运输服务税率为9%、简易办法依照3%征收率，抵扣时要加以区分。

(8) 按照规定不得抵扣进项税额的不动产，发生用途改变，用于允许抵扣进项税额项目的，按照下列公式在改变用途的次月计算可抵扣进项税额。

可抵扣进项税额＝增值税扣税凭证注明或计算的进项税额×不动产净值率

(9) 自2019年10月1日起，对于保险服务进项税抵扣规定为：提供保险服务的纳税人以实物赔付方式承担机动车辆保险责任的，自行向车辆修理劳务提供方购进的车辆修理劳务，其进项税额可以按规定从保险公司销项税额中抵扣；提供保险服务的纳税人以现金赔付方式承担机动车辆保险责任的，将应付给被保险人的赔偿金直接支付给车辆修理劳务提供方，不属于保险公司购进车辆修理劳务，其进项税额不得从保险公司销项税额中抵扣。

(10) 丢失发票的税务处理。

①纳税人同时丢失已开具增值税专用发票或机动车销售统一发票的发票联和抵扣联，可凭加盖销售方发票专用章的相应发票记账联复印件，作为增值税进项税额的抵扣凭证、退税凭证或记账凭证。

②纳税人丢失已开具增值税专用发票或机动车销售统一发票的抵扣联，可凭相应发票的发票联复印件，作为增值税进项税额的抵扣凭证或退税凭证。

③纳税人丢失已开具增值税专用发票或机动车销售统一发票的发票联，可凭相应发票的抵扣联复印件，作为记账凭证。

2. 进项税额加计抵减政策

(1) 基本规定。自2019年4月1日至2021年12月31日,允许生产、生活性服务业纳税人按照当期可抵扣进项税额加计10%,抵减应纳税额(以下称加计抵减政策)。《财政部 税务总局 海关总署关于深化增值税改革有关政策的公告》所称生产、生活性服务业纳税人,是指提供邮政服务、电信服务、现代服务、生活服务(以下称四项服务)取得的销售额占全部销售额的比重超过50%的纳税人。四项服务的具体范围按照《销售服务、无形资产、不动产注释》执行。

①按照《财政部 税务总局关于明确增值税小规模纳税人减免增值税等政策的公告》(财政部 税务总局公告2023年第1号,以下简称1号公告)规定,自2023年1月1日至2023年12月31日,允许生产性服务业纳税人按照当期可抵扣进项税额加计5%抵减应纳税额。生产性服务业纳税人是指提供邮政服务、电信服务、现代服务、生活服务取得的销售额占全部销售额的比重超过50%的纳税人。

符合《财政部 税务总局 海关总署关于深化增值税改革有关政策的公告》(2019年第39号)、1号公告规定的生产性服务业纳税人,应在年度首次确认适用5%加计抵减政策时,通过电子税务局或办税服务厅提交《适用5%加计抵减政策的声明》。

②2019年10月1日至2021年12月31日,允许生活性服务业纳税人按照当期可抵扣进项税额加计15%,抵减应纳税额(以下称加计抵减15%政策)。

按照1号公告的规定,自2023年1月1日至2023年12月31日,允许生活性服务业纳税人按照当期可抵扣进项税额加计10%抵减应纳税额。生活性服务业纳税人是指提供生活服务取得的销售额占全部销售额的比重超过50%的纳税人。

符合《财政部 税务总局关于明确生活性服务业增值税加计抵减政策的公告》(2019年第87号)、1号公告规定的生活性服务业纳税人,应在年度首次确认适用10%加计抵减政策时,通过电子税务局或办税服务厅提交《适用10%加计抵减政策的声明》。

(2) 注意事项。

①纳税人出口货物劳务、发生跨境应税行为不适用加计抵减政策,其对应的进项税额不得计提加计抵减额。

②纳税人兼营出口货物劳务、发生跨境应税行为且无法划分不得计提加计抵减额的进项税额,按照以下公式计算:不得计提加计抵减额的进项税额=(当期无法划分的全部进项税额×当期出口货物劳务和发生跨境应税行为的销售额)/当期全部销售额。

③适用增值税差额征收政策的,以差额后的销售额确定适用加计抵减政策。

④纳税人确定适用加计抵减政策后,当年内不再调整,以后年度是否适用,根据上年度销售额计算确定。

⑤加计抵减政策执行到期后,纳税人不再计提加计抵减额,结余的加计抵减额停止抵减。

(3) 加计抵减额的计算。

①当期计提加计抵减额($A$)=当期可抵扣进项税额×5%(或10%)。

②当期可抵减加计抵减额($B$)=上期末加计抵减额余额+当期计提加计抵减额($A$)—

当期调减加计抵减额。

【提示】按照现行规定不得从销项税额中抵扣的进项税额，不得计提加计抵减额；已计提加计抵减额的进项税额，按规定作进项税额转出的，应在进项税额转出当期，相应调减加计抵减额。

(4) 当期可抵减加计抵减额（B）的运用。纳税人应按照现行规定计算一般计税方法下的应纳税额（抵减前的应纳税额）后，区分表 8-13 情形加计抵减。

表 8-13  抵减规则

| 抵减前的应纳税额（X） | 当期可抵减加计抵减额（B） | 抵减后的应纳税额（Y） |
| --- | --- | --- |
| $X=0$ | 全部结转下期抵减 | $Y=X=0$ |
| $X>0$，且 $X>B$ | 全额抵减 | $Y=X-B$，差额纳税 |
| $X>0$，且 $X\leqslant B$ | 抵减应纳税额至零 | $Y=X-（B 的一部分）=0$ |
|  | 未抵减完的当期可抵减加计抵减额，结转下期继续抵减 |  |

【提示】加计抵减额为 $X$ 与 $B$ 二者中的较小者。

> **典型例题**

[单项选择题] 某宾馆为增值税一般纳税人。2023 年 1 月的销项税额为 35 万元，进项税额为 29 万元，进项税额转出 3 万元，则 2023 年 12 月该宾馆应纳增值税税额为（　　）万元。

A. 5.4　　　　　　　　　　　　　　B. 6
C. 6.4　　　　　　　　　　　　　　D. 9

[解析] 可以加计抵减的税额＝（29－3）×10％＝2.6（万元），应纳增值税税额＝35－(29－3)－2.6＝6.4（万元）。

答案：C

3. 进项税额的申报抵扣时间

自 2020 年 3 月 1 日起，增值税一般纳税人取得 2017 年 1 月 1 日及以后开具的增值税专用发票、海关进口增值税专用缴款书、机动车销售统一发票、收费公路通行费增值税电子普通发票，取消认证确认、稽核比对、申报抵扣的期限。纳税人在进行增值税纳税申报时，应当通过各省（自治区、直辖市和计划单列市）增值税发票综合服务平台对上述扣税凭证信息进行用途确认。

增值税一般纳税人取得 2016 年 12 月 31 日及以前开具的增值税专用发票、海关进口增值税专用缴款书、机动车销售统一发票，超过认证确认、稽核比对、申报抵扣期限，但符合规定条件的，仍可按照相关规定，继续抵扣进项税额。

4. 不得从销项税额中抵扣的进项税额

下列项目的进项税额不得从销项税额中抵扣：

(1) 用于简易计税方法的计税项目、免征增值税项目、集体福利或者个人消费的购进货物、加工修理修配劳务、服务、无形资产和不动产。其中涉及的固定资产、无形资产、不动产，仅指专用于上述项目的固定资产、无形资产（不包括其他权益性无形资产）、不动产。

（2）非正常损失的购进货物，以及相关的加工修理修配劳务和交通运输服务。

（3）非正常损失的在产品、产成品所耗用的购进货物（不包括固定资产）、加工修理修配劳务和交通运输服务。

（4）非正常损失的不动产，以及该不动产所耗用的购进货物、设计服务和建筑服务。

（5）非正常损失的不动产在建工程（包括新建、改建、扩建、修缮、装饰不动产）所耗用的购进货物、设计服务和建筑服务。

非正常损失是指因管理不善造成被盗、丢失、霉烂变质的损失，以及因违反法律法规造成货物或不动产被依法没收、毁损、拆除的情形。如果是因不可抗力毁损或者发生合理损耗，对应的进项税额可以抵扣。

（6）购进的旅客运输服务、贷款服务、餐饮服务、居民日常服务和娱乐服务。

（7）纳税人接受贷款服务向贷款方支付的与该笔贷款直接相关的投融资顾问费、手续费、咨询费等费用。

（8）适用一般计税方法的纳税人，兼营简易计税方法计税项目、免征增值税项目而无法划分不得抵扣的进项税额。按以下公式计算不得抵扣的进项税额：

不得抵扣的进项税额＝当期无法划分的全部进项税额×（当期简易计税方法计税项目销售额＋免征增值税项目销售额）/当期全部销售额

（9）扣税凭证不合格。增值税扣税凭证是指增值税专用发票、海关进口增值税专用缴款书、农产品收购发票、农产品销售发票、机动车销售统一发票和收费公路通行费增值税电子普通发票以及完税凭证等。其他票据都不允许抵扣进项税额。

（10）有下列情形之一者，应按销售额依照增值税税率计算应纳税额，不得抵扣进项税额，也不得使用专用发票。

①一般纳税人会计核算不健全，或者不能够提供准确税务资料的。

②除另有规定外，纳税人销售额超过小规模纳税人标准，未申请办理一般纳税人认定手续的。

（11）增值税一般纳税人取得的增值税专用发票列入异常凭证范围，其尚未申报抵扣增值税进项税额的，暂不允许抵扣。已经申报抵扣增值税进项税额的，除另有规定外，一律作进项税额转出处理。

5. 进项税额的扣减

（1）已抵扣进项税额的购进货物、劳务、服务、无形资产或者不动产发生不允许抵扣情况的，应将该项购进货物、劳务、服务、无形资产或者不动产的进项税额从当期发生的进项税额中扣减。如果在购进时已经抵扣了进项税额，需要在改变用途当期作进项税额转出处理。

已抵扣进项税额的不动产，发生非正常损失，或者改变用途，专用于简易计税方法计税项目、免征增值税项目、集体福利或者个人消费的，按照下列公式计算不得抵扣的进项税额，并从当期进项税额中扣减：

不得抵扣的进项税额＝已抵扣进项税额×不动产净值率

不动产净值率＝不动产净值/不动产原值×100%

（2）一般纳税人因进货退出或折让而收回的增值税额，应从发生进货退出或折让当期的进项税额中扣减。

6. 进项税额不足抵扣的处理

（1）当期销项税额小于当期进项税额不足抵扣的部分，可以结转下期继续抵扣。

[举例] 甲公司1月进项税额100万元，销项税额40万元，1月没有抵扣完的进项税额60万元结转2月继续抵扣。假设2月进项税额20万元，销项税额150万元，2月应纳增值税＝150－（20＋60）＝70（万元）。

（2）国家税务总局《关于增值税一般纳税人用进项留抵税额抵减增值税欠税问题的通知》规定：

①对纳税人因销项税额小于进项税额而产生期末留抵税额的，应以期末留抵税额抵减增值税欠税。

②纳税人发生用进项留抵税额抵减增值税欠税时，按以下方法进行会计处理：a. 增值税欠税税额大于期末留抵税额，按期末留抵税额红字借记"应交税费——应交增值税（进项税额）"科目，贷记"应交税费——未交增值税"科目；b. 增值税欠税税额小于期末留抵税额，按增值税欠税税额红字借记"应交税费——应交增值税（进项税额）"科目，贷记"应交税费——未交增值税"科目。

[举例1] 某公司2月进项税额3 000 000元，销项税额1 400 000元，同时1月欠税1 900 000元。其会计分录如下：

借：应交税费——应交增值税（进项税额）　　　　　　　　　1 600 000
　　贷：应交税费——未交增值税　　　　　　　　　　　　　　1 600 000

[举例2] 某公司2月进项税额3 000 000元，销项税额1 500 000元，同时1月欠税800 000元。其会计分录如下：

借：应交税费——应交增值税（进项税额）　　　　　　　　　800 000
　　贷：应交税费——未交增值税　　　　　　　　　　　　　　800 000

7. 增值税期末留抵税额退税规定

（1）条件。自2022年4月1日起，按照《财政部 税务总局关于进一步加大增值税期末留抵退税政策实施力度的公告》（财政部 税务总局公告2022年第14号，以下简称14号公告）规定执行。

适用14号公告政策的纳税人需同时符合以下条件：

①纳税信用等级为A级或者B级。

②申请退税前36个月未发生骗取留抵退税、骗取出口退税或虚开增值税专用发票情形。

③申请退税前36个月未因偷税被税务机关处罚两次及以上。

④2019年4月1日起未享受即征即退、先征后返（退）政策。

加大小微企业增值税期末留抵退税政策力度，将先进制造业按月全额退还增值税增量留抵税额政策范围扩大至符合条件的小微企业（含个体工商户，下同），并一次性退还小微企业存量留抵税额。

(2) 留抵退税申报。

①符合条件的小微企业，可以自2022年4月纳税申报期起向主管税务机关申请退还增量留抵税额。在2022年12月31日前，退税条件按照14号公告第三条规定执行。

②符合条件的微型企业，可以自2022年4月纳税申报期起向主管税务机关申请一次性退还存量留抵税额；符合条件的小型企业，可以自2022年5月纳税申报期起向主管税务机关申请一次性退还存量留抵税额。

加大"制造业""科学研究和技术服务业""电力、热力、燃气及水生产和供应业""软件和信息技术服务业""生态保护和环境治理业"和"交通运输、仓储和邮政业"（以下称制造业等行业）增值税期末留抵退税政策力度，将先进制造业按月全额退还增值税增量留抵税额政策范围扩大至符合条件的制造业等行业企业（含个体工商户，下同），并一次性退还制造业等行业企业存量留抵税额。

③符合条件的制造业等行业企业，可以自2022年4月纳税申报期起向主管税务机关申请退还增量留抵税额。

④符合条件的制造业等行业中型企业，可以自2022年7月纳税申报期起向主管税务机关申请一次性退还存量留抵税额；符合条件的制造业等行业大型企业，可以自2022年10月纳税申报期起向主管税务机关申请一次性退还存量留抵税额。

(3) 增量留抵退税、存量留抵退税、进项构成比例。

①增量留抵税额。14号公告所称增量留抵税额，区分以下情形确定：

a. 纳税人获得一次性存量留抵退税前，增量留抵税额为当期期末留抵税额与2019年3月31日相比新增加的留抵税额。

b. 纳税人获得一次性存量留抵退税后，增量留抵税额为当期期末留抵税额。

②存量留抵税额。14号公告所称存量留抵税额，区分以下情形确定：

a. 纳税人获得一次性存量留抵退税前，当期期末留抵税额大于或等于2019年3月31日期末留抵税额的，存量留抵税额为2019年3月31日期末留抵税额；当期期末留抵税额小于2019年3月31日期末留抵税额的，存量留抵税额为当期期末留抵税额。

b. 纳税人获得一次性存量留抵退税后，存量留抵税额为0。

③进项构成比例。进项构成比例为2019年4月至申请退税前一税款所属期已抵扣的增值税专用发票（含带有"增值税专用发票"字样全面数字化的电子发票、税控机动车销售统一发票）、收费公路通行费增值税电子普通发票、海关进口增值税专用缴款书、解缴税款完税凭证注明的增值税额占同期全部已抵扣进项税额的比重。

适用14号公告政策的纳税人，按照以下公式计算允许退还的留抵税额：允许退还的增量留抵税额＝增量留抵税额×进项构成比例×100%；允许退还的存量留抵税额＝存量留抵税额×进项构成比例×100%。

(4) 其他限定。

①纳税人出口货物劳务、发生跨境应税行为，适用免抵退税办法的，应先办理免抵退税。免抵退税办理完毕后，仍符合本公告规定条件的，可以申请退还留抵税额；适用免退税办法的，相关进项税额不得用于退还留抵税额。

②纳税人自2019年4月1日起已取得留抵退税款的，不得再申请享受增值税即征即退、先征后返（退）政策。纳税人可以在2022年10月31日前一次性将已取得的留抵退税款全部缴回后，按规定申请享受增值税即征即退、先征后返（退）政策。

③纳税人自2019年4月1日起已享受增值税即征即退、先征后返（退）政策的，可以在2022年10月31日前一次性将已退还的增值税即征即退、先征后返（退）税款全部缴回后，按规定申请退还留抵税额。

### 六、增值税的简易计税方法

（一）小规模纳税人一般按简易计税方法计算应纳税额

根据《中华人民共和国增值税暂行条例》的规定，小规模纳税人销售货物、劳务、服务、无形资产或者不动产，按简易计税方法计算应纳税额。

$$应纳税额 = 销售额 \times 征收率（3\%）$$

$$销售额 = 含税销售额 / (1 + 3\%)$$

【提示】这里的销售额是指不含税销售额。

> **典型例题**
>
> [单项选择题] 个体经营者（小规模纳税人）李某经营的杂货店本月销售额为50 000元，应纳增值税为（　　）元。
>
> A. 3 740　　　　B. 846.15　　　　C. 1 165.05　　　　D. 1 456.31
>
> [解析] 根据已知条件，适用3%的征收率计缴增值税，其销售额必然为含税价格。故应纳增值税=50 000÷(1+3%)×3%≈1 456.31（元）。
>
> 答案：D

（二）纳税人销售自己使用过的物品和旧货，实行简易办法计算应纳税额

销售自己使用过的物品和旧货的征收率的相关规定见表8-14。

**表8-14　销售自己使用过的物品和旧货的征收率的相关规定**

| 销售标的 | 纳税人类型 | 税务处理 | |
|---|---|---|---|
| 固定资产以外的货物 | 小规模纳税人 | 增值税=售价/(1+3%)×3% | |
| | 一般纳税人 | 按适用13%税率征收增值税 | |
| 固定资产 | 小规模纳税人 | 增值税=售价/(1+3%)×2% | |
| | 一般纳税人 | 进项税额可以抵扣的固定资产 | 适用税率13%、9% |
| | | 进项税额不可以抵扣的固定资产 | 增值税=售价/(1+3%)×2% |

续表

| 销售标的 | 纳税人类型 | 税务处理 |
|---|---|---|
| 旧货 | 纳税人 | 增值税=售价/(1+3%)×2% |
| 物品 | 其他个人 | 免税 |

【提示1】旧货是指进入二次流通的具有部分使用价值的货物（含旧汽车、旧摩托车和旧游艇），但不包括自己使用过的物品。

【提示2】销售自己使用过的2009年1月1日以后购进或者自制的固定资产，其所含的税款允许扣除，按照适用税率征收增值税。

【提示3】自2020年5月1日至2023年12月31日，从事二手车经销业务的纳税人销售其收购的二手车，纳税人减按0.5%征收率征收增值税，销售额=含税销售额/(1+0.5%)。

>> 典型例题

**1.** [单项选择题] 某小规模纳税人2019年6月16日销售一台旧机器设备，取得含税销售收入30 900元，则该项销售行为应纳增值税为（　　）元。

A. 0　　　　　　B. 600　　　　　　C. 605.88　　　　　　D. 900

[解析] 本题考查小规模纳税人的征收率。小规模纳税人销售自己使用过的固定资产，减按2%征收率征收增值税。故应纳增值税=30 900÷(1+3%)×2%=600（元）。

**2.** [单项选择题] 某生产企业属于增值税小规模纳税人，2013年7月对部分资产盘点后进行处理：销售边角废料，由税务机关代开增值税专用发票，取得不含税收入80 000元；销售自己使用过的小汽车1辆，取得含税收入52 000元（小汽车原值为110 000元）。该企业上述业务应缴纳增值税（　　）元。

A. 5 800.00　　　　　　　　　　B. 4 800.25

C. 4 200.00　　　　　　　　　　D. 3 409.71

[解析] 应缴纳增值税=80 000×3%+52 000÷(1+3%)×2%=2 400+1 009.71=3 409.71（元）。

答案：1.B　2.D

（三）一般纳税人可选择按照简易办法征税的特殊规定

（1）一般纳税人销售自产的下列货物，可选择按照简易办法依照3%征收率计算缴纳增值税：

①县级及县级以下小型水力发电单位生产的电力。小型水力发电单位，是指各类投资主体。

②建设的装机容量为5万千瓦以下（含5万千瓦）的小型水力发电单位。

③建筑用和生产建筑材料所用的砂、土、石料。

④以自己采掘的砂、土、石料或其他矿物连续生产的砖、瓦、石灰（不含黏土实心砖、瓦）。

⑤用微生物、微生物代谢产物、动物毒素、人或动物的血液或组织制成的生物制品。

⑥自来水。

⑦商品混凝土（仅限于以水泥为原料生产的水泥混凝土）。

【提示】一般纳税人选择简易办法计算缴纳增值税后，36个月内不得变更。

(2) 一般纳税人销售货物属于下列情形之一的，暂按简易办法依照3%征收率计算缴纳增值税。

①寄售商店代销寄售物品（包括居民个人寄售的物品在内）。

②典当业销售死当物品。

③经国务院或国务院授权机关批准的免税商店零售的免税品。

> 典型例题

[单项选择题] 一般纳税人的下列销售行为中，应暂按简易办法依照3%征收率计算缴纳增值税的是（　　）。

A. 典当业销售死当物品
B. 销售自己使用过的固定资产
C. 销售旧汽车
D. 销售旧游艇

[解析] 本题考查一般纳税人的其他特殊规定。一般纳税人销售自己使用过的属于规定的不得抵扣且未抵扣进项税额的固定资产，按照简易办法依照3%征收率减按2%征收增值税，B项错误。纳税人销售旧货（含旧汽车、旧摩托车和旧游艇），按照简易办法依照3%征收率减按2%征收增值税，C、D两项错误。

答案：A

(3) 对属于一般纳税人的自来水公司销售自来水，按简易办法依照3%征收率征收增值税，不得抵扣其购进自来水取得增值税扣税凭证上注明的增值税税款。

(4) 资管产品管理人运营资管产品过程中发生的增值税应税行为（以下简称资管产品运营业务），暂适用简易计税方法，按照3%征收率缴纳增值税。

资管产品管理人应分别核算资管产品运营业务和其他业务的销售额和增值税应纳税额。未分别核算的，资管产品运营业务不适用按照3%简易计税的规定。

(5) 销售自产、外购机器设备的同时提供安装服务，已分别核算机器设备和安装服务的销售额，安装服务可以按照甲供工程选择适用简易计税方法计税。

(6) 自2018年5月1日起，增值税一般纳税人生产销售和批发、零售抗癌药品，可选择按照简易办法依照3%征收率计算缴纳增值税。

(7) 自2019年3月1日起，增值税一般纳税人生产销售和批发、零售罕见病药品，可选择按照简易办法依照3%征收率计算缴纳增值税。上述纳税人选择简易办法计算缴纳增值税后，36个月内不得变更。

(四) 营改增试点后一般纳税人按简易方法计税的规定（3%）

营改增一般纳税人发生下列应税行为可以选择适用简易计税方法计税。

1. 应税服务

(1) 公共交通运输服务。公共交通运输服务包括轮客渡、公交客运、地铁、城市轻轨、出租车、长途客运、班车。

（2）经认定的动漫企业为开发动漫产品提供的动漫脚本编撰、形象设计、背景设计、动画设计、分镜、动画制作、摄制、描线、上色、画面合成、配音、配乐、音效合成、剪辑、字幕制作、压缩转码（面向网络动漫、手机动漫格式适配）服务，以及在境内转让动漫版权（包括动漫品牌、形象或者内容的授权及再授权）。

（3）电影放映服务、仓储服务、装卸搬运服务、收派服务和文化体育服务。

（4）以纳入营改增试点之日前取得的有形动产为标的物提供的经营租赁服务。

（5）在纳入营改增试点之日前签订的尚未执行完毕的有形动产租赁合同。

（6）非企业性单位中的一般纳税人提供的研发和技术服务、信息技术服务、鉴证咨询服务、销售技术、著作权等无形资产、技术转让、技术开发和与之相关的技术咨询、技术服务，可以选择简易计税方法按照3%征收率计算缴纳增值税。

（7）一般纳税人提供的教育辅助服务。

2. 建筑服务

（1）一般纳税人以清包工方式提供的建筑服务，可以选择适用简易计税方法计税（3%）。

以清包工方式提供建筑服务，是指施工方不采购建筑工程所需的材料或只采购辅助材料，并收取人工费、管理费或者其他费用的建筑服务。

（2）一般纳税人为甲供工程提供的建筑服务，可以选择适用简易计税方法计税（3%）。

甲供工程，是指全部或部分设备、材料、动力由工程发包方自行采购的建筑工程。

（3）一般纳税人为建筑工程老项目提供的建筑服务，可以选择适用简易计税方法计税（3%）。

建筑工程老项目是指：建筑工程施工许可证注明的合同开工日期在2016年4月30日前的建筑工程项目；未取得建筑工程施工许可证的，建筑工程承包合同注明的开工日期在2016年4月30日前的建筑工程项目。

（4）一般纳税人跨县（市）提供建筑服务，选择适用简易计税方法计税的，应以取得的全部价款和价外费用扣除支付的分包款后的余额为销售额，按照3%的征收率计算应纳税额。纳税人应按照上述计税方法在建筑服务发生地预缴税款后，向机构所在地主管税务机关进行纳税申报。

（5）建筑工程总承包单位为房屋建筑的地基与基础、主体结构提供工程服务，建设单位自行采购全部或部分钢材、混凝土、砌体材料、预制构件的，适用简易计税方法计税。

（6）一般纳税人销售电梯的同时提供安装服务，其安装服务可以按照甲供工程选择适用简易计税方法计税。

3. 销售不动产

（1）一般纳税人销售其2016年4月30日前取得（不含自建）的不动产，可以选择适用简易计税方法，以取得的全部价款和价外费用减去该项不动产购置原价或者取得不动产时的作价后的余额为销售额，按照5%的征收率计算应纳税额。纳税人应按照上述计税方法在不动产所在地预缴税款后，向机构所在地主管税务机关进行纳税申报。

(2) 一般纳税人销售其 2016 年 4 月 30 日前自建的不动产，可以选择适用简易计税方法，以取得的全部价款和价外费用为销售额，按照 5% 的征收率计算应纳税额。纳税人应按照上述计税方法在不动产所在地预缴税款后，向机构所在地主管税务机关进行纳税申报。

(3) 房地产开发企业中的一般纳税人销售自行开发的房地产老项目，可以选择适用简易计税方法按照 5% 的征收率计税。

自 2019 年 10 月 1 日起，房地产开发企业中的一般纳税人以围填海方式取得土地并开发的房地产项目，围填海工程建筑工程施工许可证或建筑工程承包合同注明的围填海开工日期在 2016 年 4 月 30 日前的，属于房地产老项目，可以选择适用简易计税方法按照 5% 的征收率计算缴纳增值税。

(4) 房地产开发企业采取预收款方式销售所开发的房地产项目，在收到预收款时按照 3% 的预征率缴纳增值税。

(5) 房地产开发企业中的一般纳税人购入未完工的房地产老项目继续开发后，以自己名义立项销售的不动产，属于房地产老项目，可以选择适用简易计税方法按照 5% 的征收率计算缴纳增值税。

4. 不动产经营租赁服务

(1) 一般纳税人出租其 2016 年 4 月 30 日前取得的不动产，可以选择适用简易计税方法，按照 5% 的征收率计算应纳税额。纳税人出租其 2016 年 4 月 30 日前取得的与机构所在地不在同一县（市）的不动产，应按照上述计税方法在不动产所在地预缴税款后，向机构所在地主管税务机关进行纳税申报。

(2) 公路经营企业中的一般纳税人收取营改增试点前开工的高速公路的车辆通行费，可以选择适用简易计税方法，减按 3% 的征收率计算应纳税额。营改增试点前开工的高速公路，是指相关施工许可证明上注明的合同开工日期在 2016 年 4 月 30 日前的高速公路。

(3) 一般纳税人出租其 2016 年 5 月 1 日后取得的不动产与机构所在地不在同一县（市、区）的，纳税人应向不动产所在地主管国税机关预缴税款，向机构所在地主管税务机关申报纳税。

(4) 住房租赁企业中的增值税一般纳税人向个人出租住房取得的全部出租收入，可以选择适用简易计税方法，按照 5% 的征收率减按 1.5% 计算缴纳增值税，或适用一般计税方法计算缴纳增值税。住房租赁企业向个人出租住房适用上述简易计税方法并进行预缴的，减按 1.5% 预征率预缴增值税。

（五）营改增试点小规模纳税人按简易方法计税的规定（涉及房地产的一般为 5%）

(1) 小规模纳税人跨县（市）提供建筑服务，应以取得的全部价款和价外费用扣除支付的分包款后的余额为销售额，按照 3% 的征收率计算应纳税额。

(2) 小规模纳税人销售其取得（不含自建）的不动产（不含个体工商户销售购买的住房和其他个人销售不动产），应以取得的全部价款和价外费用减去该项不动产购置原价或者取得不动产时的作价后的余额为销售额，按照 5% 的征收率计算应纳税额。

(3) 小规模纳税人销售其自建的不动产，应以取得的全部价款和价外费用为销售额，按照

5%的征收率计算应纳税额。

（4）房地产开发企业中的小规模纳税人，销售自行开发的房地产项目，按照5%的征收率计算应纳税额。

（5）其他个人销售其取得（不含自建）的不动产（不含其购买的住房），应以取得的全部价款和价外费用减去该项不动产购置原价或者取得不动产时的作价后的余额为销售额，按照5%的征收率计算应纳税额。

（6）小规模纳税人出租其取得的不动产（不含个人出租住房），应按照5%的征收率计算应纳税额。

（7）其他个人出租其取得的不动产（不含住房），应按照5%的征收率计算应纳税额。

【提示】月租金收入在10万元以下的，免征增值税。

（8）个人（个体工商户和其他个人）出租住房，应按照5%的征收率减按1.5%计算应纳税额。

（9）住房租赁企业中的增值税小规模纳税人向个人出租住房，按照5%的征收率减按1.5%计算缴纳增值税。住房租赁企业向个人出租住房适用上述简易计税方法并进行预缴的，减按1.5%预征率预缴增值税。

（六）全面推开营改增试点实施后小规模纳税人按简易方法计税的规定

关于全面推开营改增试点实施后小规模纳税人按简易方法计税的规定，一般涉及房地产的按照5%的征收率计算应纳税额。

### 七、增值税进口货物应纳税额的计算

应纳税额和组成计税价格的计算公式如下：

$$应纳税额 = 组成计税价格 \times 税率$$
$$组成计税价格 = 关税完税价格 + 关税 + 消费税$$
$$= 关税完税价格 \times (1 + 关税税率) + 消费税$$
$$= 关税完税价格 \times (1 + 关税税率) / (1 - 消费税税率)$$

[例题] 某外贸进出口公司2019年7月进口一批化妆品，到岸价格为折合人民币1 000万元，缴纳进口关税税额900万元（化妆品消费税税率为15%）。该公司应缴纳进口增值税是多少万元？

[答案] 组成计税价格 = 关税完税价格 + 关税 + 消费税 = （关税完税价格 + 关税）/（1 - 消费税税率），应缴纳增值税 = （1 000 + 900）÷（1 - 15%）× 13% ≈ 290.59（万元）。

### 八、增值税的减税、免税 ☆☆

（一）起征点

（1）增值税起征点幅度的规定：

①按期纳税的，起征点为月销售额5 000~20 000元（含本数）。

②按次纳税的，起征点为每次（日）销售额300~500元（含本数）。

起征点的调整由财政部和国家税务总局规定。

（2）纳税人销售额未达到国务院财政、税务主管部门规定的增值税起征点的，免征增值

税;达到起征点的,依照《中华人民共和国增值税暂行条例》规定,全额计算缴纳增值税。

【提示】增值税起征点的适用范围限于个人,不包括认定为一般纳税人的个体工商户。

(二)《中华人民共和国增值税暂行条例》规定的免征项目

(1) 农业生产者销售的自产农产品。

(2) 避孕药品和用具。

(3) 古旧图书,指向社会收购的古书和旧书。

(4) 直接用于科学研究、科学实验和教学的进口仪器、设备。

(5) 外国政府、国际组织无偿援助的进口物资和设备。

(6) 由残疾人组织直接进口供残疾人专用的物品。

(7) 销售自己使用过的物品。

【提示】纳税人兼营免税、减税项目的,应当分别核算免税、减税项目的销售额,未分别核算销售额的,不得免税、减税。

(三) 其他减免规定

(1) 自2020年1月20日,纳税人将国有农用地出租给农业生产者用于农业生产,免征增值税。

(2) 自2018年11月30日至2023年11月29日,对经国务院批准对外开放的货物期货品种保税交割业务,暂免征收增值税。

(3) 自2016年5月1日起,社会团体收取的会费,免征增值税。社会团体开展经营服务性活动取得的其他收入,一律照章缴纳增值税。

(4) 纳税人采取转包、出租、互换、转让、入股等方式将承包地流转给农业生产者用于农业生产的,免征增值税。

(5) 自2019年2月1日至2023年12月31日,对企业集团内单位(含企业集团)之间的资金无偿借贷行为,免征增值税。

(6) 自2019年1月1日至2023年12月31日,继续对国产抗艾滋病病毒药品免征生产环节和流通环节增值税。

(7) 自2020年1月1日起,纳税人取得的财政补贴收入,与其销售货物、劳务、服务、无形资产、不动产的收入或者数量直接挂钩的,应按规定计算缴纳增值税。纳税人取得的其他情形的财政补贴收入,不属于增值税应税收入,不征收增值税。

(8) 自2023年1月1日至2023年12月31日,合计月销售额未超过10万元(以1个季度为1个纳税期的,季度销售额未超过30万元,下同)的,免征增值税。

(9) 小规模纳税人发生增值税应税销售行为,合计月销售额超过10万元,但扣除本期发生的销售不动产的销售额后未超过10万元的,其销售货物、劳务、服务、无形资产取得的销售额免征增值税。

(10) 适用增值税差额征税政策的小规模纳税人,以差额后的销售额确定是否可以享受1号公告第一条规定的免征增值税政策。

(11) 自2023年1月1日至2023年12月31日,增值税小规模纳税人适用3%征收率的应税销售收入，减按1%征收率征收增值税；适用3%预征率的预缴增值税项目，减按1%预征率预缴增值税。

(12) 按固定期限纳税的小规模纳税人可以选择以1个月或1个季度为纳税期限，一经选择，一个会计年度内不得变更。

(13)《中华人民共和国增值税暂行条例实施细则》第九条所称的其他个人，采取一次性收取租金形式出租不动产取得的租金收入，可在对应的租赁期内平均分摊，分摊后的月租金收入未超过10万元的，免征增值税。

(14) 按照现行规定应当预缴增值税税款的小规模纳税人，凡在预缴地实现的月销售额未超过10万元的，当期无须预缴税款。在预缴地实现的月销售额超过10万元的，适用3%预征率的预缴增值税项目，减按1%预征率预缴增值税。

### 九、增值税的征收管理☆

(一) 增值税的纳税义务发生时间☆

(1) 销售货物或者应税劳务，为收讫销售款项或者取得索取销售款项凭据的当天；先开具发票的，为开具发票的当天。

其具体规定如下：

①采取直接收款方式销售货物，不论货物是否发出，均为收到销售款或者取得索取销售款项凭据的当天。

②采取托收承付和委托银行收款方式销售货物，为发出货物并办妥托收手续的当天。

③采取赊销和分期收款方式销售货物，为书面合同约定的收款日期的当天，无书面合同的或者书面合同没有约定收款日期的，为货物发出的当天。

④采取预收货款方式销售货物，为货物发出的当天，但生产销售生产工期超过12个月的大型机械设备、船舶、飞机等货物，为收到预收款或者书面合同约定的收款日期的当天。

⑤委托其他纳税人代销货物，为收到代销单位的代销清单或者收到全部或者部分货款的当天。未收到代销清单及货款的，为发出代销货物满180天的当天。

⑥销售应税劳务，为提供劳务同时收讫销售款或者取得索取销售款项凭据的当天。

⑦纳税人发生视同销售货物行为的，为货物移送的当天。

(2) 销售服务、无形资产或者不动产的，为收讫销售款项或者取得索取销售款项凭据的当天；先开具发票的，为开具发票的当天。

(3) 提供建筑服务、租赁服务采取预收款方式的，为收到预收款的当天。

(4) 从事金融商品转让的，为金融商品所有权转移的当天。

(5) 纳税人发生视同销售服务、无形资产或者不动产行为的，为服务、无形资产转让完成的当天或者不动产权属变更的当天。

(6) 进口货物，为报关进口的当天。

(7) 增值税扣缴义务发生时间为纳税人增值税纳税义务发生的当天。

> 典型例题

[单项选择题] 下列关于增值税纳税义务发生时间的表述，错误的是（   ）。

A. 采取托收承付和委托银行收款方式销售货物的，为发出货物并办妥托收手续的当天

B. 销售服务、无形资产或者不动产的，为提供劳务同时收讫销售款或取得索取销售款凭据的当天

C. 纳税人发生的视同销售货物行为的，为收到销售款的当天

D. 进口货物的，为报关进口的当天

[解析] 本题考查增值税纳税义务的发生时间。纳税人发生视同销售货物行为的，为货物移送的当天，故 C 项错误。

答案：C

### （二）增值税的纳税期限 ☆

（1）增值税的纳税期限规定为 1 日、3 日、5 日、10 日、15 日、1 个月或者 1 个季度。具体纳税期限，由主管税务机关根据纳税人应纳税额大小分别核定；不能按照固定期限纳税的，可以按次纳税。

（2）纳税人以 1 个月或者 1 个季度为 1 个纳税期的，自期满之日起 15 日内申报纳税；以 1 日、3 日、5 日、10 日或者 15 日为 1 个纳税期的，自期满之日起 5 日内预缴税款，于次月 1 日起 15 日内申报纳税并结清上月应纳税款。

纳税人进口货物，应当自海关填发海关进口增值税专用缴款书之日起 15 日内缴纳税款。

【提示】以 1 个季度为纳税期限的规定适用于小规模纳税人、银行、财务公司、信托投资公司、信用社，以及财政部和国家税务总局规定的其他纳税人。

### （三）增值税的纳税地点（属人原则→属地原则）☆☆

增值税的纳税地点的规定见表 8-15。

表 8-15　增值税纳税地点的规定

| 纳税人 | | | 申报纳税地点 |
|---|---|---|---|
| 固定业户 | 一般情况 | | 机构所在地或居住地主管税务机关 |
| | 总、分机构不在同一县（市） | | 分别向各自所在地主管税务机关申报 |
| | | | 经批准，可以由总机构汇总向总机构所在地的主管税务机关申报 |
| | 外出经营 | 报告外出经营事项 | 机构所在地 |
| | | 未报告 | 向销售地或劳务发生地主管税务机关申报纳税；没申报的，由其机构所在地主管税务机关补征税款 |
| 非固定业户 | | | 销售地或劳务发生地 |
| 进口 | | | 报关地海关 |
| 扣缴义务人 | | | 机构所在地或居住地 |

## 考点2　消费税制 ☆☆☆

### 一、消费税的概念及纳税人 ☆

（一）消费税的概念

消费税是对特定的消费品和消费行为征收的一种税。

（二）消费税的纳税人

消费税的纳税人是指在中华人民共和国境内生产、委托加工和进口应税消费品的单位和个人，以及国务院确定的销售相关消费品的其他单位和个人。

### 二、消费税的征税范围及税率 ☆☆☆

（一）消费税的征税范围

消费税的征税范围具体见表8-16。

表8-16　消费税的征税范围

| 消费品的分类 | 应税消费品（15个） |
| --- | --- |
| 对人类健康造成危害的商品 | 烟（包括电子烟）、酒 |
| 奢侈品、非生活必需品 | 贵重首饰及珠宝玉石、高档化妆品、高档手表、高尔夫球及球具 |
| 高能耗 | 包括游艇、小汽车、摩托车等 |
| 对生态环境造成危害的商品 | 鞭炮与焰火、电池、涂料 |
| 使用和消耗不可再生和替代的稀缺资源 | 成品油、木制一次性筷子、实木地板 |

（二）消费税的税率

1. 消费税税率形式

（1）基本形式：比例税率、定额税率。

（2）特殊情况：定额税率和比例税率双重征收，即复合计税。

（3）消费税税率的一般规定见表8-17。

表8-17　消费税税率的一般规定

| 税率基本形式 | 适用应税项目 |
| --- | --- |
| 定额税率 | 啤酒、黄酒、成品油 |
| 比例税率和定额税率复合计税 | 白酒、卷烟 |
| 比例税率 | 除啤酒、黄酒、成品油、卷烟、白酒以外的其他各项应税消费品 |

【提示1】纳税人兼营不同税率的应税消费品（即生产销售两种税率以上的应税消费品时），应当分别核算不同税率应税消费品的销售额或销售数量，未分别核算的，按最高税率征税。

【提示2】纳税人将应税消费品与非应税消费品，以及适用税率不同的应税消费品组成成套消费品销售的，应根据组合产制品的销售金额按应税消费品中适用最高税率的消费品税率征税。

>> 典型例题

[单项选择题] 纳税人兼营不同税率应税消费品未分别核算的，消费税的计税方法是（　　）。

A. 按应税消费品的最低税率计征　　　　B. 按应税消费品的不同税率分别计征

C. 按应税消费品的平均税率计征　　　　D. 按应税消费品的最高税率计征

[解析] 纳税人兼营不同税率的应税消费品，即生产销售两种税率以上的应税消费品时，应当分别核算不同税率应税消费品的销售额、销售数量，未分别核算的，按最高税率征税。

答案：D

### 2. 消费税具体税目税率

消费税的具体税目税率见表8-18。

**表8-18 消费税的税目税率表**

| 税目 | 子目 | 解释 |
|---|---|---|
| 烟 | 卷烟、雪茄烟、烟丝、电子烟 | (1) 卷烟是复合计税（在生产环节和批发环节均需交消费税）<br>(2) 雪茄烟（36%）和烟丝（30%）执行比例税率（只在生产环节）<br>(3) 电子烟（生产、进口环节36%，批发环节11%） |
| 酒 | 白酒、啤酒、黄酒、其他酒 | (1) 白酒是复合计税，20%＋0.5元/500克（或500毫升）<br>(2) 啤酒（甲类250元/吨、乙类220元/吨）<br>(3) 黄酒（240元/吨）<br>(4) 其他酒执行比例税率（10%） |
| 高档化妆品 | — | 税率为15% |
| 贵重首饰及珠宝玉石 | — | 与金、银、铂金、钻石相关的首饰和饰品在零售环节纳税，税率5%；其他与金、银、铂金、钻石无关的贵重首饰及珠宝玉石在生产、进口、委托加工环节纳税，税率为10% |
| 鞭炮、焰火 | — | 不含体育上用的发令纸、鞭炮引线（15%） |
| 成品油 | 汽油、柴油、石脑油、溶剂油、润滑油、航空煤油、燃料油 | — |
| 摩托车 | — | — |
| 小汽车 | 乘用车、中轻型商用客车、超豪华小汽车 | 中轻型商用客车税率5% |
| 高尔夫球及球具 | — | 包括高尔夫球、高尔夫球杆及高尔夫球包（袋）等（10%） |
| 高档手表 | — | 指不含增值税的销售价格每只≥1万元的各类手表（20%） |
| 游艇 | — | 税目只涉及机动艇（10%） |
| 木制一次性筷子 | — | 税率5% |
| 实木地板 | — | 税率5% |
| 电池 | — | 税率4% |
| 涂料 | — | 税率4% |

(1) 卷烟的适用税率见表8-19。

表 8-19　卷烟的适用税率

| 应税消费品 | 环节 | 定额税率 | 比例税率 |
|---|---|---|---|
| 卷烟 | 生产、委托加工、进口 | (1) 150 元/箱<br>(2) 0.6 元/条 | 56%（每条价格≥70 元）<br>36%（每条价格<70 元） |
| | 批发 | (1) 1 元/条<br>(2) 250 元/箱 | 11% |

自 2015 年 5 月 10 日起，纳税人兼营卷烟批发和零售业务的，应当分别核算批发和零售环节的销售额、销售数量；未分别核算批发和零售环节销售额、销售数量的，按照全部销售额、销售数量计征批发环节消费税。

(2) 酒的适用税率见表 8-20。

表 8-20　酒的适用税率

| 应税消费品 | 环节 | 定额税率 | 比例税率 |
|---|---|---|---|
| 白酒 | 生产、委托加工、进口 | 0.5 元/500 克（或者 500 毫升） | 20% |

①外购酒精生产的白酒，应按酒精所用原料确定白酒的适用税率。凡酒精所用原料无法确定的，一律按粮食白酒税率征税。

②外购两种以上酒精生产的白酒，一律从高确定税率征税。

③以外购的不同品种的白酒勾兑的白酒，一律按照粮食白酒的税率征税。

④配制酒消费税适用税率。配制酒（露酒）是指以发酵酒、蒸馏酒或食用酒精为酒基，加入可食用或药食两用的辅料或食品添加剂，进行调配、混合或再加工制成的、并改变了其原酒基风格的饮料酒。

a. 以蒸馏酒或食用酒精为酒基，同时符合以下条件的配制酒，按消费税税目税率表"其他酒"10% 适用税率征收消费税：具有国家相关部门批准的国食健字或卫食健字文号；酒精度低于 38 度（含）。

b. 以发酵酒为酒基，酒精度低于 20 度（含）的配制酒，按消费税税目税率表"其他酒"10% 适用税率征收消费税。

c. 其他配制酒，按消费税税目税率表"白酒"适用税率征收消费税。

上述蒸馏酒或食用酒精为酒基是指酒基中蒸馏酒或食用酒精的比重超过 80%（含）；发酵酒为酒基是指酒基中发酵酒的比重超过 80%（含）。

【总结】应税消费品征税环节的规定见表 8-21。

表 8-21　应税消费品征税环节的规定

| 应税消费品 | 征税环节 |
|---|---|
| 金银首饰、钻石及钻石饰品 | 零售环节（其他环节不纳税） |
| 卷烟 | 生产、委托加工、进口＋批发环节 |
| 其他应税消费品 | 生产、委托加工、进口环节 |

### 三、消费税应纳税额的一般计算☆☆☆

消费税的应纳税额的计算有三种方法：从价定率计征法；从量定额计征法；从价定率和从量定额复合计征法。

消费税的计税方法见表8-22。

表8-22 消费税的计税方法

| 计税方法 | 计税公式 |
| --- | --- |
| 从价定率计征法 | 应纳税额＝销售额×比例税率 |
| 从量定额计税（啤酒、黄酒、成品油）法 | 应纳税额＝销售数量×单位税额 |
| 复合计税（白酒、卷烟）法 | 应纳税额＝销售额×比例税率＋销售数量×单位税额 |

### 四、自行销售应税消费品应纳税额的计算☆☆☆

（一）应纳税额的计算

（1）从量定额应纳税额的计算（黄酒、啤酒、成品油）：

$$应纳税额＝应税消费品数量×单位税额$$

（2）从价定率应纳税额的计算：

$$应纳税额＝销售额×比例税率$$

> **典型例题**

[单项选择题] 某化妆品厂销售一批高档化妆品，取得含税收入5 850元，已知高档化妆品消费税税率为15%，则该笔收入应纳消费税为（　　）元。

A. 507.14　　　B. 755　　　C. 777　　　D. 850

[解析] 此处的含税收入是含增值税的收入，要换为不含税收入来计算。故应纳消费税＝5 850÷（1＋13%）×15%≈777（元）。

答案：C

（3）实行复合计税应纳税额的计算（卷烟、白酒）：

$$应纳税额＝销售数量×单位税额＋销售额×比例税率$$

[例题] 某白酒生产企业为增值税一般纳税人，2019年4月销售粮食白酒50吨，取得不含增值税的销售额200万元。试计算白酒企业4月应缴纳的消费税额。

[答案] 白酒适用比例税率20%，单位税额每吨1 000元。故应纳税额＝50×1 000＋2 000 000×20%＝450 000（元）。

（二）计税依据的确定

1. 实行从量定额计征办法的计税依据——纳税人销售应税消费品的数量、重量和容积

$$应纳税额＝应税消费品数量、重量和容积×消费税单位税额$$

2. 实行从价定率计征办法的计税依据——销售额

销售额是指纳税人销售应税消费品向购买方收取的全部价款和价外费用。

销售额不包括以下内容：

(1) 应向购买方收取的增值税税款。如果在销售额中含增值税,应将含增值税的销售额转换成不含增值税的销售额。

应税消费品的销售额＝含增值税的销售额／（1＋增值税税率或征收率）

【总结】一般情况下,从价计算消费税的销售额与计算增值税销项税的销售额是同一个数值。

(2) 同时符合一定条件的代垫运输费用：

①承运部门的运费发票开具给购买方的。

②纳税人将该项发票转交给购买方的。

(3) 同时符合以下条件代为收取的政府性基金或者行政事业性收费：

①由国务院或者财政部批准设立的政府性基金,由国务院或者省级人民政府及其财政、价格主管部门批准设立的行政事业性收费。

②收取时开具省级以上财政部门印制的财政票据。

③所收款项全额上缴财政。

3. 计税依据的若干特殊规定

(1) 包装物连同产品销售——并入应税消费品的销售额中征收消费税。包装物不作价随同产品销售,而是收取押金,且单独核算的情况如下：

①除酒类产品的包装物押金外,其他产品包装物押金单独核算又未过期的,则押金不并入应税消费品的销售额中征税。但对因逾期未收回的包装物不再退还的和已收取1年以上的押金的,应并入应税消费品的销售额纳税。

②酒类产品押金的处理见表8-23。

表8-23　酒类产品押金的处理

| 产品 | 时点 | 增值税 | 消费税 |
| --- | --- | --- | --- |
| 黄酒、啤酒 | 收取时 | 不纳 | 不纳 |
|  | 逾期时 | 换算为不含税销售额纳税 | 不纳（定额税率） |
| 除黄酒、啤酒外的其他酒类产品 | 收取时 | 纳税 | 纳税 |
|  | 逾期时 | 不纳 | 不纳 |

【提示】白酒生产企业随应税白酒的销售而向购货方收取的"品牌使用费",属于价款的组成部分,应缴纳消费税。

(2) 销售额中扣除外购已税消费品已纳消费税的规定：

①外购已税烟丝生产的卷烟。

②外购已税高档化妆品生产的高档化妆品。

③外购已税珠宝玉石生产的贵重首饰及珠宝玉石。

④外购已税鞭炮、焰火生产的鞭炮、焰火。

⑤以外购的已税杆头、杆身和握把为原料生产的高尔夫球杆。

⑥以外购的已税木制一次性筷子为原料生产的木制一次性筷子。

⑦以外购的已税实木地板为原料生产的实木地板。

⑧以外购的已税汽油、柴油为原料连续生产的汽油、柴油。

⑨以外购的已税汽油、柴油、石脑油、燃料油、润滑油用于连续生产应税成品油。

⑩以外购的已税电池为原料连续生产的电池。

⑪以外购的已税涂料为原料连续生产的涂料。

除以上情形,还包括:单位和个人外购大包装润滑油,经简单加工改成小包装润滑油或外购润滑油不经加工只贴商标的行为,视同应税消费税品的生产行为,应当申报缴纳消费税,准予扣除外购润滑油已纳消费税税款;外购电池、涂料大包装改成小包装或外购电池、涂料不经加工只贴商标的行为,视同应税消费税品的生产行为,应当申报缴纳消费税。

【提示1】对扣税规则的理解:允许抵扣税额的税目从大类上看不包括溶剂油、航空煤油、酒、摩托车、小汽车、高档手表、游艇。

【提示2】按生产领用数量抵扣已纳消费税。当期准予扣除外购应税消费品已纳消费税税款的计算公式如下:

当期准予扣除的外购应税消费品已纳税款 = 当期准予扣除的外购应税消费品的买价或数量 × 外购应税消费品的适用税率或税额

当期准予扣除的外购应税消费品的买价或数量 = 期初库存的外购应税消费品的买价或数量 + 当期购进的应税消费品的买价或数量 − 期末库存的外购应税消费品的买价或数量

(3) 自设非独立核算门市部计税的规定。纳税人通过自设非独立核算门市部销售的自产应税消费品,应当按照门市部对外销售数额或者销售数量计算征收消费税。

(4) 应税消费品用于其他方面的规定。纳税人自产的应税消费品用于换取生产资料和消费资料、投资入股和抵偿债务等方面,应当按纳税人同类应税消费品的最高销售价格作为计税依据。

(5) 自2022年11月1日起,纳税人生产、批发电子烟的,按照生产、批发电子烟的销售额计算纳税。电子烟生产环节纳税人采用代销方式销售电子烟的,按照经销商(代理商)销售给电子烟批发企业的销售额计算纳税。纳税人进口电子烟的,按照组成计税价格计算纳税。

(6) 电子烟生产环节纳税人从事电子烟代加工业务的,应当分开核算持有商标电子烟的销售额和代加工电子烟的销售额;未分开核算的,一并缴纳消费税。

**五、自产自用应税消费品应纳税额的计算** ☆☆☆

(1) 有同类消费品销售价格,则以同类消费品的销售价格作为计税依据。应纳税额计算公式为:

$$应纳税额 = 同类消费品销售单价 \times 自产自用数量 \times 税率$$

【提示】若价格高低不等,应按销售数量加权平均计算。

销售的应税消费品有下列情况之一的,不得列入加权平均售价计算:

①销售价格明显偏低又无正当理由的。

②无销售价格的。

[例题] 某化妆品生产企业为增值税一般纳税人,2019年3月15日将一批自产的高档化妆品用作职工福利,该高档化妆品同类产品不含税市场销售价格为54万元。计算该高档化妆品生产企业上述业务应缴纳的消费税额。

[答案] 化妆品适用消费税税率15%，则化妆品的应纳税额＝54×15%＝8.1（万元）。

（2）没有同类消费品的销售价格，则按照组成计税价格来计算。应纳税额计算公式为：

$$应纳税额＝组成计税价格×税率$$

$$组成计税价格＝（成本＋利润）/（1－消费税税率）$$

$$＝[成本×（1＋成本利润率）]/（1－消费税税率）$$

组成计税价格公式的推导过程如下：

组成计税价格＝成本＋利润＋消费税

组成计税价格＝成本＋利润＋组成计税价格×消费税税率

组成计税价格－组成计税价格×消费税税率＝成本＋利润

组成计税价格×（1－消费税税率）＝成本＋利润

组成计税价格＝（成本＋利润）/（1－消费税税率）

[例题] 某化妆品公司将一批自产的高档化妆品用作职工福利，高档化妆品的成本为8 000元，该高档化妆品无同类产品市场销售价格，但已知其成本利润率为5%，消费税税率为15%。计算该批高档化妆品应缴纳的消费税税额。

[答案] 组成计税价格＝成本×（1＋成本利润率）/（1－消费税税率）＝8 000×（1＋5%）÷（1－15%）≈9 882.35（元）；应纳税额＝9 882.35×15%≈1 482.35（元）。

>> 典型例题

[单项选择题] 某企业将生产的成套高档化妆品作为年终奖励发给本厂职工，查知无同类产品销售价格，其生产成本为15 000元。国家税务总局核定的该产品的成本利润率为5%，高档化妆品适用税率为15%，则应纳消费税税额为（　　）元。

A. 2 650.55　　　　B. 2 890.78　　　　C. 2 950.89　　　　D. 2 779.41

[解析] 组成计税价格＝（15 000＋15 000×5%）÷（1－15%）≈18 529.41（元）；应纳消费税税额＝18 529.41×15%≈2 779.41（元）。

答案：D

（3）用于连续生产应税消费品的，则不纳税。所谓"纳税人自产自用的应税消费品，用于连续生产应税消费品的"，是指作为生产最终应税消费品的直接材料，并构成最终产品实体的应税消费品。

（4）用于其他方面的，则于移送使用时纳税。所谓"用于其他方面"，是指纳税人用于生产非应税消费品、在建工程、管理部门、非生产机构、提供劳务和用于馈赠、赞助、集资、广告、样品、职工福利、奖励等方面的应税消费品。

>> 典型例题

[单项选择题] 下列行为中，无须缴纳消费税的是（　　）。

A. 化妆品生产企业将自产高档化妆品用于交易会样品

B. 卷烟企业将自产烟丝用于连续生产卷烟

C. 汽车企业将自产轿车用于本企业管理

D. 地板企业将自产实木地板用于装修

[解析]《中华人民共和国消费税暂行条例》规定，纳税人自产自用的应税消费品，用于连续生产应税消费品的不纳税；用于其他方面的，于移送使用时纳税。

答案：B

## 六、委托加工应税消费品应纳税额的计算 ☆☆☆

（一）委托加工的界定

按照《中华人民共和国消费税暂行条例实施细则》的解释，委托加工应税消费品是指由委托方提供原料和主要材料，受托方只收取加工费和代垫部分辅助材料加工的应税消费品。

【提示】如果出现以下情形，不论纳税人在财务上如何处理，都不得作为委托加工应税消费品，而应按销售自制应税消费品缴纳消费税：

①受托方提供原材料生产的应税消费品。

②受托方先将原材料卖给委托方，然后再接受加工的应税消费品。

③受托方以委托方名义购进原材料生产的应税消费品。

（二）委托方是消费税的纳税义务人

委托加工的应税消费品，除受托方为个人外，由受托方于委托方提货时代收代缴税款。也就是说，消费税的纳税义务发生时间为纳税人提货的当天。

委托个人加工的应税消费品，由委托方收回后缴纳消费税。

（三）委托加工应税消费品应纳税额的计算方法

（1）有同类消费品销售价格的，其应纳税额的计算公式为：

$$应纳税额=受托方同类消费品销售单价×委托加工数量×适用税率$$

（2）如果受托方没有同类消费品的销售价格，则应该按组成计税价格计算，其应纳税额的计算公式为：

$$组成计税价格=材料成本+加工费+消费税$$
$$=材料成本+加工费+组成计税价格×消费税税率$$
$$=（材料成本+加工费）/（1-消费税税率）$$

$$应纳税额=组成计税价格×税率$$

其中，材料成本是指委托方所提供加工材料的实际成本。

>> 典型例题

[单项选择题] 某化妆品厂受托加工一批化妆品，委托方提供原材料成本 30 000 元，该厂收取加工费 10 000 元、代垫辅助材料款 5 000 元，该厂没有同类化妆品销售价格。该厂应代收代缴消费税（　　）元（以上款项均不含增值税）。

A. 6 142.86　　　　B. 7 941.18　　　　C. 8 142.86　　　　D. 9 250.98

[解析] 该厂应代收代缴消费税=（30 000+10 000+5 000）÷（1-15%）×15%≈7 941.18（元）。

答案：B

## (四)计税依据的特殊规定

(1) 委托加工的应税消费品由委托方收回后直接出售的,不再缴纳消费税。

(2) 委托加工的应税消费品,委托方用于连续生产应税消费品的,所纳税款准予按规定抵扣。

(3) 根据相关文件规定,纳税人用委托加工收回的下列应税消费品连续生产应税消费品,在计征消费税时可以扣除委托加工收回应税消费品的已纳消费税税额:

①以委托加工收回的已税烟丝为原料生产的卷烟。

②以委托加工收回的已税高档化妆品为原料生产的高档化妆品。

③以委托加工收回的已税珠宝玉石为原料生产的贵重首饰及珠宝玉石。

④以委托加工收回的已税鞭炮、焰火为原料生产的鞭炮、焰火。

⑤以委托加工收回的已税杆头、杆身为原料生产的高尔夫球杆。

⑥以委托加工收回的已税木制一次性筷子为原料生产的木制一次性筷子。

⑦以委托加工收回的已税实木地板为原料生产的实木地板。

⑧以委托加工收回的已税汽油、柴油为原料连续生产的汽油、柴油。

⑨以委托加工收回的已税摩托车连续生产应税摩托车。

上述9种委托加工收回的应税消费品连续生产的应税消费品,准予从应纳消费税税额中按当期生产领用数量计算扣除其已纳消费税税款。其计算公式如下:

当期准予扣除的委托加工应税消费品的已纳税额 = 期初库存的委托加工应税消费品的已纳税额 + 当期收回的委托加工应税消费品已纳税额 − 期末库存的委托加工应税消费品已纳税款

[例题] 某鞭炮厂委托一加工厂加工一批焰火,鞭炮厂提供原材料成本为12万元,收回产品后,支付加工费3万元。加工厂没有同类消费品销售价格。鞭炮厂收回委托加工焰火后,将全部焰火用于生产最终应税消费品并销售,取得不含增值税销售额20万元。要求:计算鞭炮厂应纳消费税额(注:鞭炮、焰火的消费税税率为15%)。

[答案] 委托加工的应税消费品,受托方因没有同类消费品的销售价格,按照组成计税价格计算纳税,受托方代收代缴消费税。组成计税价格=(材料成本+加工费)/(1−消费税税率)=(12+3)÷(1−15%)≈17.65(万元);应纳消费税额=组成计税价格×适用税率=17.65×15%≈2.65(万元);鞭炮厂应缴纳消费税额=20×15%−2.65=0.35(万元)。

### 七、进口应税消费品应纳税额的计算 ☆☆

(一)采用从价定率办法计算应纳税额

其计算公式如下:

组成计税价格=关税完税价格+关税+消费税

=关税完税价格+关税+组成计税价格×消费税税率

=(关税完税价格+关税)/(1−消费税税率)

应纳税额=组成计税价格×税率

>> 典型例题

[单项选择题] 某外资企业进口一批化妆品,海关核定关税完税价格为600万元。已知关

税税率为60%，消费税税率为15%。该企业应纳的消费税为（　　）万元。

A. 113.78　　　　　B. 118.56　　　　　C. 128.88　　　　　D. 169.41

[解析] 组成计税价格＝（600＋600×60%）÷（1－15%）≈1 129.41（万元），应纳消费税＝1 129.41×15%≈169.41（万元）。

答案：D

### （二）采用从量定额办法计算应纳税额

其计算公式如下：

$$应纳税额 = 应税消费品数量 \times 单位税额$$

### （三）进口卷烟的组成计税价格和应纳税额的计算

其计算公式如下：

$$应纳消费税 = 消费税从价税 + 消费税定额税$$
$$= 组成计税价格 \times 比例税率 + 消费税定额税$$

因为，组成计税价格＝关税完税价格＋关税＋消费税，则推导过程如下：

组成计税价格＝关税完税价格＋关税＋组成计税价格×比例税率＋消费税定额税

组成计税价格－组成计税价格×比例税率＝关税完税价格＋关税＋消费税定额税

组成计税价格×（1－比例税率）＝关税完税价格＋关税＋消费税定额税

组成计税价格＝（关税完税价格＋关税＋消费税定额税）/（1－比例税率）

### ▶ 典型例题

[单项选择题] 某公司2019年6月进口10箱卷烟（5万支/箱），经海关审定，关税完税价格22万元/箱，关税税率50%，消费税税率56%，定额税率150元/箱。则2019年6月该公司进口环节应纳消费税（　　）万元。

A. 1 183.64　　　　B. 420.34　　　　C. 288.88　　　　D. 100.80

[解析] 关税的完税价格＝22×10＝220（万元）；关税＝220×50%＝110（万元）；从量消费税＝10×150＝1 500（元）＝0.15（万元）；从价消费税＝（220＋110＋0.15）÷（1－56%）×56%≈420.19（万元）；进口环节的消费税＝0.15＋420.19＝420.34（万元）。

答案：B

## 八、消费税的征收管理 ☆☆

### （一）纳税义务发生时间

纳税义务发生时间的具体内容见表8-24。

表8-24　纳税义务发生时间

| 销售结算方式 | 纳税义务发生时间 |
| --- | --- |
| 赊销和分期收款 | 书面合同约定的收款日期的当天，书面合同没有约定收款日期的或者无书面合同的，为发出应税消费品的当天 |

续表

| 销售结算方式 | 纳税义务发生时间 |
| --- | --- |
| 预收货款 | 发出应税消费品的当天 |
| 托收承付和委托银行收款 | 发出应税消费品并办妥托收手续的当天 |
| 其他结算方式 | 收讫销售款或者取得索取销售款项凭据的当天 |
| 自产自用 | 移送使用的当天 |
| 委托加工 | 纳税人提货的当天 |
| 进口应税消费品 | 报关进口的当天 |

（二）纳税地点

（1）纳税人到外县（市）销售或者委托外县（市）代销自产应税消费品的，于应税消费品销售后，向机构所在地或者居住地主管税务机关申报纳税。

（2）纳税人的总机构与分支机构不在同一县（市）的，应当分别向各自机构所在地的主管税务机关申报纳税。

（3）委托个人加工的应税消费品，由委托方向其机构所在地或者居住地主管税务机关申报纳税。

（4）进口的应税消费品，由进口人或者其代理人向报关地海关申报纳税。

（三）纳税期限

消费税的纳税期限分别为1日、3日、5日、10日、15日、1个月或1个季度。

纳税人以1个月或者1个季度为1个纳税期限的，自期满之日起15日内申报纳税。

纳税人以1日、3日、5日、10日、15日为1个纳税期限的，自期满之日起5日内预缴税款，于次月1日起15日内申报纳税并结清上月应纳税款。

纳税人进口应税消费品，应当自海关填发海关进口增值税专用缴款书之日起15日内缴纳税款。

## 考点3 关税制☆☆

### 一、关税的纳税人及征税对象☆

（一）关税的概念

关税是由海关根据国家制定的有关法律，以进出关境的货物和物品为征税对象而征收的一种商品税。

（二）关税的纳税义务人

有关关税纳税义务人的规定见表8-25。

表8-25 关税纳税义务人的规定

| 具体情况 | 纳税人 |
| --- | --- |
| 进口货物 | 收货人 |
| 出口货物 | 发货人 |
| 进出境物品 | 物品的所有人和推定所有人（持有人、收件人等） |

（三）关税的征税对象

凡是国家允许，属于《中华人民共和国进出口税则》规定应税的货物、物品，均属于关税的征税范围。

货物指的是贸易性商品；物品指的是非贸易性商品。

### 二、关税的税率 ☆

（一）进口货物的税率

普通税率：原产于与我国未订有关税互惠协议的国家或者地区的进口货物。

优惠税率：原产于与我国订有关税互惠协议的国家或者地区的进口货物。

（二）出口货物的税率

出口货物的税率适用比例税率。

（三）税率的运用

（1）进出口货物，应当适用海关接受该货物申报进口或者出口之日实施的税率。

（2）纳税人违反规定需要追征税款的，应当适用该行为发生之日实施的税率；行为发生之日不能确定的，适用海关发现该行为之日实施的税率。

### 三、关税的减免 ☆☆

（一）法定减免

下列进出口货物，免征关税：

（1）关税税额在人民币50元以下的一票货物。

（2）无商业价值的广告品和货样。

（3）外国政府、国际组织无偿赠送的物资。

（4）海关放行前损失的货物。

（5）进出境运输工具装载途中必需的燃料、物料和饮食用品。

（二）特定减免

（1）科教用品。

（2）残疾人专用品。

（3）加工贸易产品。

（4）边境贸易进出口物资。

（5）保税区进出口货物。

（6）出口加工区进口货物。

（7）慈善捐赠物资。

（8）进口设备。

（三）临时减免

临时减免是指在以上两项减免税以外，由国务院对某个纳税人、某类商品、某个项目或某批进出口货物的特殊情况，给予特别照顾，一案一批，专文下达的减免税。

### 四、关税的完税价格 ☆☆☆

（一）进口货物的完税价格

1. 一般货物的完税价格

计算公式如下：

进口货物的完税价格＝货物的货价＋运输及其相关费用、保险费

## 2. 特殊进口货物的完税价格

（1）运往境外修理的机械器具、运输工具或其他货物，出境时已向海关报明，并在海关规定期限内复运进境的，应当以海关审定的境外修理费和料件费为完税价格。其计算公式如下：

$$完税价格＝境外修理费＋境外料件费$$

>> 典型例题

[单项选择题]某企业2019年4月将一台账面原值80万元、已计提折旧38万元的进口设备运往境外修理，当月在海关规定的期限内复运入境。经海关审定的境外修理费4万元、料件费12万元、运费1万元。假定该设备的进口关税税率为20%，则该企业应缴纳关税为（　　）万元。

A. 3.2　　　　　B. 3.4　　　　　C. 8.4　　　　　D. 12.0

[解析]运往境外修理的机械器具、运输工具或其他货物，完税价格＝境外修理费＋境外料件费，则完税价格＝4＋12＝16（万元）；应缴纳关税＝16×20%＝3.2（万元）。

答案：A

（2）运往境外加工的货物，出境时已向海关报明，并在海关规定期限内复运进境的，应当以海关审定的境外加工费和料件费，以及该货物复运进境的运输及其相关费用、保险费估定完税价格。计算公式如下：

$$完税价格＝境外加工费＋境外料件费＋复运进境的运保费$$

>> 典型例题

[单项选择题]某公司将一台设备运往境外加工，出境时向海关报明价值8万美元，支付出境运费1 500美元和保险费500美元；支付境外加工费3 000美元，料件费1 000美元；支付复运进境的运输费2 000美元和保险费500美元。假设当期汇率6.5，关税税率8%，则该企业应缴纳的关税为（　　）元。

A. 3 380　　　　　　　　　　B. 3 560
C. 3 980　　　　　　　　　　D. 4 520

[解析]应缴纳进口关税＝（3 000＋1 000＋2 000＋500）×6.5×8%＝3 380（元）。

答案：A

（3）经海关批准留购的暂时进境货物，以海关审查确定的留购价格作为完税价格。

（4）租赁方式进口货物完税价格的确定：

①以租金方式对外支付的租赁货物，在租赁期间以海关审定的租金作为完税价格。

②留购的租赁货物，以海关审定的留购价格作为完税价格。

③承租人申请一次性缴纳税款的，经海关同意，按照一般进口货物估价办法的规定估定完税价格。

（5）予以补税的减免税货物。减税或免税进口的货物需予补税时，应当以海关审定的该货物原进口时的价格，扣除折旧部分价值作为完税价格，其计算公式如下：

完税价格＝海关审定的该货物原进口时的价格×［1－申请补税时实际已使用的时间（月）/（监管年限×12）］

>> 典型例题

[单项选择题] 2017年9月1日，某公司由于承担国家重要工程项目，经批准免税进口了一套电子设备。使用2年后项目完工，2019年8月31日，公司将该设备出售给了国内另一家企业。该电子设备的到岸价格为300万元，关税税率为10%，海关规定的监管年限为5年，按规定公司应补缴关税（　　）万元。

A. 12　　　　　　B. 15　　　　　　C. 18　　　　　　D. 30

[解析] 应补缴关税＝300×（1－2÷5）×10%＝18（万元）。

答案：C

（6）进口载有专供数据处理设备应用软件的介质（不含美术、摄影、声音、图像、影视、游戏、电子出版物的介质），具有下列情形之一的，应当以介质本身的价值或者成本为基础审查确定完税价格：

①介质本身的价值或者成本与所载软件的价值分列。

②介质本身的价值或者成本与所载软件的价值虽未分列，但是纳税义务人能够提供介质本身的价值或者成本的证明文件，或者能提供所载软件价值的证明文件。

3. 进口货物完税价格中的运费及保险费的计算

进口货物完税价格中的运费、保险费的计算方法见表8-26。

表8-26　运费、保险费的计算方法

| 一般方式进口 | 运费的确定 | 保险费的确定 |
| --- | --- | --- |
| 按实际支付费用计算，在无法确定实际运保费时 | 同期同行业运费率 | 货价加运费两者总额的3‰ |

4. 进口货物海关估价方法

进口货物的价格不符合成交价格条件或者成交价格不能确定的，海关应当依次以相同货物成交价格估价方法、类似货物成交价格估价方法、倒扣价格估价方法、计算价格估价方法及其他合理方法确定的价格为基础，估定完税价格。如果进口货物的收货人提出要求，并提供相关资料，经海关同意，可以选择颠倒倒扣价格估价方法和计算价格估价方法的适用次序。

（二）出口货物的完税价格

1. 以成交价格为基础的完税价格

出口货物的完税价格由海关以该货物的成交价格为基础审查确定，并应包括货物运至我国境内输出地点装载前的运输及其相关费用、保险费，但其中包含的出口关税税额，应当扣除。

2. 出口货物海关估价方法

出口货物的成交价格不能确定时，完税价格由海关依次使用下列方法估定：

（1）同时或大约同时向同一国家或地区出口的相同货物的成交价格。

（2）同时或大约同时向同一国家或地区出口的类似货物的成交价格。

(3) 根据境内生产相同或类似货物的成本、利润和一般费用、境内发生的运输及相关费用、保险费计算所得的价格。

(4) 按照合理方法估定的价格。

### 五、关税应纳税额的计算 ☆☆☆

关税应纳税额的计算见表 8-27。

表 8-27　关税应纳税额的计算

| 计税方式 | 应纳关税税额计算公式 |
| --- | --- |
| 从价计征 | 应税进（出）口货物数量×单位完税价格×适用税率 |
| 从量计征 | 应税进（出）口货物数量×单位货物税额 |
| 复合计征 | 应税进（出）口货物数量×单位货物税额＋应税进（出）口货物数量×单位完税价格×适用税率 |
| 滑准税 | 应税进（出）口货物数量×单位完税价格×滑准税税率 |

常用的价格条款有三种：

FOB：船上交货，又称离岸价格；

CFR：成本加运费；

CIF：成本、保险费加运费，又称"到岸价格"。

$$进口货物的完税价格（CIF）＝离岸价（FOB）＋运费、保险费$$

$$关税＝进口货物的完税价格×税率$$

[例题 1] 甲公司 2014 年 1 月 20 日从德国进口铁盘条 20 万吨，其成交价格为 CIF 天津新港 250 000 美元，已知填发税款缴款书日的外汇买卖中间价 100 美元＝652.22 人民币元，海关审核申报价格，符合"成交价格"条件，确定的进口关税税率为 15％。试计算应缴纳的关税税额。

[答案] 关税完税价格＝250 000×652.22÷100＝1 630 550（元）；应纳关税税额＝1 630 550×15％＝244 582.5（元）。

[例题 2] 乙公司从国外进口一批中厚钢板共计 500 万千克，成交价格为 FOB 伦敦 2.4 英镑/千克，已知单位运费为 0.6 英镑，保险费率为 0.25％，填发税款缴款书当日的外汇买卖中间价为 1 英镑＝11.577 人民币元。根据关税税则归类，中厚钢板是日本原产货物，适用最惠国税率，最惠国税率为 10％。计算应缴纳的关税税额。

[答案] 完税价格＝（FOB 价格＋运费）×（1＋保险费率）＝（2.4＋0.6）×（1＋0.25％）＝3.007 5（英镑）＝3.007 5×11.577≈34.817 8（元）；应纳进口关税税额＝5 000 000×34.817 8×10％＝17 408 900（元）。

### 六、关税的征收管理 ☆☆

(一) 关税的缴纳

1. 申报时间

进口货物自运输工具申报进境之日起 14 日内；出口货物在运抵海关监管区后、装货的 24

小时以前。

2. 纳税期限

（1）一般情况：纳税义务人应当自海关填发税款缴款书之日起15日内，向指定银行缴纳税款。

（2）延期情况：关税纳税义务人因不可抗力或者在国家税收政策调整的情形下，不能按期缴纳税款的，经海关总署批准，可以延期缴纳税款，但最长不得超过6个月。

（二）关税的强制执行

（1）征收关税滞纳金。滞纳金自关税缴纳期限届满滞纳之日起，至纳税义务人缴纳关税之日止，按照滞纳税款万分之五的比例按日征收，周末或法定节假日不予扣除。计算公式如下：

关税滞纳金金额＝滞纳关税税额×滞纳金征收比率（万分之五）×滞纳天数

（2）强制征收。如果纳税义务人自海关填发缴款书之日起3个月仍未缴纳税款，经海关关长批准，海关可以采取强制扣缴、变价抵缴等强制措施。

（三）关税的退还

1. 海关发现

海关多征的税款，海关发现后应当立即退还。

2. 纳税人发现

如遇下列情况之一，可自缴纳税款之日起1年内，书面声明理由，连同原纳税收据向海关申请退税，并加计同期银行活期存款利率计算的利息：

（1）因海关误征，多纳税款的。

（2）海关核准免验进口的货物，在完税后，发现有短卸情况，经海关审查认可的。

（3）已征出口关税的货物，因故未装运出口，申报退关，经海关查验属实的。

对已征出口关税的出口货物和已征进口关税的进口货物，因货物品质或规格原因原状复运进境或出境的，经海关查验属实的，也应退还已征关税。

【提示】海关应当自受理退税申请之日起30日内，作出书面答复并通知退税申请人；纳税义务人应当自收到海关通知之日起3个月内办理有关退税手续。

（四）关税补征和追征

关税补征和追征的具体规定见表8-28。

表8-28 关税补征和追征的具体规定

| 情况 | 关税规定 |
| --- | --- |
| 补征 | 海关发现，自缴纳税款或货物放行之日起1年内补征 |
| 追征 | 海关发现，在3年内追征，按日加收万分之五的滞纳金 |

# 第九章

# 所得税制度

📖 **大纲再现**

理解企业所得税制度的各项规定，计算企业所得税应纳税额，实施资产的税务处理，分析征收管理方法，理解个人所得税制度的各项规定，计算个人所得税应纳税额。

**大纲解读** ✏️

从历年考题来看，单项选择题、多项选择题以及案例分析题都会涉及本章内容，分值一般在19分左右。

本章为财政税收的重点章节，主要包括企业所得税和个人所得税两个部分，这些内容与我们的实际生活联系较为紧密，应结合实际生活重点掌握有关应纳税额的计算。

知识脉络 ▶

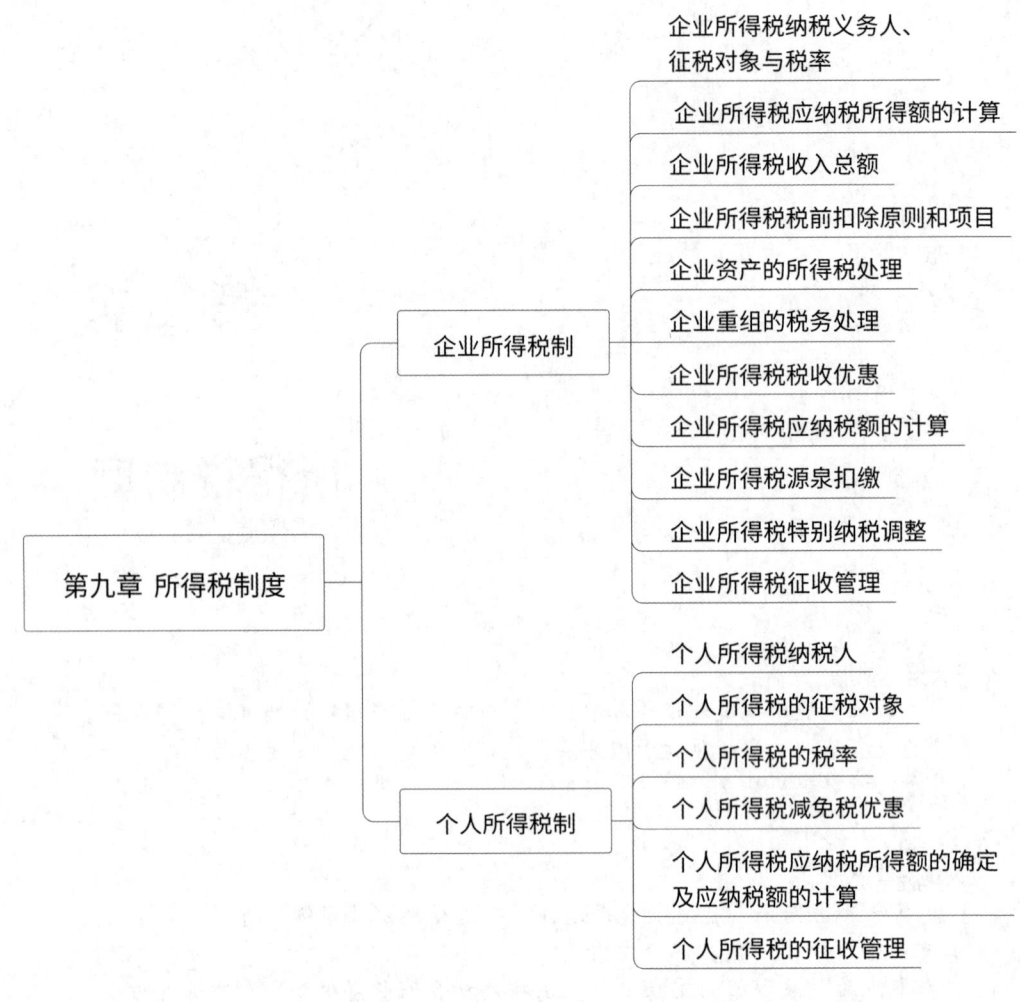

# 第九章 所得税制度

## 考点1 企业所得税制 ☆☆☆

### 一、企业所得税纳税义务人、征税对象与税率 ☆☆☆

（一）纳税义务人

1. 基本规定

在中华人民共和国境内，企业和其他取得收入的组织为企业所得税的纳税人。企业所得税实行法人所得税制。个人独资企业和合伙企业不是企业所得税的纳税人。

2. 居民企业与非居民企业

居民企业是指依法在中国境内成立，或者依照外国（地区）法律成立但实际管理机构在中国境内的企业。

非居民企业是指依照外国（地区）法律成立且实际管理机构不在中国境内，但在中国境内设立机构、场所的，或者在中国境内未设立机构、场所，但有来源于中国境内所得的企业。

（二）征税对象

（1）居民企业——来源于境内、境外的所得（无限纳税）。

（2）非居民企业——来源于境内的所得（有限纳税）。

（3）根据《中华人民共和国企业所得税法》（以下简称《企业所得税法》）规定，企业所得来源地的确定方法见表9-1。

表9-1 企业所得来源地的确定方法

| 所得项目 | 确定标准 |
| --- | --- |
| 销售货物所得 | 按照交易活动发生地确定 |
| 提供劳务所得 | 按照劳务发生地确定 |
| 转让财产所得 | （1）不动产转让所得按照不动产所在地确定<br>（2）动产转让所得按照转让动产的企业或者机构、场所所在地确定<br>（3）权益性投资资产转让所得按照被投资企业所在地确定 |
| 股息、红利等权益性投资所得 | 按照分配所得的企业所在地确定 |
| 利息所得、租金所得、特许权使用费所得 | 按照负担、支付所得的企业或者机构、场所所在地确定，或者按照负担、支付所得的个人的住所地确定 |
| 其他所得 | 由国务院财政、税务主管部门确定 |

>> 典型例题

[多项选择题] 根据《企业所得税法》，下列判断来源于中国境内、境外的所得的原则中，正确的有（　　）。

A. 销售货物所得，按照生产货物所在地确定

B. 提供劳务所得，按照劳务发生地确定

C. 股息所得，按照被投资企业所在地确定

D. 利息所得，按照负担、支付所得的企业或者机构、场所所在地确定

E. 不动产转让所得，按照不动产所在地确定

[解析] 销售货物所得，按照交易活动发生地确定，A项错误。股息、红利等权益性投资所得，按照分配所得的企业所在地确定，C项错误。

答案：BDE

(三) 税率

企业所得税税率见表9-2。

表9-2 企业所得税税率

| 纳税人 | | | 税收管辖权 | 征税对象 | 税率 |
| --- | --- | --- | --- | --- | --- |
| 居民企业 | | | 居民管辖权，就其世界范围所得征税 | 居民企业、非居民企业在华机构的生产经营所得和其他所得 | 基本税率25% |
| 非居民企业 | 在我国境内设立机构场所 | 取得所得与设立机构场所有联系的 | 地域管辖权，仅就其来自我国境内的所得征税 | 来源于我国的所得 | 低税率20%（实际减按10%的税率征收） |
| | | 取得所得与设立机构场所没有实际联系的 | | | |
| | 在我国境内未设立机构场所 | | | | |

【提示】

1. 优惠税率20%

符合条件要求的小型微利企业的优惠税率为20%。

2. 优惠税率15%

(1) 符合条件要求的高新技术企业的优惠税率为15%。

(2) 技术先进型服务企业的优惠税率为15%。

(3) 自2021年1月1日至2030年12月31日，对设在西部地区的鼓励类产业企业。

(4) 自2014年1月1日至2025年12月31日，对设在平潭综合实验区、前海深港现代服务业合作区的鼓励类产业企业。

(5) 自2020年1月1日至2024年12月31日，对注册在海南自由贸易港并实质性运营的鼓励类产业企业。

上述鼓励类产业企业，是指鼓励类产业为主营业务，并且主营业务收入占企业收入总额60%以上的。

(6) 自2021年1月1日起，对设在横琴粤澳深度合作区符合条件的产业企业，减按15%的税率征收企业所得税。符合条件的产业企业是指以《横琴粤澳深度合作区企业所得税优惠目录（2021版）》中规定的产业项目为主营业务，且其主营业务收入占收入总额60%以上的企业。

(7) 自2022年1月1日至2026年12月31日，对设在广州南沙先行启动区符合条件的鼓励类产业企业，减按15%的税率征收企业所得税。

**3. 其他优惠税率**

（1）国家鼓励的集成电路设计、装备、材料、封装、测试企业和软件企业，自获利年度起，第一年至第二年免征企业所得税，第三年至第五年按照25%的法定税率减半征收企业所得税。

（2）国家鼓励的重点集成电路设计企业和软件企业，自获利年度起，第一年至第五年免征企业所得税，接续年度减按10%的税率征收企业所得税。

## 二、企业所得税应纳税所得额的计算 ☆☆☆

（一）应纳税所得额的计算原则

（1）权责发生制原则。

（2）税法优先原则。

（二）应税所得额的计算公式

应纳税所得额＝收入总额－免税收入－不征税收入－各项扣除－允许弥补的以前年度亏损

（三）非居民企业应纳税所得额的计算

根据《企业所得税法》的规定，按照下列方法计算应纳税所得额：

（1）股息、红利等权益性投资收益和利息、租金、特许权使用费所得，以收入全额为应纳税所得额。

（2）转让财产所得，以收入全额减除财产净值后的余额为应纳税所得额。

（3）其他所得，参照前两项规定的方法计算应纳税所得额。

【提示】财产净值是指财产的计税基础减除已经按照规定扣除的折旧、折耗、摊销、准备金等后的余额。

（四）清算所得的计算公式

清算所得＝企业的全部资产可变现价值或者交易价格－资产的计税基础－清算费用－相关税费＋债务清偿损益等

（五）亏损弥补

每一纳税年度的收入总额减除免税收入、不征税收入及各项扣除后小于零的数额，即亏损。其准予向以后年度结转，顺延结转年限≤5年。

《财政部、税务总局关于延长高新技术企业和科技型中小企业亏损结转年限的通知》（财税〔2018〕76号）规定，自2018年1月1日起，当年具备高新技术企业或科技型中小企业资格的企业，其具备资格年度之前5个年度发生的尚未弥补完的亏损，准予结转以后年度弥补，最长结转年限由5年延长至10年。

国家鼓励的线宽小于130纳米（含）的集成电路生产企业，属于国家鼓励的集成电路生产企业清单年度之前5个纳税年度发生的尚未弥补完的亏损，准予向以后年度结转，总结转年限最长不得超过10年。

>> 典型例题

[单项选择题] 某国有企业2004年开始经营，当年亏损30万元，2005年度盈利10万元，2006年度亏损5万元，2007年度亏损15万元，2008年度盈利8万元，2009年度盈利6万元，

2010年度盈利40万元,则该企业2010年度的应纳税所得额为（　　）万元。

单位:万元

| 年度 | 2004 | 2005 | 2006 | 2007 | 2008 | 2009 | 2010 |
|---|---|---|---|---|---|---|---|
| 应纳税所得额情况 | -30 | 10 | -5 | -15 | 8 | 6 | 40 |

A. 14　　　　　　B. 20　　　　　　C. 26　　　　　　D. 40

[解析] 由于2004年亏损,其弥补的有效期为5年,2005年、2008年、2009年的收益都可以弥补2004年的亏损,超过5年仍未弥补完的不再予以弥补;而2010年的40万元盈利可以弥补2006年、2007年的亏损合计20万元,还剩余20万元,作为应纳税所得额,计算上缴所得税。

[答案] B

### 三、企业所得税收入总额 ☆☆☆

企业的收入总额包括企业以货币形式和非货币形式从各种来源取得的收入。

(一) 收入的确认

1. 收入的范围及一般收入的确认

(1) 销售货物收入。其确认收入条件为:

①商品销售合同已经签订,企业已将商品所有权相关的主要风险和报酬转移给购货方。

②企业对已售出的商品既没有保留通常与所有权相联系的继续管理权,也没有实施有效控制。

③收入的金额能够可靠地计量。

④已发生或将发生的销售方的成本能够可靠地核算。

(2) 提供劳务收入。企业在各个纳税期末,提供劳务交易的结果能够可靠估计的,应采用完工进度法(完工百分比)确认提供劳务收入。

提供劳务交易的结果能够可靠估计,须同时满足以下条件:

①收入的金额能够可靠计量。

②交易的完工进度能够可靠地确定。

企业需要确定劳务的完工进度,可采用以下方法:已完工作的测量、已提供劳务占劳务总量的比例、发生成本占总成本的比例。

③交易中已发生和将发生的成本能够可靠地核算。

④相关经济利益很可能流入企业。

(3) 转让财产收入,是指企业转让固定资产、无形资产、股权、债权等财产取得的收入。

(4) 股息、红利等权益性投资收益(股权投资收益),是指企业因权益性投资从被投资方取得的收入。

(5) 利息收入,是指企业将资金提供他人使用但不构成权益性投资,或者因他人占用本企业资金取得的收入,包括存款利息、贷款利息、债券利息、欠款利息等。

(6) 租金收入。

(7) 特许权使用费收入,是指企业提供专利权、非专利技术、商标权、著作权以及其他特许权的使用权取得的收入。

(8) 接受捐赠收入。

(9) 其他收入，包括企业资产溢余收入、逾期未退包装物押金收入、确实无法偿付的应付款项、已作坏账损失处理后又收回的应收款项、债务重组收入、补贴收入、违约金收入、汇兑收益等。

2. 特殊收入的确认

特殊收入的确认方法见表9-3。

表 9-3　特殊收入的确认方法

| 项目 | 方法 |
| --- | --- |
| 股息、红利等权益性投资收益 | 除国务院财政、税务主管部门另有规定外，按照被投资方做出利润分配决定的日期确认收入的实现 |
| 利息收入 | 按照合同约定的债务人应付利息的日期确认收入的实现 |
| 租金收入 | 按照合同约定的承租人应付租金的日期确认收入的实现 |
| 特许权使用费收入 | 按照合同约定的特许权使用人应付特许权使用费的日期确认收入的实现 |
| 接受捐赠收入 | 按照实际收到捐赠资产的日期确认收入的实现 |
| 以分期收款方式销售货物的 | 应当按照合同约定的收款日期确认收入的实现 |
| 企业受托加工制造大型机械设备、船舶、飞机，以及从事建筑、安装、装配工程业务或者提供其他劳务等，持续时间超过12个月的 | 按照纳税年度内完工进度或者完成的工作量确认收入的实现 |
| 采取产品分成方式取得收入的 | 按照企业分得产品的时间确认收入的实现 |
| 转让股权收入 | 应于转让协议生效，且完成股权变更手续时，确认收入的实现 |
| 债务重组收入 | 应于债务重组合同或协议生效时，确认收入的实现 |

>> 典型例题

[单项选择题] 根据我国《企业所得税法》，企业受托加工制造船舶，持续时间超过12个月的，按照（　　）确认收入的实现。

A. 实际收款日期　　　　　　　　　B. 纳税年度内完成的工作量

C. 船舶交付日期　　　　　　　　　D. 船舶完工日期

[解析] 企业受托加工制造大型机械设备、船舶、飞机等，以及从事建筑、安装、装配工程业务或者提供其他劳务等，持续时间超过12个月的，按照纳税年度内完工进度或者完成的工作量确认收入的实现。

答案：B

(二) 免税收入

"免税收入"本身已构成应税收入但予以免除，具体包括：

(1) 国债利息收入。也包括地方政府债券利息收入。

(2) 符合条件的居民企业之间的股息、红利等权益性投资收益。不包括连续持有居民企业公开发行并上市流通的股票不足12个月取得的投资收益。

(3) 在中国境内设立机构、场所的非居民企业从居民企业取得与该机构、场所有实际联系的股息、红利等权益性投资收益。

(4) 符合条件的非营利组织的下列收入为免税收入：

①接受其他单位或者个人捐赠的收入。

②除我国《企业所得税法》第七条规定的财政拨款外的其他政府补助收入，但不包括因政府购买服务而取得的收入。

③按照省级以上民政、财政部门规定收取的会费。

④不征税收入和免税收入孳生的银行存款利息收入。

⑤财政部、国家税务总局规定的其他收入。

(三) 不征税收入

不征税收入本身即不构成应税收入，具体包括：

(1) 财政拨款（针对事业单位和社团）。

(2) 依法收取并纳入财政管理的行政事业性收费。

(3) 依法收取并纳入财政管理的政府性基金。

(4) 国务院规定的专项用途财政性资金，即企业从县级以上各级人民政府财政部门及其他部门取得的应计入收入总额，并同时符合以下条件的财政性资金：企业能够提供规定资金专项用途的资金拨付文件；财政部门或其他拨付资金的政府部门对该资金有专门的资金管理办法或具体管理要求；企业对该资金以及以该资金发生的支出单独进行核算。

(5) 国务院规定的其他不征税收入。

**四、企业所得税税前扣除原则和项目** ☆☆☆

(一) 税前扣除的基本原则

(1) 区分收益性支出和资本性支出原则。

(2) 不征税收入形成支出不得扣除原则。

(3) 不得重复扣除原则。

(4) 真实性、相关性和合理性原则。

(二) 准予税前扣除的主要项目及其标准

(1) 工资、薪金支出。企业发生的合理的工资薪金支出，准予扣除。

(2) 职工福利费。企业发生的职工福利费支出，不超过工资薪金总额14%的部分，准予扣除。

(3) 工会经费。企业拨缴的职工工会经费支出，不超过工资薪金总额2%的部分，准予扣除。

(4) 职工教育经费。企业发生的职工教育经费支出，不超过工资薪金总额8%的部分，准予扣除；超过部分，准予在以后纳税年度结转扣除。

(5) 补充保险费。企业为投资者或者职工支付的补充养老保险限额不超过职工工资总额5%，补充医疗保险限额不超过职工工资总额5%的部分，准予扣除；超过部分，不得扣除。

(6) 利息费用：非金融企业向金融企业借款的利息支出、金融企业的各项存款利息支出和同业拆借利息支出、企业经批准发行债券的利息支出，可据实扣除；非金融企业向非金融企业借款的利息支出，不超过按照金融企业同期同类贷款利率计算的数额的部分，可据实扣除，超过部分不许扣除。

》 典型例题

[单项选择题] 某公司2019年度"财务费用"账户中的利息，含有以年利率6%向银行借入的8个月期的生产用100万元贷款的借款利息；也包括5万元的向本企业职工借入与银行同期的生产用80万元资金的借款利息。该公司2019年度可在计算应纳税所得额时扣除的利息费用是（　　）万元。

A. 5.2　　　　　　B. 6.2　　　　　　C. 7.2　　　　　　D. 8.2

[解析] 可在计算应纳税所得额时扣除的银行利息费用＝100×6%÷12×8＝4（万元）；向本企业职工借入款项可扣除的利息费用限额＝80×6%÷12×8＝3.2（万元），该企业支付职工的利息超过同期同类银行贷款利率，只可按照限额扣除。该公司2019年度可在计算应纳税所得额时扣除的利息费用是4＋3.2＝7.2（万元）。

答案：C

(7) 借款费用。企业在生产经营活动中发生的合理的不需要资本化的借款费用，准予扣除。

企业为购置、建造和生产固定资产、无形资产和经过12个月以上的建造才能达到预定可销售状态的存货而发生的借款，在有关资产购建期间发生的借款费用，应予以资本化，作为资本性支出计入有关资产的成本；有关资产交付使用后发生的借款利息，可在发生当期扣除。

(8) 业务招待费。标准一：发生额的60%；标准二：当年销售（营业）收入的5‰。两个标准中取最小的数字。

》 典型例题

[单项选择题] 某企业2019年销售收入3 000万元，当年实际发生业务招待费30万元，该企业可在所得税前列支的业务招待费金额是（　　）万元。

A. 5　　　　　　　　　　　　　　　　B. 10
C. 15　　　　　　　　　　　　　　　　D. 18

[解析]

| 项目 | 实际发生额 | 限额 | 可以扣除金额 |
| --- | --- | --- | --- |
| 业务招待费 | 30万元 | 3 000×5‰＝15（万元）<br>30×60%＝18（万元） | 15万元 |

答案：C

(9) 广告费和业务宣传费。一般企业，不超过当年销售（营业）收入15%的部分，准予扣除；超过部分，准予结转以后纳税年度扣除。

2025年12月31日之前，对化妆品制造与销售、医药制造和饮料制造（不含酒类制造）企业发生的广告费和业务宣传费支出，不超过当年销售（营业）收入30%的部分，准予扣除；超过部分，准予在以后纳税年度结转扣除。

（10）环境保护、生态恢复等方面的专项资金，准予扣除。

（11）公益性捐赠支出。不超过年度会计利润总额12%的部分，准予扣除；超过会计利润总额12%的部分，准予以后3年内在计算应纳税所得额时扣除。公益性捐赠支出，是指企业通过县级以上人民政府及其部门或公益性社会团体用于公益事业的捐赠支出。

（12）总机构分摊的费用。非居民企业在中国境内设立的机构、场所，就其中国境外总机构发生的与该机构、场所生产经营有关的费用，能够提供总机构出具的费用汇集范围、定额、分配依据和方法等证明文件，并合理分摊的，准予扣除。

（13）人身意外保险费。企业职工因公出差乘坐交通工具发生的人身意外保险费支出，准予企业在计算应纳税所得额时扣除。

（14）企业纳入管理费用的党组织工作经费，实际支出不超过职工年度工资薪金总额1%的部分，可以据实在企业所得税前扣除。

（三）不得税前扣除的项目

（1）向投资者支付的股息、红利等权益性投资收益款项。

（2）企业所得税税款。

（3）税收滞纳金。

（4）罚金、罚款和被没收财物的损失（经营性罚款可以扣除，行政性罚款不得扣除）。

（5）超标的捐赠支出以及非公益性捐赠支出。

（6）赞助支出。

（7）未经核定的准备金支出。

（8）企业为投资者或者职工支付的商业保险费。

（9）企业依照法律、行政法规有关规定提取的用于环境保护、生态恢复等方面的专项资金，提取后改变用途的。

（10）企业之间支付的管理费、企业内营业机构之间支付的租金和特许权使用费，以及非银行企业内营业机构之间支付的利息，不得扣除。

（11）企业对外投资期间持有的投资资产成本。

（12）企业与其关联方分摊成本时违反税法规定自行分摊的成本。

（13）企业从其关联方接受的债权性投资与权益性投资的比例超过规定标准而发生的利息支出。

（14）企业按特别纳税调整规定针对补缴税款向税务机关支付的利息。

（15）企业的不征税收入用于支出所形成的费用。

（16）烟草企业的烟草广告费和业务宣传费支出。

（17）企业按照投资资产处理，购买的用于收藏、展示、保值增值的文物、艺术品。

(18) 与取得收入无关的其他收入。

(19) 国务院财政、税务主管部门规定不得扣除的其他项目。

> **典型例题**

[单项选择题] 根据《企业所得税法》，企业发生的下列支出中，属于允许税前扣除的是（  ）。

A. 企业所得税税款  B. 罚息

C. 股息  D. 烟草企业的烟草广告费

[解析] 企业所得税税款、股息、烟草企业的烟草广告费不允许税前扣除。《企业所得税法》第十条第四项规定的"罚金、罚款和被没收财物的损失"属于行政处罚范畴，不得在企业所得税前扣除。而银行罚息属于纳税人按照经济合同规定支付的违约金，不属于行政罚款，因此可以在企业所得税前扣除。

答案：B

## 五、企业资产的所得税处理 ☆☆

(一) 资产税务处理的基本原则

企业的各项资产以历史成本为计税基础。

(二) 固定资产的税务处理

固定资产是指企业为生产产品、提供劳务、出租或者经营管理而持有的使用时间超过12个月的非货币性资产。

1. 固定资产的计税基础

固定资产的计税基础见表9-4。

表9-4 固定资产的计税基础

| 项目 | 计税基础 |
| --- | --- |
| 外购的固定资产 | 以购买价款和支付的相关税费以及直接归属于使该资产达到预定用途发生的其他支出为计税基础 |
| 自行建造的固定资产 | 以竣工结算前发生的支出为计税基础 |
| 融资租入的固定资产 | 以租赁合同约定的付款总额和承租人在签订租赁合同过程中发生的相关费用为计税基础，租赁合同未约定付款总额的，以该资产的公允价值和承租人在签订租赁合同过程中发生的相关费用为计税基础 |
| 盘盈的固定资产 | 以同类固定资产的重置完全价值为计税基础 |
| 通过捐赠、投资、非货币性资产交换、债务重组等方式取得的固定资产 | 以该资产的公允价值和应支付的相关税费作为计税基础 |
| 改建的固定资产，除已足额提取折旧的固定资产的改建支出和租入固定资产的改建支出外 | 以改建过程中发生的改建支出增加计税基础 |

### 2. 固定资产折旧的范围

在计算应纳税所得额时，企业按照规定计算的固定资产折旧，准予扣除。

下列固定资产不得计算折旧扣除：

（1）房屋、建筑物以外未投入使用的固定资产。

（2）以经营租赁方式租入的固定资产。

（3）以融资租赁方式租出的固定资产。

（4）已足额提取折旧仍继续使用的固定资产。

（5）与经营活动无关的固定资产。

（6）单独估价作为固定资产入账的土地。

（7）其他不得计算折旧扣除的固定资产。

### 3. 固定资产折旧的计提方法

（1）固定资产按照直线法计算的折旧，准予扣除。

（2）企业应当自固定资产投入使用月份的次月起计算折旧；停止使用的固定资产，应当自停止使用月份的次月起停止计算折旧。

（3）企业应当根据固定资产的性质和使用情况，合理确定固定资产的预计净残值。固定资产的预计净残值一经确定，不得变更。

> **典型例题**

［多项选择题］在计算企业所得税时，不得计算折旧扣除的固定资产有（　　）。

A. 房屋、建筑物以外未投入使用的固定资产

B. 以经营租赁方式租入的固定资产

C. 以融资租赁方式租出的固定资产

D. 与经营活动有关的固定资产

E. 单独估价作为固定资产入账的土地

［解析］不得计算折旧扣除的固定资产包括：①房屋、建筑物以外未投入使用的固定资产；②以经营租赁方式租入的固定资产；③以融资租赁方式租出的固定资产；④已足额提取折旧仍继续使用的固定资产；⑤与经营活动无关的固定资产；⑥单独估价作为固定资产入账的土地；⑦其他不得计算折旧扣除的固定资产。

答案：ABCE

### 4. 固定资产折旧的计提年限

固定资产折旧的计提年限见表9-5。

表9-5　固定资产折旧的计提年限

| 资产类别 | 最短折旧年限 |
| --- | --- |
| 房屋、建筑物 | 20 年 |
| 飞机、火车、轮船、机器、机械和其他生产设备 | 10 年 |

续表

| 资产类别 | 最短折旧年限 |
|---|---|
| 与生产经营活动有关的器具、工具、家具等 | 5 年 |
| 飞机、火车、轮船以外的运输工具 | 4 年 |
| 电子设备 | 3 年 |

### (三) 生产性生物资产的税务处理

1. 生物资产的分类

生物资产可以分为生产性生物资产、消耗性生物资产和公益性生物资产。

生产性生物资产包括经济林、薪炭林、产畜和役畜等。

2. 生产性生物资产的计税基础

(1) 外购的生产性生物资产,以购买价款和支付的相关税费为计税基础。

(2) 通过捐赠、投资、非货币性资产交换、债务重组等方式取得的生产性生物资产,以该资产的公允价值和支付的相关税费为计税基础。

3. 生产性生物资产的折旧方法

生产性生物资产的折旧方法与固定资产的规定相同。

4. 最短折旧年限

林木类生产性生物资产为 10 年;畜类生产性生物资产为 3 年。

### (四) 无形资产的税务处理

1. 无形资产的计税基础

无形资产的计税基础见表 9-6。

表 9-6 无形资产的计税基础

| 项目 | 计税基础 |
|---|---|
| 外购的无形资产 | 以购买价款和支付的相关税费,以及直接归属于使该资产达到预定用途发生的其他支出为计税基础 |
| 自行开发的无形资产 | 以开发过程中符合资本化条件后至达到预定用途前发生的实际支出作为计税基础 |
| 通过捐赠、投资、非货币性资产交换、债务重组等方式取得的无形资产 | 以该资产的公允价值和支付的相关税费为计税基础 |

2. 无形资产摊销的范围

在计算应纳税所得额时,企业按照规定计算的无形资产摊销费用,准予扣除。

下列无形资产不得计算摊销费用扣除:

(1) 自行开发的支出已在计算应纳税所得额时扣除的无形资产。

(2) 自创商誉。

(3) 与经营活动无关的无形资产。

(4) 其他不得计算摊销费用扣除的无形资产。

3. 无形资产的摊销

(1) 无形资产按照直线法计算的摊销费用，准予扣除。

(2) 无形资产的摊销年限不得少于 10 年。

(3) 外购商誉的支出，在企业整体转让或清算时，准予扣除。

(五) 长期待摊费用的税务处理

(1) 已足额提取折旧的固定资产的改建支出，按照固定资产预计尚可使用年限分期摊销。

(2) 租入固定资产的改建支出，按照合同约定的剩余租赁期限分期摊销。

(3) 固定资产的大修理支出，按照固定资产尚可使用年限分期摊销。

(4) 其他应当作为长期待摊费用的支出，摊销年限不得低于 3 年。

(六) 存货的税务处理

存货计税成本的确定见表 9-7。

表 9-7　存货计税成本的确定

| 项目 | 计税成本 |
| --- | --- |
| 通过支付现金方式取得的存货 | 以购买价款和支付的相关税费为成本 |
| 通过支付现金以外的方式取得的存货 | 以该存货的公允价值和支付的相关税费为成本 |
| 生产性生物资产收获的农产品 | 以产出或者采收过程中发生的材料费、人工费和分摊的间接费用等必要支出为成本 |

存货的计价方法可以在先进先出法、加权平均法、个别计价法中选用一种。计价方法一经选用，不得随意变更。

(七) 投资资产的税务处理

投资资产成本确定方法，具体见表 9-8。

表 9-8　投资资产成本确定方法

| 项目 | 计税成本 |
| --- | --- |
| 通过支付现金方式取得的投资资产 | 以购买价款为成本 |
| 通过支付现金以外的方式取得的投资资产 | 以该资产的公允价值和支付的相关税费为成本 |

企业对外投资期间，投资资产的成本在计算应纳税所得额时不得扣除。企业在转让或者处置投资资产时，投资资产的成本，准予扣除。

### 六、企业重组的税务处理☆☆

(一) 企业重组的概念

企业重组指企业在日常经营活动以外发生的法律结构或经济结构重大改变的交易，包括企业法律形式改变、债务重组、股权收购、资产收购、合并、分立等。

(二) 一般性税务处理

应当在交易发生时确认有关资产的转让所得或者损失，相关资产应当按照交易价格重新确定计税基础。

### （三）特殊性税务处理

适用特殊性税务处理规定的条件为：

（1）具有合理的商业目的，且不以减少、免除或者推迟缴纳税款为主要目的（重组是商业必须的，不是为了避税而故意为之）。

（2）被收购、合并或分立部分的资产或股权比例符合《财政部、国家税务总局关于企业重组业务企业所得税处理若干问题的通知》规定的比例。

（3）企业重组后的连续12个月内不改变重组资产原来的实质性经营活动。

（4）重组交易对价中涉及股权支付金额不得低于交易支付总额的85％。

（5）企业重组中取得股权支付的原主要股东，在重组后连续12个月内，不得转让所取得的股权。

特殊性税务处理的方法有：对交易中股权支付，暂不确认有关资产的转让所得或损失；对交易中非股权支付仍应在交易当期确认相应的资产转让所得或损失，并调整相应资产的计税基础。

### （四）股权、资产划转的税务处理规定

**1. 划转的类型**

对100％直接控制的居民企业之间，以及受同一或相同多家居民企业100％直接控制的居民企业之间按账面净值划转股权或资产。

**2. 符合的条件**

凡具有合理商业目的，不以减少、免除或者推迟缴纳税款为主要目的，股权或资产划转后连续12个月内不改变被划转股权或资产原来实质性经营活动，且划出方企业和划入方企业均未在会计上确认损益。

**3. 特殊性税务处理**

可以选择按以下规定进行特殊性税务处理：

（1）划出方企业和划入方企业均不确认所得。

（2）划入方企业取得被划转股权或资产的计税基础，以被划转股权或资产的原账面净值确定。

（3）划入方企业取得的被划转资产，应按其原账面净值计算折旧扣除。

> **典型例题**

[多项选择题]《企业所得税法》规定，资产划转行为适用特殊性税务处理的条件有（    ）。

A. 100％间接控制的居民企业之间划转资产

B. 100％直接控制的非居民企业之间划转资产

C. 具有合理商业目的

D. 划出方企业未在会计上确认损益

E. 资产划转后连续12个月内不改变被划转资产原来实质性经营活动

[解析] 股权、资产划转的税务处理规定：①划转的类型：对100％直接控制的居民企业

之间，以及受同一或相同多家居民企业100%直接控制的居民企业之间按账面净值划转股权或资产；②符合的条件：凡具有合理商业目的，不以减少、免除或者推迟缴纳税款为主要目的，股权或资产划转后连续12个月内不改变被划转股权或资产原来实质性经营活动，且划出方企业和划入方企业均未在会计上确认损益。

> 答案：CE

### （五）非货币性资产对外投资税务处理规定

居民企业以非货币性资产对外投资确认的非货币资产转让所得，可在不超过5年期限内，分期均匀计入相应年度的应纳税所得额，按规定计算缴纳企业所得税。

非货币性资产，是指现金、银行存款、应收账款、应收票据，以及准备持有至到期的债券投资等货币性资产以外的资产。

### （六）技术成果投资入股税务处理规定

技术成果投资入股，是指纳税人将技术成果所有权让渡给被投资企业，取得该企业股票（权）的行为。

企业以技术成果投资入股到境内居民企业，被投资企业支付的对价全部为股票（权）的，企业可选择继续按现行有关税收政策执行，也可选择适用递延纳税政策。

选择技术成果投资入股递延纳税政策的，经向主管税务机关备案，投资入股当期可暂不纳税，允许递延至转让股权时，按股权转让收入减去技术成果原值和合理税费后的差额计算缴纳所得税。

## 七、企业所得税税收优惠☆☆

企业实际应纳税额＝（收入－扣除）×税率－企业所得税减免、抵免
优惠税额－境外所得税抵免额

### （一）项目所得减免税

（1）从事农、林、牧、渔业项目的所得。

①免征企业所得税：从事税法规定的农作物、中药材和林木种植、农作物新品种选育、牲畜和家禽饲养、林产品采集、远洋捕捞以及农、林、牧、渔服务项目的所得。

②减半征收企业所得税：从事税法规定的花卉、茶以及其他饮料作物和香料作物种植、海水和内陆养殖项目的所得。

（2）三免三减半。

①从事国家重点扶持的公共基础设施项目的投资经营所得，自项目取得第一笔生产经营收入所属纳税年度起，第1年至第3年免征企业所得税，第4年至第6年减半征收企业所得税。

②从事符合条件的环保、节能节水项目所得，自项目取得第一笔生产经营收入所属纳税年度起，第1年至第3年免征企业所得税，第4年至第6年减半征收企业所得税。

> **典型例题**

[单项选择题] 一家专门从事符合条件的节能节水项目的企业，2008年取得第一笔营业收

入，2011 年实现应纳税所得额（假设仅是节能节水项目所得）100 万元，假设该企业适用 25％的企业所得税税率，不考虑其他因素，则该企业 2011 年应纳企业所得税额为（　　）万元。

A. 0　　　　　　　　　　　　　　B. 12.5
C. 20　　　　　　　　　　　　　　D. 25

[解析] 从事符合条件的环保、节能节水项目所得，自项目取得第一笔生产经营收入所属纳税年度起，第 1 年至第 3 年免征企业所得税，第 4 年至第 6 年减半征收企业所得税。该企业应纳企业所得税税额＝100×25％×50％＝12.5（万元）。

答案：B

（3）技术转让优惠。

在一个纳税年度内，居民企业技术转让所得不超过 500 万元的部分，免征企业所得税；超过 500 万元的部分，减半征收企业所得税。

》 典型例题

[单项选择题] 某专门从事技术转让的公司，2009 年度取得符合条件的技术转让所得 900 万元，适用 25％的企业所得税税率，不考虑其他因素，则该公司 2009 年度应缴纳企业所得税（　　）万元。

A. 0　　　　　B. 50　　　　　C. 112.5　　　　　D. 225

[解析] 该公司 2009 年度应缴纳企业所得税税额＝（900－500）×25％×50％＝50（万元）。

答案：B

（4）免征企业所得税：外国政府向中国政府提供贷款取得的利息所得；国际金融组织向中国政府和居民企业提供优惠贷款取得的利息所得。

（5）企业投资者持有 2019—2023 年发行的铁路债券取得的利息收入，减半征收企业所得税。

（6）自 2014 年 11 月 17 日起，对香港市场投资者通过沪港通投资上海证券交易所上市 A 股取得的转让差价所得，暂免征收企业所得税。

（7）自 2016 年 12 月 5 日起，对香港市场投资者通过深港通投资深圳证券交易所上市 A 股取得的转让差价所得，暂免征收企业所得税。

（8）从 2014 年 11 月 17 日起，对合格境外机构投资者（简称 QFII）、人民币合格境外机构投资者（简称 RQFII）取得的来源于中国境内的股票等权益性投资资产转让所得，暂免征收企业所得税。

（9）自 2022 年 1 月 1 日起，对非营利性科研机构、高等学校接收企业、个人和其他组织机构基础研究资金收入，免征企业所得税。

（10）2020 年 1 月 1 日至 2024 年 12 月 31 日，对在海南自由贸易港设立的旅游业、现代服务业、高新技术产业企业新增境外直接投资取得的所得，免征企业所得税。

（11）自 2021 年 1 月 1 日起，对在横琴粤澳深度合作区设立的旅游业、现代服务业、高新技术产业企业新增境外直接投资取得的所得，免征企业所得税。

（二）高新技术企业优惠

(1) 国家重点扶持的高新技术企业减按 15% 的税率征收企业所得税。

(2) 认定为高新技术企业，需同时符合下列条件：

①对企业主要产品（服务）发挥核心支持作用的技术属于《国家重点支持的高新技术领域》规定的范围。

②企业近 3 个会计年度的研究开发费用总额占同期销售收入总额的比例符合如下要求：最近 1 年销售收入小于 5 000 万元的企业，比例不低于 5%；最近 1 年销售收入在 5 000 万元至 20 000 万元的企业，比例不低于 4%；最近 1 年销售收入在 20 000 万元以上的企业，比例不低于 3%。其中，企业在中国境内发生的研究开发费用总额占全部研究开发费用总额的比例不低于 60%。

③近 1 年高新技术产品（服务）收入占企业同期总收入的比例不低于 60%。

④企业从事研发和相关创新活动的科技人员占企业当年职工总数的比例不低于 10%。

⑤高新技术企业认定管理办法规定的其他条件。

(3) 自 2017 年 1 月 1 日起，对经认定的技术先进型服务企业，减按 15% 的税率征收企业所得税。

（三）小型微利企业优惠

(1) 小型微利企业应符合以下条件：

①从事国家非限制和禁止行业。

②同时符合年度应纳税所得额不超过 300 万元、从业人数不超过 300 人、资产总额不超过 5 000 万元三个条件的企业。

(2) 自 2021 年 1 月 1 日至 2022 年 12 月 31 日，对年应纳税所得额低于 100 万元（含 100 万元）的小型微利企业，其所得减按 12.5% 计入应纳税所得额，按 20% 的税率缴纳企业所得税，即：

$$应纳税额 = 所得额 \times 12.5\% \times 20\%$$

自 2022 年 1 月 1 日至 2024 年 12 月 31 日，对年应纳税所得额超过 100 万元但不超过 300 万元的部分，减按 25% 计入应纳税所得额，按 20% 的税率缴纳企业所得税，即：

$$应纳税额 = 应纳税所得额 \times 25\% \times 20\%$$

【提示】做题时分段计算，0 至 100 万元、100 万元至 300 万元，各段相加。

（四）西部大开发的税收优惠

自 2021 年 1 月 1 日至 2030 年 12 月 31 日，对设在西部地区的鼓励类产业企业减按 15% 的税率征收企业所得税。上述鼓励类产业企业是指以《西部地区鼓励类产业目录》中规定的产业项目为主营业务，且其主营业务收入占企业收入总额 60% 以上的企业。

（五）加计扣除

(1) 企业开展研发活动中实际发生的研发费用，未形成无形资产计入当期损益的，在按规定据实扣除的基础上，于 2018 年 1 月 1 日至 2023 年 12 月 31 日期间按照实际发生额的 75%（2021 年 1 月 1 日后，制造业为 100%；2022 年 1 月 1 日后，科技型中小企业为 100%）在税前加计扣除；形成无形资产的，于上述期间按照无形资产成本的175%（2021年1月1日后，制造业为200%；2022年1月1日后，科技型中小企业为200%）在税前摊销。

下列行业的企业不适用税前加计扣除政策：烟草制造业；住宿和餐饮业；批发和零售业；房地产业；租赁和商务服务业；娱乐业；财政部和国家税务总局规定的其他行业。

（2）企业安置《中华人民共和国残疾人保障法》规定的残疾人员的，在按照支付给残疾职工工资据实扣除的基础上，按照支付给残疾职工工资的100%加计扣除。

（3）自2022年1月1日起，对企业出资给非营利性科学技术研究开发机构、高等学校和政府性自然科学基金用于基础研究的支出，在计算应纳税所得额时可按实际发生额在税前扣除，并可按100%在税前加计扣除。

> **典型例题**
>
> **1. [单项选择题]** 某企业2018年会计利润200万元（未考虑研发费的加计扣除），其中已扣除的"三新"开发费60万元，该企业2018年应纳税额是（　　）万元。
>
> A. 30　　　　　　B. 42　　　　　　C. 38.75　　　　　　D. 50
>
> [解析] "三新"开发费加计扣除数＝60×75%＝45（万元）；应纳税额＝（200－45）×25%＝38.75（万元）。
>
> **2. [单项选择题]** 根据《企业所得税法》，下列行业的企业中，属于适用税前加计扣除政策的是（　　）。
>
> A. 房地产业　　　B. 建筑业　　　C. 娱乐业　　　D. 零售业
>
> [解析] 下列行业的企业不适用税前加计扣除政策：①烟草制造业；②住宿和餐饮业；③批发和零售业；④房地产业；⑤租赁和商务服务业；⑥娱乐业；⑦财政部和国家税务总局规定的其他行业。
>
> 答案：1. C　2. B

（六）创业投资企业投资抵免

创业投资企业采取股权投资方式投资于未上市的中小高新技术企业2年以上的，可以按照其投资额的70%在股权持有满2年的当年抵扣该创业投资企业的应纳税所得额；当年不足抵扣的，可以在以后纳税年度结转抵扣。

公司制创业投资企业采取股权投资方式直接投资于种子期、初创期科技型企业满2年的，可以按照投资额的70%在股权持有满2年的当年抵扣该公司制创业投资企业的应纳税所得额；当年不足抵扣的，可以在以后纳税年度结转抵扣。

> **典型例题**
>
> **[单项选择题]** 甲企业2018年1月1日向乙企业（未上市的中小高新技术企业）投资200万元，股权持有到2019年12月31日。甲企业2019年度经营所得500万元，则应纳税所得额为（　　）万元。
>
> A. 500　　　　　B. 360　　　　　C. 350　　　　　D. 300

[解析] 该企业可抵扣的应纳税所得额为 200×70%＝140（万元），则应纳税所得额＝500－140＝360（万元）。

答案：B

（七）加速折旧的规定

根据《企业所得税法》及其实施条例、《财政部、国家税务总局关于完善固定资产加速折旧企业所得税政策的通知》（财税〔2014〕75号）的规定：

(1) 企业的固定资产由于技术进步或处于强震动、高腐蚀状态，确需加速折旧的，可以缩短折旧年限或者采取加速折旧的方法。

(2) 对轻工、纺织、机械、汽车等4个领域重点行业的企业，2015年1月1日后新购进的固定资产（包括自行建造），允许缩短折旧年限或采取加速折旧的方法。

(3) 自2014年1月1日起，对所有行业企业持有的单位价值不超过5 000元的固定资产，允许一次性计入当期成本费用，在计算应纳税所得额时扣除，不再分年度计算折旧。

(4) 企业在2018年1月1日至2023年12月31日期间新购进的设备、器具，单位价值不超过500万元的，允许一次性计入当期成本费用，在计算应纳税所得额时扣除，不再分年度计算折旧。设备、器具，是指除房屋、建筑物以外的固定资产。2022年第四季度内，高新技术企业新购置的设备、器具允许一次性全额扣除，并100%加计扣除。

(5) 采取缩短折旧年限方法的，最低折旧年限不得低于税法规定的最低折旧年限的60%。

(6) 采取加速折旧方法的，可以采取双倍余额递减法或者年数总和法。

(7) 对生物药品制造业，专用设备制造业，铁路、船舶、航空航天和其他运输设备制造业，计算机、通信和其他电子设备制造业，仪器仪表制造业，信息传输、软件和信息技术服务业等6个行业的企业2014年1月1日后新购进的固定资产，可缩短折旧年限或采取加速折旧的方法。

（八）减计收入

企业综合利用资源，生产符合国家产业政策规定的产品取得的收入，可以在计算应纳税所得额时，减按90%计入收入总额。

（九）专用设备投资抵免

企业购置并实际使用税法规定的环境保护、节能节水、安全生产等专用设备的，该专用设备的投资额的10%可以从企业当年的应纳税额中抵免；当年不足抵免的，可以在以后5个纳税年度结转抵免。

（十）民族自治地方减免税

民族自治地方的自治机关对本民族自治地方的企业应缴纳的企业所得税中属于地方分享的部分，可以决定减征或者免征。

**八、企业所得税应纳税额的计算** ☆☆☆

（一）应纳税额的计算

应纳税额＝应纳税所得额×适用税率－减免税额－抵免税额

## (二)境外所得抵免税额的计算

### 1. 直接抵免

企业取得的下列所得已在境外缴纳的所得税税额,可以从其当期应纳税额中抵免,超过抵免额的部分,可以在以后5个年度内,用每年度抵免限额抵免当年应抵税额后的余额进行抵补:

(1)居民企业来源于中国境外的应税所得。

(2)非居民企业在中国境内设立机构、场所,取得发生在中国境外但与该机构、场所有实际联系的应税所得。

抵免限额,即对跨国纳税人在外国已纳税款进行抵免的限度。企业可以选择按"分国(地区)不分项"或者"不分国(地区)不分项"的方式计算抵免限额,一经选择,5年内不得改变。

计算公式为:

$$境外所得税税款抵免限额 = 来源于某国(地区)的应纳税所得额 \times 25\%$$

### 2. 间接抵免

居民企业从其直接或者间接控制的外国企业分得的来源于中国境外的股息、红利等权益性投资收益,外国企业在境外实际缴纳的所得税税额中属于该项所得负担的部分,可以作为该居民企业的可抵免境外所得税税额,在抵免限额内抵免。

## 九、企业所得税源泉扣缴 ☆

### (一)扣缴义务人

非居民企业在中国境内未设立机构、场所的,或者虽设立机构、场所但取得的所得与其所设机构、场所没有实际联系的,其应缴纳的所得税,实行源泉扣缴,以支付人为扣缴义务人。

对非居民企业在中国境内取得工程作业和劳务所得应缴纳的所得税,税务机关可以指定工程价款或者劳务费的支付人为扣缴义务人。

《中华人民共和国企业所得税法实施条例》(以下简称《企业所得税法实施条例》)第一百零六条规定,可以指定扣缴义务人的情形包括:

(1)预计工程作业或者提供劳务期限不足一个纳税年度,且有证据表明不履行纳税义务的。

(2)没有办理税务登记或者临时税务登记,且未委托中国境内的代理人履行纳税义务的。

(3)未按照规定期限办理企业所得税纳税申报或者预缴申报的。

### (二)扣缴方法(特定扣缴)

应当扣缴的所得税,扣缴义务人未依法扣缴或者无法履行扣缴义务的,由纳税人在所得发生地缴纳。纳税人未依法缴纳的,税务机关可以从该纳税人在中国境内其他收入项目的支付人应付的款项中,追缴该纳税人的应纳税款。

扣缴义务人每次代扣的税款,应当自代扣之日起7日内缴入国库,并向所在地的税务机关报送扣缴企业所得税报告表。

## 十、企业所得税特别纳税调整 ☆☆☆

### (一)转让定价调整

企业发生关联交易以及税务机关审核、评估关联交易均应遵循独立交易原则,选用合理的转让定价方法。

独立交易原则是指没有关联关系的交易各方，按照公平成交价格和营业常规进行业务往来遵循的原则。

《企业所得税法实施条例》第一百一十一条规定，转让定价方法包括可比非受控价格法、再销售价格法、成本加成法、交易净利润法、利润分割法和其他符合独立交易原则的方法。

转让定价方法的具体内容见表9-9。

表9-9 转让定价方法

| 定价方法 | 具体解释 |
| --- | --- |
| 可比非受控价格法 | 是指按照没有关联关系的交易各方进行相同或者类似业务往来的价格进行定价的方法 |
| 再销售价格法 | 是指按照从关联方购进商品再销售给没有关联关系的交易方的价格，减除相同或者类似业务的销售毛利进行定价的方法 |
| 成本加成法 | 是指按照成本加合理的费用和利润进行定价的方法 |
| 交易净利润法 | 是指按照没有关联关系的交易各方进行相同或者类似业务往来取得的净利润水平确定利润的方法 |
| 利润分割法 | 是指将企业与其关联方的合并利润或者亏损在各方之间采用合理标准进行分配的方法 |

（二）核定应纳税所得额

企业不提供与其关联方之间业务往来资料，或者提供虚假、不完整资料，未能真实反映其关联业务往来情况的，税务机关有权依法核定其应纳税所得额。核定应纳税所得额的方法如下：

（1）参照同类或者类似企业的利润率水平核定。

（2）按照企业成本加合理的费用和利润的方法核定。

（3）按照关联企业集团整体利润的合理比例核定。

（4）按照其他合理方法核定。

（三）资本弱化管理

企业从其关联方接受的债权性投资与权益性投资的比例超过规定标准而发生的利息支出，不得在计算应纳税所得额时扣除。

（1）金融企业，债权性投资与权益性投资的比例为5∶1。

（2）其他企业，债权性投资与权益性投资的比例为2∶1。

》典型例题

[单项选择题] 根据《企业所得税法》，某城市商业银行从其关联方接受的债权性投资与权益性投资的比例超过规定比例而发生的利息支出，不得在计算应纳税所得额时扣除，该规定比例为（　　）。

A．2∶1　　　　　　B．3∶1　　　　　　C．4∶1　　　　　　D．5∶1

[解析] 企业从其关联方接受的债权性投资与权益性投资的比例超过以下规定比例而发生的利息支出，不得在计算应纳税所得额时扣除：金融企业为5∶1；其他企业为2∶1。

答案：D

(四)提供相关资料

企业应当依据《企业所得税法实施条例》的规定,按纳税年度准备并按税务机关要求,提供其关联交易的同期资料。

(五)成本分摊协议

企业与其关联方签署成本分摊协议,共同开发、受让无形资产,或者共同提供、接受劳务,应当符合独立交易原则。

(六)受控外国企业管理

根据《企业所得税法》的有关规定,由居民企业,或者由居民企业和中国居民控制的设立在实际税负明显低于12.5%税率水平的国家(地区)的企业,并非由于合理的经营需要而对利润不作分配或者减少分配的,上述利润中应归属于该居民企业的部分,应当计入该居民企业的当期收入,缴纳企业所得税。

(七)预约定价安排

预约定价安排是指企业可以与税务机关就其未来年度关联交易的定价原则和计算方法,达成定价的一种事先安排。

(八)一般反避税规则

按照《一般反避税管理办法(试行)》的规定,税务机关对企业实施的不具有合理商业目的而获取税收利益的避税安排,实施特别纳税调整。《特别纳税调整实施办法(试行)》第九十二条规定,税务机关可依法对存在以下避税安排的企业,启用一般反避税调查:

(1)利用避税港避税。

(2)滥用税收协定。

(3)滥用公司组织形式。

(4)滥用税收优惠。

(5)其他不具有合理商业目的的安排。

(九)加收利息

加收的利息应当按照税款所属纳税年度中国人民银行公布的与补税期间同期的人民币贷款基准利率加5个百分点计算,并按照一年365天折算日利息率。

(十)追溯调整

《企业所得税法实施条例》第一百二十三条规定,企业与其关联方之间的业务往来,不符合独立交易原则,或者企业实施其他不具有合理商业目的的安排的,税务机关有权在该业务发生的纳税年度起10年内,进行纳税调整。

## 十一、企业所得税征收管理 ☆

(一)一般规定

1. 纳税地点

(1)居民企业以企业登记注册地为纳税地点;但登记注册地在境外的,以实际管理机构所在地为纳税地点。

（2）非居民企业在中国境内设立机构、场所的，应当就其所设机构、场所取得的来源于中国境内的所得，以及发生在中国境外但与其所设机构、场所有实际联系的所得，以机构、场所所在地为纳税地点。

（3）居民企业在中国境内设立不具有法人资格的营业机构的，应当汇总计算并缴纳企业所得税。除国务院另有规定外，企业之间不得合并缴纳企业所得税。

2. 纳税期限

企业所得税按纳税年计征，纳税年度自公历1月1日起至12月31日止。

企业在一个纳税年度中间开业，或者由于合并、关闭等原因终止经营活动，使该纳税年度的实际经营期不足12个月的，应当以其实际经营期为一个纳税年度。

3. 纳税申报

企业所得税分月或者分季预缴。企业应当自月份或者季度终了之日起15日内，向税务机关报送预缴企业所得税纳税申报表，预缴税款。企业所得税依法以人民币计算缴纳。所得以外币计算的，应当折合成人民币计算并缴纳税款。

4. 汇算清缴

企业应当自年度终了之日起5个月内，向税务机关报送年度企业所得税纳税申报表，并汇算清缴，结清应缴应退税款。企业在报送企业所得税纳税申报表时，应当按照规定附送财务会计报告和其他有关资料。企业清算时，应当以清算期间作为一个纳税年度。企业在年度中间终止经营活动的，应当自实际经营终止之日起60日内，向税务机关办理当期企业所得税汇算清缴。企业应当在办理注销登记前，就其清算所得向税务机关申报并依法缴纳企业所得税。

5. 清算申报

企业应当自清算结束之日起15日内，向主管税务机关报送"中华人民共和国企业清算所得税申报表"及其附表和相关材料，完成清算所得税申报，结清税款。

（二）跨地区经营汇总缴纳企业所得税征收管理

1. 征管办法

居民企业在中国境内跨地区（指跨省、自治区、直辖市和计划单列市，下同）设立不具有法人资格分支机构的，该居民企业为跨地区经营汇总纳税企业（以下简称汇总纳税企业），实行"统一计算、分级管理、就地预缴、汇总清算、财政调库"的企业所得税征收管理办法。

2. 税款分摊

（1）分摊单位。总机构和具有主体生产经营职能的二级分支机构就地分摊缴纳企业所得税。二级分支机构是指汇总纳税企业依法设立并领取非法人营业执照，且总机构对其财务、业务、人员等直接进行统一核算和管理的分支机构。

（2）分摊方法。汇总纳税企业按照《企业所得税法》规定，汇总计算的企业所得税，包括预缴税款和汇算清缴应缴应退税款，50%在各二级分支机构间分摊，各二级分支机构根据分摊税款就地办理缴库或退库；50%由总机构分摊缴纳，其中25%就地全额缴入中央国库或退库，25%就地办理缴库或退库。

(3) 总、分机构分摊税款的计算。

①总机构按以下公式计算分摊税款：

总机构分摊税款＝汇总纳税企业当期应纳所得税额×50％

②二级分支机构按以下公式计算分摊税款：

所有二级分支机构分摊税款总额＝汇总纳税企业当期应纳所得税额×50％

某二级分支机构分摊税款＝所有二级分支机构分摊税款总额×该二级分支机构分摊比例

③总机构应按照上年度二级分支机构的营业收入、职工薪酬和资产总额3个因素计算各二级分支机构分摊所得税款的比例；三级及以下分支机构，其营业收入、职工薪酬和资产总额统一计入二级分支机构；三因素的权重依次为0.35、0.35、0.30。

其计算公式如下：

某二级分支机构分摊比例 ＝ 该二级分支机构营业收入/各二级分支机构营业收入之和×0.35＋
该二级分支机构职工薪酬/各二级分支机构职工薪酬之和×0.35＋
该二级分支机构资产总额/各二级分支机构资产总额之和×0.30

3. 税款预缴

企业所得税分月或者分季预缴，由总机构所在地主管税务机关具体核定。

总机构应将本期企业应纳所得税额的50％部分，在每月或季度终了后15日内就地申报预缴。总机构应将本期企业应纳所得税额的另外50％部分，按照各二级分支机构应分摊的比例，在各二级分支机构之间进行分摊，并及时通知到各二级分支机构；各二级分支机构应在每月或季度终了之日起15日内，就其分摊的所得税额就地申报预缴。

4. 汇算清缴

汇总纳税企业应当自年度终了之日起5个月内，由总机构汇总计算企业年度应纳所得税额，扣除总机构和各二级分支机构已预缴的税款，计算出应缴应退税款，按照上述税款分摊方法计算总机构和各二级分支机构的企业所得税应缴应退税款，分别由总机构和各二级分支机构就地办理税款缴库或退库。

## 考点2 个人所得税制 ☆☆☆

### 一、个人所得税纳税人 ☆☆

我国个人所得税的纳税人分为居民和非居民。

(1) 居民个人：在中国境内有住所，或者无住所而一个纳税年度内在中国境内居住累计满183天的个人。居民个人从中国境内和境外取得的所得，依法缴纳个人所得税。

(2) 非居民个人：在中国境内无住所又不居住，或者无住所而一个纳税年度内在中国境内居住累计不满183天的个人。非居民个人从中国境内取得的所得，应依法缴纳个人所得税。

纳税年度，自公历1月1日起至12月31日止。

除国务院财政、税务主管部门另有规定外，下列所得不论支付地点是否在中国境内，均为来源于中国境内的所得：

(1) 因任职、受雇、履约等在中国境内提供劳务取得的所得。

(2) 将财产出租给承租人在中国境内使用而取得的所得。

(3) 许可各种特许权在中国境内使用而取得的所得。

(4) 转让中国境内的不动产等财产或者在中国境内转让其他财产取得的所得。

(5) 从中国境内企业、事业单位、其他组织以及居民个人取得的利息、股息、红利所得。

> 典型例题

[单项选择题] 下列纳税主体中，不属于个人所得税纳税人的是（　　）。

A. 个体工商户　　　　　　　　　　　B. 个人独资企业

C. 事业单位　　　　　　　　　　　　D. 在华取得所得的外籍人员

[解析] 个人所得税纳税人包括中国公民，个体工商户，个人独资企业和合伙企业的个人投资者，在华取得所得的外籍人员（包括无国籍人员）和港、澳、台同胞。

答案：C

## 二、个人所得税的征税对象 ☆☆☆

个人所得税的征税对象见表9-10。

表9-10　个人所得税的征税对象

| 征税对象 | 具体内容 |
| --- | --- |
| 综合所得 | 主要包括工资、薪金所得，劳务报酬所得，稿酬所得，特许权使用费所得 |
| 经营所得 | (1) 个体工商户从事生产、经营活动取得的所得，个人独资企业投资人、合伙企业的个人合伙人来源于境内注册的个人独资企业、合伙企业生产、经营的所得<br>(2) 个人依法从事办学、医疗、咨询以及其他有偿服务活动取得的所得<br>(3) 个人对企业、事业单位承包经营、承租经营以及转包、转租取得的所得<br>(4) 个人从事其他生产、经营活动取得的所得 |
| 其他所得 | 利息、股息、红利所得，财产租赁所得，财产转让所得，偶然所得 |

## 三、个人所得税的税率

个人所得税按所得项目不同，分别适用超额累进税率和比例税率。

(1) 综合所得，适用超额累进税率，税率为3%～45%，其级距和具体各级适用税率见表9-11。

表9-11　综合所得适用个人所得税税率表

| 级数 | 全年应纳税所得额 | 税率 |
| --- | --- | --- |
| 1 | 不超过36 000元的 | 3% |
| 2 | 超过36 000元至144 000元的部分 | 10% |
| 3 | 超过144 000元至300 000元的部分 | 20% |
| 4 | 超过300 000元至420 000元的部分 | 25% |
| 5 | 超过420 000元至660 000元的部分 | 30% |
| 6 | 超过660 000元至960 000元的部分 | 35% |
| 7 | 超过960 000元的部分 | 45% |

【提示】本表所称全年应纳税所得额，是指居民个人取得综合所得以每一纳税年度收入额减除费用 6 万元以及专项扣除、专项附加扣除和依法确定的其他扣除后的余额。

(2) 经营所得，适用超额累进税率，税率为 5%～35%，其级距和具体各级适用税率见表 9-12。

表 9-12　经营所得适用个人所得税税率表

| 级数 | 全年应纳税所得额 | 税率 |
| --- | --- | --- |
| 1 | 不超过 30 000 元的 | 5% |
| 2 | 超过 30 000 元至 90 000 元的部分 | 10% |
| 3 | 超过 90 000 元至 300 000 元的部分 | 20% |
| 4 | 超过 300 000 元至 500 000 元的部分 | 30% |
| 5 | 超过 500 000 元的部分 | 35% |

【提示】本表所称全年应纳税所得额，是指以每一纳税年度的收入总额减去成本、费用以及损失后的余额。

(3) 利息、股息、红利所得，财产租赁所得，财产转让所得和偶然所得，适用比例税率，税率为 20%。

>> 典型例题

[单项选择题] 根据最新税法的相关规定，个人所得税工资、薪金的计算适用（　　）。

A. 3%～45% 的超额累进税率　　　　B. 5%～35% 的超额累进税率

C. 20% 的比例税率　　　　　　　　D. 5%～45% 的超额累进税率

[解析] 工资、薪金所得个人所得税的计算适用 3%～45% 的超额累进税率。

答案：A

## 四、个人所得税减免税优惠 ☆☆☆

(一) 法定免征项目

(1) 省级人民政府、国务院部委和中国人民解放军军以上单位，以及外国组织、国际组织颁发的科学、教育、技术、文化、卫生、体育、环境保护等方面的奖金。

(2) 国债和国家发行的金融债券利息。

(3) 按照国家统一规定发给的补贴、津贴：是指按照国务院规定发给的政府特殊津贴、院士津贴，以及国务院规定免予缴纳个人所得税的其他补贴、津贴。

(4) 福利费、抚恤金、救济金。

(5) 保险赔款。

(6) 军人的转业费、复员费、退役金。

(7) 按照国家统一规定发给干部、职工的安家费、退职费、基本养老金或者退休费、离休费、离休生活补助费。

(8) 依照有关法律规定应予免税的各国驻华使馆、领事馆的外交代表、领事官员和其他人员的所得。

(9) 中国政府参加的国际公约、签订的协议中规定免税的所得。

(10) 国务院规定的其他免税所得。

(二) 其他免税或暂免征收项目

(1) 个人举报、协查各种违法、犯罪行为获得的奖金。

(2) 个人办理代扣代缴税款手续按规定取得的扣缴手续费。

(3) 个人转让自用5年以上且是唯一家庭生活用房取得的收入。

(4) 个人购买社会福利有奖募捐奖券、体育彩票，一次中奖在1万元以下（含1万元）的收入。

(5) 法律援助人员按照《中华人民共和国法律援助法》规定获得法律援助补贴。

(6) 计入个人养老资金账户的投资收益。

(三) 法定减免项目

(1) 残疾、孤老人员和烈属的所得。

(2) 因自然灾害遭受重大损失的。

减征具体幅度和期限，由省、自治区、直辖市人民政府规定，并报同级人民代表大会常务委员会备案。

(四) 其他优惠政策

居民个人取得全年一次性奖金，符合相关规定的，在2023年12月31日前，可以选择并入当年综合所得计算纳税，也可以选择不并入当年综合所得，单独作为一个月工资、薪金所得计算纳税，但在一个纳税年度内，对每一个纳税人，该计税办法只允许采用一次。

2022年10月1日至2023年12月31日，对出售自有住房并在现住房出售后1年内在市场重新购买住房的纳税人，对其出售现住房已缴纳的个人所得税予以退税优惠。其中，新购住房金额大于或等于现住房转让金额的，全部退还已缴纳的个人所得税；新购住房金额小于现住房转让金额的，按新购住房金额占现住房转让金额的比例退还出售现住房已缴纳的个人所得税。

> 典型例题

[单项选择题] 个人取得的下列收入中，应征收个人所得税的是（　　）。

A. 个人取得的保险赔款

B. 职工缴纳的企业年金

C. 个人投保的商业意外保险

D. 个人购买体育彩票取得的中奖收入8 000元

[解析] A项，保险赔款免征个人所得税；B项，个人缴付符合国家规定的企业年金、职业年金，个人购买符合国家规定的商业健康保险、税收递延型商业养老保险的支出，以及国务院规定可以扣除的其他项目，可以在计算个人所得税应纳税所得额时扣除。D项，个人购买社会福利有奖募捐奖券、体育彩票，一次中奖在1万元以下（含1万元）的收入，免征个人所得税。

答案：C

### 五、个人所得税应纳税所得额的确定及应纳税额的计算 ☆☆☆

(一) 综合所得

(1) 居民个人的综合所得,以每一纳税年度的收入额减除费用 60 000 元以及专项扣除、专项附加扣除和依法确定的其他扣除后的余额,为应纳税所得额。即:

综合所得的应纳税所得额=收入额－60 000 元－专项扣除－专项附加扣除－其他扣除

(2) 劳务报酬所得、稿酬所得、特许权使用费所得以收入减除 20% 的费用后的余额为收入额。属于一次性收入的,以取得该项收入为一次;属于同一项目连续性收入的,以一个月内取得的收入为一次。稿酬所得的收入额减按 70% 计算。

(3) 专项扣除,包括居民个人按照国家规定的范围和标准缴纳的基本养老保险、基本医疗保险、失业保险等社会保险费和住房公积金等。

(4) 专项附加扣除的具体内容见表 9-13。

**表 9-13　专项附加扣除的具体项目**

| 项目 | 具体内容 |
| --- | --- |
| 子女教育支出 | 纳税人的子女接受全日制学历教育的相关支出,按照每个子女每月 1 000 元的标准定额扣除。学历教育包括义务教育(小学、初中教育)、高中阶段教育(普通高中、中等职业、技工教育)、高等教育(大学专科、大学本科、硕士研究生、博士研究生教育)。年满 3 岁至小学入学前处于学前教育阶段的子女,也可享受该扣除 |
| 继续教育支出 | 纳税人在中国境内接受学历(学位)继续教育的支出,在学历(学位)教育期间按照每月 400 元定额扣除。同一学历(学位)继续教育的扣除期限不能超过 48 个月。纳税人接受技能人员职业资格继续教育、专业技术人员职业资格继续教育的支出,在取得相关证书的当年,按照 3 600 元定额扣除 |
| 大病医疗支出 | 在一个纳税年度内,纳税人发生的与基本医保相关的医药费用支出,扣除医保报销后个人负担累计超过 15 000 元的部分,由纳税人在办理年度汇算清缴时,在 80 000 元限额内据实扣除。纳税人发生的医药费用支出可以选择由本人或者其配偶扣除;未成年子女发生的医药费用支出可以选择由其父母一方扣除 |
| 住房贷款利息支出 | 纳税人本人或者配偶单独或者共同通过贷款购买的首套住房贷款利息支出,在实际发生贷款利息的年度,按照每月 1 000 元的标准定额扣除,扣除期限最长不超过 240 个月。纳税人只能享受一次首套住房贷款的利息扣除 |
| 住房租金支出 | (1) 直辖市、省会(首府)城市、计划单列市以及国务院确定的其他城市,扣除标准为每月 1 500 元。<br>(2) 除第(1)项所列城市以外,市辖区户籍人口超过 100 万的城市,扣除标准为每月 1 100 元;市辖区户籍人口不超过 100 万的城市,扣除标准为每月 800 元 |
| 赡养老人支出 | 纳税人为独生子女的,按照每月 2 000 元的标准定额扣除;纳税人为非独生子女的,由其与兄弟姐妹分摊每月 2 000 元的扣除额度,每人分摊的额度不能超过每月 1 000 元,可以由赡养人均摊或者约定分摊,也可以由被赡养人指定分摊 |
| 3 岁以下婴幼儿照护支出 | 纳税人照护 3 岁以下婴幼儿的相关支出,父母(监护人)按照每孩每月 1 000 元的标准定额扣除。父母(监护人)可以选择由其中一方按标准的 100% 扣除,父母(监护人)也可以由双方分别按扣除标准的 50% 扣除 |

【提示】以上内容根据《个人所得税专项附加扣除暂行办法》编制。

（5）依法确定的其他扣除，包括个人缴付符合国家规定的企业年金、职业年金，个人购买符合国家规定的商业健康保险、税收递延型商业养老保险的支出，以及国务院规定可以扣除的其他项目。

**（二）经营所得**

经营所得以每一纳税年度的收入总额减除成本、费用以及损失后的余额为应纳税所得额。

取得经营所得的个人，没有综合所得的，计算其每一纳税年度的应纳税所得额时，应当减除费用6万元、专项扣除、专项附加扣除以及依法确定的其他扣除。

**（三）财产租赁所得**

财产租赁所得，每次收入不超过4 000元的，减除费用800元；在4 000元以上的，减除20%的费用，其余额为应纳税所得额。财产租赁所得以一个月内取得的收入为一次。

**（四）财产转让所得**

财产转让所得应纳税所得额＝收入额－财产原值－合理费用

**（五）利息、股息、红利所得和偶然所得**

利息、股息、红利所得和偶然所得以每次收入额为应纳税所得额。

**（六）公益捐赠扣除**

个人将其所得通过中国境内的公益性社会组织及国家机关向教育、扶贫、济困等公益慈善事业的捐赠，捐赠额未超过纳税人申报的应纳税所得额30%的部分，可以从其应纳税所得额中扣除。

**（七）应纳税额应分项分别计算**

相关计算公式如下：

综合所得应纳税额＝全年应纳税所得额×适用税率－速算扣除数

经营所得应纳税额＝全年应纳税所得额×适用税率－速算扣除数

其他所得应纳税额＝每月或每次应纳税所得额×适用税率

应纳税额＝综合所得应纳税额＋经营所得应纳税额＋其他所得应纳税额

**六、个人所得税的征收管理**☆☆☆

《个人所得税扣缴申报管理办法（试行）》规定，2019年1月1日起，个人所得税实行扣缴义务人扣缴申报和纳税人自行申报相结合的征收管理模式。

**（一）个人所得税的扣缴申报**

1. 基本内容

（1）扣缴义务人，是指向个人支付所得的单位或者个人。扣缴义务人应当依法办理全员全额扣缴申报。

（2）全员全额扣缴申报，是指扣缴义务人应当在代扣税款的次月15日内，向主管税务机关报送其支付所得的所有个人的有关信息、支付所得数额、扣除事项和数额、扣缴税款的具体数额和总额，以及其他相关涉税信息资料。

（3）扣缴申报的所得范围。实行个人所得税全员全额扣缴申报的应税所得包括：工资、薪金所得；劳务报酬所得；稿酬所得；特许权使用费所得；利息、股息、红利所得；财产租赁所得；财产转让所得；偶然所得。

（4）扣缴税款信息提供。支付工资、薪金所得的扣缴义务人应当于年度终了后2个月内，向纳税人提供其个人所得和已扣缴税款等信息。纳税人年度中间需要提供上述信息的，扣缴义务人应当提供。纳税人取得除工资、薪金所得以外的其他所得，扣缴义务人应当在扣缴税款后，及时向纳税人提供其个人所得和已扣缴税款等信息。

2. 具体项目的扣缴申报

（1）工资、薪金所得扣缴申报。其具体计算公式如下：

本期应预扣预缴税额＝（累计预扣预缴应纳税所得额×预扣率－速算扣除数）－累计减免税额－累计已预扣预缴税额

累计预扣预缴应纳税所得额＝累计收入－累计免税收入－累计减除费用－累计专项扣除－累计专项附加扣除－累计依法确定的其他扣除

【提示1】累计减除费用，按照5 000元/月乘以纳税人当年截至本月在本单位的任职受雇月份数计算。本期应预扣预缴税额为负值时，暂不退税。纳税年度终了后仍为负值时，由纳税人通过办理综合所得年度汇算清缴，税款多退少补。

【提示2】对一个纳税年度内首次取得工资、薪金所得的居民个人，扣缴义务人在预扣预缴个人所得税时，可按照5 000元/月乘以纳税人当年截至本月月份数计算累计减除费用。

【提示3】对上一完整纳税年度内每月均在同一单位预扣预缴工资、薪金所得个人所得税且全年工资、薪金收入不超过6万元的居民个人，扣缴义务人在预扣预缴本年度工资、薪金所得个人所得税时，累计减除费用自1月起直接按照全年6万元计算扣除。

工资、薪金所得个人所得税预扣率见表9-14。

表9-14 个人所得税预扣率表一（居民个人工资、薪金所得预扣预缴适用）

| 级数 | 累计预扣预缴应纳税所得额 | 预扣率 | 速算扣除数 |
| --- | --- | --- | --- |
| 1 | 不超过36 000元 | 3% | 0 |
| 2 | 超过36 000元至144 000元的部分 | 10% | 2 520 |
| 3 | 超过144 000元至300 000元的部分 | 20% | 16 920 |
| 4 | 超过300 000元至420 000元的部分 | 25% | 31 920 |
| 5 | 超过420 000元至660 000元的部分 | 30% | 52 920 |
| 6 | 超过660 000元至960 000元的部分 | 35% | 85 920 |
| 7 | 超过960 000元的部分 | 45% | 181 920 |

（2）劳务报酬所得、稿酬所得、特许权使用费所得扣缴申报。劳务报酬所得、稿酬所得、特许权使用费所得以每次收入减除费用后的余额为收入额；稿酬所得的收入额减按70%计算。

【提示】预扣预缴税款时，劳务报酬所得、稿酬所得、特许权使用费所得每次收入不超过4 000元的，减除费用按800元计算；每次收入4 000元以上的，减除费用按收入的20%计算。

稿酬所得、特许权使用费所得适用20%的比例预扣率；劳务报酬所得适用表9-15。

表 9-15　个人所得税预扣率表二（居民个人劳务报酬所得预扣预缴适用）

| 级数 | 预扣预缴应纳税所得额 | 预扣率 | 速算扣除数 |
|---|---|---|---|
| 1 | 不超过 20 000 元 | 20% | 0 |
| 2 | 超过 20 000 元至 50 000 元的部分 | 30% | 2 000 |
| 3 | 超过 50 000 元的部分 | 40% | 7 000 |

【提示】居民个人办理年度综合所得汇算清缴时，应当依法计算劳务报酬所得、稿酬所得、特许权使用费所得的收入额，并入年度综合所得计算应纳税款，税款多退少补。

（3）其他所得扣缴申报。扣缴义务人支付利息、股息、红利所得，财产租赁所得，财产转让所得或者偶然所得时，应当依法按次或者按月代扣代缴税款，适用 20% 的比例预扣率。

[例题] 某职工张某 2019 年每月应发工资均为 30 000 元，每月减除费用 5 000 元，"三险一金"专项扣除为 3 500 元，享受子女教育专项附加扣除 1 000 元，赡养老人专项附加扣除 1 000 元，没有其他减免税额情况，以前两个月为例，根据以上资料，分别计算 1、2 月预扣预缴税款。

[答案] 1 月应预扣预缴的税款 =（30 000 − 5 000 − 3 500 − 2 000）× 3% = 585（元）；2 月应预扣预缴的税款 =（30 000 × 2 − 5 000 × 2 − 3 500 × 2 − 2 000 × 2）× 10% − 2 520 − 585 = 795（元）。

（二）自行申报纳税

1. 申报纳税的所得项目

有下列情形之一的，纳税人应当依法办理纳税申报：

（1）取得综合所得需要办理汇算清缴。

（2）取得应税所得没有扣缴义务人。

（3）取得应税所得，扣缴义务人未扣缴税款。

（4）取得境外所得。

（5）因移居境外注销中国户籍。

（6）非居民个人在中国境内从两处以上取得工资、薪金所得。

（7）国务院规定的其他情形。

2. 自行申报方式

纳税人可以直接到主管税务机关申报，也可以采用远程办税端、邮寄等方式申报。

3. 2022 年度个人所得税综合所得汇算清缴的办理

（1）办理时间。2022 年度汇算办理时间为 2023 年 3 月 1 日至 6 月 30 日。在中国境内无住所的纳税人在 3 月 1 日前离境的，可以在离境前办理。

（2）无须办理年度汇算的纳税人。纳税人在 2022 年度已依法预缴个人所得税且符合下列情形之一的，无须办理年度汇算：

①年度汇算需补税但综合所得收入全年不超过 12 万元的。

②年度汇算需补税金额不超过 400 元的。

③已预缴税额与年度汇算应纳税额一致的。

④符合年度汇算退税条件但不申请退税的。

(3) 需要办理年度汇算的纳税人。依据税法规定，符合下列情形之一的，纳税人需要办理年度汇算：

①已预缴税额大于年度应纳税额且申请退税的。

②综合所得收入全年超过 12 万元且需要补税金额超过 400 元的。

因适用所得项目错误或者扣缴义务人未依法履行扣缴义务，造成纳税年度内少申报或者未申报综合所得的，纳税人应当依法据实办理年度汇算。

(4) 具体公式。

$$应退或应补税额=\left[\left(\begin{array}{l}综合所得\\收入额\end{array}-60\,000元-\begin{array}{l}"三险一金"\\等专项扣除\end{array}-\begin{array}{l}子女教育等\\专项附加扣除\end{array}-\begin{array}{l}依法确定的\\其他扣除\end{array}-捐赠\right)\times 适用税率-速算扣除数\right]-已预缴税额$$

依据税法规定，年度汇算不涉及财产租赁等分类所得，以及纳税人按规定选择不并入综合所得计算纳税的所得。

(5) 办理方式。纳税人可自主选择下列办理方式：

①自行办理年度汇算。

②通过任职受雇单位（含按累计预扣法预扣预缴其劳务报酬所得个人所得税的单位，下同。以下简称"单位"）代为办理。

纳税人提出代办要求的，单位应当代为办理，或者培训、辅导纳税人通过网上税务局（包括手机个人所得税 App，下同）完成年度汇算申报和退（补）税。

由单位代为办理的，纳税人应在 2023 年 4 月 30 日前与单位以书面或者电子等方式进行确认，补充提供其 2022 年度在本单位以外取得的综合所得收入、相关扣除、享受税收优惠等信息资料，并对所提交信息的真实性、准确性、完整性负责。纳税人未与单位确认请其代为办理年度汇算的，单位不得代办。

③委托涉税专业服务机构或其他单位及个人（以下称"受托人"）办理，受托人需与纳税人签订授权书。

单位或受托人为纳税人办理年度汇算后，应当及时将办理情况告知纳税人。纳税人发现申报信息存在错误的，可以要求单位或受托人办理更正申报，也可自行办理更正申报。

(6) 办理渠道。为便利纳税人，税务机关为纳税人提供高效、快捷的网络办税渠道。纳税人可优先通过网上税务局办理年度汇算，税务机关将按规定为纳税人提供申报表预填服务；不方便通过上述方式办理的，也可以通过邮寄方式或到办税服务厅办理。

(7) 接受年度汇算申报的税务机关。

①按照方便就近原则，纳税人自行办理或受托人为纳税人代为办理年度汇算的，向纳税人任职受雇单位的主管税务机关申报；有两处及以上任职受雇单位的，可自主选择向其中一处申报。

②纳税人没有任职受雇单位的，向其户籍所在地、经常居住地或者主要收入来源地的主管税务机关申报。主要收入来源地是指纳税人纳税年度内取得的劳务报酬、稿酬及特许权使用费三项所得累计收入最大的扣缴义务人所在地。

③单位为纳税人代办年度汇算的,向单位的主管税务机关申报。

④为了方便纳税服务和征收管理,年度汇算期结束后,税务部门将为尚未办理申报的纳税人确定其主管税务机关。

4. 取得经营所得的纳税申报

(1) 预缴纳税申报。个体工商户业主、个人独资企业投资者、合伙企业个人合伙人、承包承租经营者个人以及其他从事生产、经营活动的个人取得经营所得,按年计算个人所得税,由纳税人在月度或季度终了后 15 日内,向经营管理所在地主管税务机关办理预缴纳税申报。

(2) 汇算清缴纳税申报。在取得所得的次年 3 月 31 日前,向经营管理所在地主管税务机关办理汇算清缴。

5. 取得应税所得,扣缴义务人未扣缴税款的纳税申报

(1) 居民个人取得综合所得的,应当在取得所得的次年 3 月 1 日至 6 月 30 日内办理纳税申报。

(2) 非居民个人取得工资、薪金所得,劳务报酬所得,稿酬所得,特许权使用费所得的,应当在取得所得的次年 6 月 30 日前,向扣缴义务人所在地主管税务机关办理纳税申报。

(3) 纳税人取得利息、股息、红利所得,财产租赁所得,财产转让所得和偶然所得的,应当在取得所得的次年 6 月 30 日前,按相关规定向主管税务机关办理纳税申报。

6. 取得境外所得的纳税申报

居民个人取得境外所得应当在取得所得的次年 3 月 1 日至 6 月 30 日内,向中国境内主管税务机关办理纳税申报。

7. 因移居境外注销中国户籍的纳税申报

应当在申请注销中国户籍前,向户籍所在地主管税务机关办理纳税申报,进行税款清算。

8. 非居民个人在中国境内从两处以上取得工资、薪金所得的纳税申报

应当在取得所得的次月 15 日内,向其中一处任职、受雇单位所在地主管税务机关办理纳税申报。

# 第十章

# 其他税收制度

**大纲再现**

理解财产税制、资源税制、行为目的税制等各税种及其基本规定，计算各项税收应纳税额。

**大纲解读**

历年考试时单项选择题、多项选择题以及案例分析题都会涉及本章的内容，分值一般在20分左右。

本章为财政税收的重点章节，主要讲述了13种税的基本制度。本章的显著特点是税种多，但内容相对简单，可以按照税制要素的构成对比学习和记忆。

知识脉络

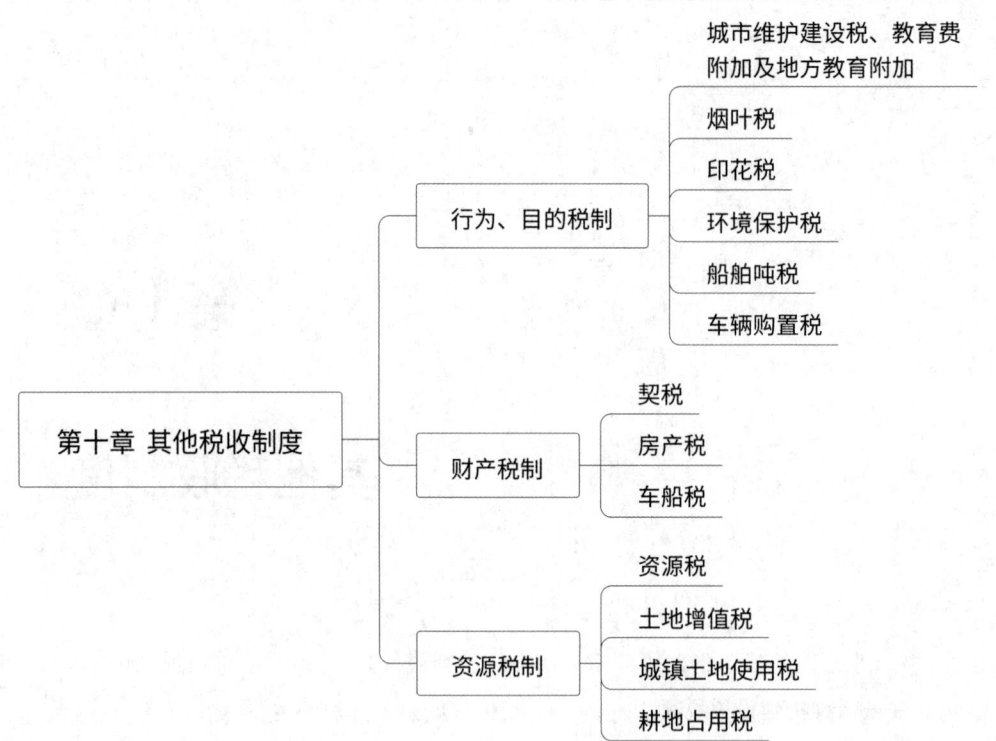

# 第十章 其他税收制度

## 考点1 行为、目的税制☆☆☆

### 一、城市维护建设税、教育费附加及地方教育附加☆☆☆

(一) 基本内容

城市维护建设税、教育费附加及地方教育附加的基本内容见表10-1。

表10-1 城市维护建设税、教育费附加及地方教育附加

| 项目 | 城市维护建设税 | 教育费附加和地方教育附加 |
| --- | --- | --- |
| 纳税人 | 负有缴纳"两税（增值税、消费税）"义务的单位和个人 | |
| 税率 | (1) 7%：纳税人所在地在市区的<br>(2) 5%：纳税人所在地在县城、镇的<br>(3) 1%：纳税人所在地在除市区、县城或镇以外的地方 | 教育费附加征收率为3%<br>地方教育附加征收率为2% |
| 计税依据 | 纳税人实际缴纳的消费税、增值税税额之和 | |
| 应纳税额 | 应纳税额=实际缴纳的"两税"税额×适用税率 | 应纳教育费附加和地方教育附加=纳税人实际缴纳的"两税"税额×征收率 |

【提示1】纳税人因违反增值税、消费税的有关规定而加收的滞纳金和罚款不作为二者的计税依据。

【提示2】任何单位或个人，只要缴纳"两税"中的一种，就必须同时缴纳城市维护建设税和教育费附加。

[例题1] 位于市区的某企业2019年7月实际缴纳增值税300 000元，消费税400 000元。试计算该企业应纳的城市维护建设税税额。

[答案] 应纳城市维护建设税税额=（300 000+400 000）×7%=49 000（元）。

[例题2] 某市一企业2019年5月实际缴纳增值税200 000元，消费税300 000元。试计算该企业应缴纳的教育费附加。

[答案] 应纳教育费附加=（200 000+300 000）×3%=15 000（元）。

【提示】缴纳城市维护建设税的两种特殊情况见表10-2。

表10-2 城市维护建设税的两种特殊情况

| 特殊情况 | 适用税率 | 纳税地点 |
| --- | --- | --- |
| 代收代缴城市维护建设税 | 代收代缴方所在地适用税率 | 代收代缴方所在地 |
| 流动经营无固定纳税地点 | 经营地适用的税率 | 随同"两税"在经营地缴纳 |

(二) 城市维护建设税和教育费附加的减免规定

城市维护建设税和教育费附加的减免具体规定见表10-3。

表10-3 城市维护建设税和教育费附加的减免规定

| 项目 | 城市维护建设税 | 教育费附加 |
| --- | --- | --- |
| 不同点 | 城市维护建设税按减免后实际缴纳的"两税"税额计征，即随"两税"的减免而减免。海关对进口产品代征的增值税、消费税，不征收城市维护建设税 | 海关对进口产品代征的增值税、消费税，不征收教育费附加 |

续表

| 项目 | 城市维护建设税 | 教育费附加 |
|---|---|---|
| 相同点 | (1) 对由于减免增值税、消费税而发生退税的,可以同时退还已征收的城市维护建设税、教育费附加;对"两税"实行先征后返、先征后退、即征即退办法的,不退还城市维护建设税和教育费附加<br>(2) 经国务院批准,为支持国家重大水利工程建设,对国家重大水利工程建设基金免征城市维护建设税和教育费附加 | |

### 典型例题

[多项选择题] 下列关于城市维护建设税和教育费附加的说法,正确的有（　　）。

A. 城市维护建设税的纳税人和教育费附加的缴纳人是增值税和消费税的纳税人
B. 海关对进口产品代征的增值税、消费税,不征收城市维护建设税和教育费附加
C. 城市维护建设税和教育费附加的征收依据包括纳税人违反增值税法律制度缴纳的罚款
D. 城市维护建设税和教育费附加的计征范围和增值税、消费税一致
E. 对出口产品退还代征的增值税、消费税的,不退还已征的城市维护建设税和教育费附加

[解析] 纳税人违反"两税"有关税法而加收的滞纳金和罚款,不作为城市维护建设税和教育费附加的计税依据,C项错误。

答案：ABDE

## 二、烟叶税 ☆☆

烟叶税的基本内容见表10-4。

表10-4　烟叶税

| 项目 | 内容 |
|---|---|
| 纳税人 | 在中华人民共和国境内,依照《中华人民共和国烟草专卖法》的规定有权收购烟叶的烟草公司或受其委托收购烟叶的单位 |
| 征税范围 | 烟叶,包括晾晒烟叶、烤烟叶 |
| 税率 | 20% |
| 应纳税额的计算 | 应纳税额＝（收购价款＋价外补贴）×20%＝收购价款×（1＋10%）×20%<br>【提示】价外补贴统一为烟叶收购价款的10% |
| 征收管理 | (1) 纳税地点：纳税人应当向烟叶收购地的主管税务机关申报缴纳烟叶税<br>(2) 纳税义务发生时间：纳税人收购烟叶的当日。烟叶税按月计征,纳税人应当于纳税义务发生月终了之日起15日内申报并缴纳税款 |

[例题] 甲县一家烟草公司向相邻的乙县收购烟叶,2019年8月15日支付烟叶收购价款70万元,另对烟农按收购价款的10%支付了价外补贴。试计算该烟草公司应纳的烟叶税税额。

[答案] 价外补贴按烟叶收购价款的10%计入收购金额。故应纳烟叶税税额＝70×（1＋10%）×20%＝15.4（万元）。

## 三、印花税 ☆☆☆

（一）印花税的基本内容

印花税的基本内容见表10-5。

表10-5 印花税

| 项目 | 具体内容 |
|---|---|
| 概念 | 对境内应税凭证、证券交易所征收的一种税 |
| 纳税人 | 在我国境内书立应税凭证、进行证券交易的单位和个人；在我国境外书立在境内使用的应税凭证的单位和个人 |
| 征税范围 | (1) 合同：借款合同、融资租赁合同、买卖合同、承揽合同、建设工程合同、运输合同、技术合同、租赁合同、保管合同、仓储合同、财产保险合同<br>(2) 产权转移书据：土地使用权出让书据、土地使用权、房屋等建筑物和构筑物所有权转让书据（不包括土地承包经营权和土地经营权转移）、股权转让书据（不包括应缴纳证券交易印花税的）、商标专用权、著作权、专利权、专有技术使用权转让书据<br>(3) 营业账簿<br>(4) 证券交易 |
| 税率 | (1) 0.05‰：借款合同、融资租赁合同<br>(2) 0.3‰：买卖合同、承揽合同、建设工程合同、运输合同、技术合同；商标专用权、著作权、专利权、专有技术使用权转让书据<br>(3) 0.5‰：土地使用权出让书据、土地使用权、房屋等建筑物和构筑物所有权转让书据、股权转让书据<br>(4) 0.25‰：营业账簿 |

【提示1】印花税纳税人的具体情形见表10-6。

表10-6 印花税纳税人的具体情形

| 具体情形 | 纳税人 |
|---|---|
| 书立应税凭证 | 对应凭证有直接权利义务关系的单位和个人 |
| 采用委托贷款方式书立的借款合同 | 受托人和借款，不包括委托人 |
| 按买卖合同或者产权转移书据税目缴纳印花税的拍卖成交确认书 | 拍卖标的的产权人和买卖人，不包括拍卖人 |
| 证券交易印花税 | 对证券交易的出让方征收，不对受让方征收 |

【提示2】不属于印花税征收范围的情形：

①人民法院的生效法律文书、仲裁机构的仲裁文书、监察机关的监察文书。

②县级以上人民政府及其所属部门按照行政管理权限征收、收回或者补偿安置房地产书立的合同、协议或者行政类文书。

③总公司与分公司、分公司与分公司之间书立的作为执行计划使用的凭证。

【提示3】应税凭证的具体情形：

①企业之间书立的确定买卖关系、明确买卖双方权利义务的订单、要货单等单据，且未另外书立买卖合同的，应当按规定缴纳印花税。

②发电厂与电网之间、电网与电网之间书立的购售电合同，应当按买卖合同税目缴纳印花税。

③在中华人民共和国境外书立在境内使用的应税凭证,应当按规定缴纳印花税。具体包括以下几种情形:应税凭证的标的为不动产的,该不动产在境内;应税凭证的标的为股权的,该股权为中国居民企业的股权;应税凭证的标的为动产或者商标专用权、著作权、专利权、专有技术使用权的,其销售方或者购买方在境内,但不包括境外单位或者个人向境内单位或者个人销售完全在境外使用的动产或者商标专用权、著作权、专利权、专有技术使用权;应税凭证的标的为服务的,其提供方或者接受方在境内,但不包括境外单位或者个人向境内单位或者个人提供完全在境外发生的服务。

(二)印花税应纳税额的计算

印花税应纳税额的计算见表10-7。

表10-7 印花税应纳税额的计算

| 各类应税凭证 | 计税依据 | 征收方法 | 应纳税额的计算 |
| --- | --- | --- | --- |
| 应税合同 | 合同所列的金额,不包括列明的增值税税款 | 从价计征 | 应纳税额=计税依据×适用税率 |
| 应税产权转移书据 | 产权转移书据所列的金额,不包括列明的增值税税款 | | |
| 应税营业账簿 | 账簿记载的实收资本(股本)、资本公积合计金额 | | |
| 证券交易 | 成交金额 | | |

【提示1】关于计税依据,《财政部 税务总局关于印花税若干事项政策执行口径的公告》(财政部 税务总局公告2022年第22号)第三条规定:

(1)同一应税合同、应税产权转移书据中涉及两方以上纳税人,且未列明纳税人各自涉及金额的,以纳税人平均分摊的应税凭证所列金额(不包括列明的增值税税款)确定计税依据。

(2)应税合同、应税产权转移书据所列的金额与实际结算金额不一致,不变更应税凭证所列金额的,以所列金额为计税依据;变更应税凭证所列金额的,以变更后的所列金额为计税依据。已缴纳印花税的应税凭证,变更后所列金额增加的,纳税人应当就增加部分的金额补缴印花税;变更后所列金额减少的,纳税人可以就减少部分的金额向税务机关申请退还或者抵缴印花税。

(3)纳税人因应税凭证列明的增值税税款计算错误导致应税凭证的计税依据减少或者增加的,纳税人应当按规定调整应税凭证列明的增值税税款,重新确定应税凭证计税依据。已缴纳印花税的应税凭证,调整后计税依据增加的,纳税人应当就增加部分的金额补缴印花税;调整后计税依据减少的,纳税人可以就减少部分的金额向税务机关申请退还或者抵缴印花税。

(4)纳税人转让股权的印花税计税依据,按照产权转移书据所列的金额(不包括列明的认缴后尚未实际出资权益部分)确定。

(5)应税凭证金额为人民币以外的货币的,应当按照凭证书立当日的人民币汇率中间价折合人民币确定计税依据。

(6)境内的货物多式联运,采用在起运地统一结算全程运费的,以全程运费作为运输合同的计税依据,由起运地运费结算双方缴纳印花税;采用分程结算运费的,以分程的运费作为计税依据,分别由办理运费结算的各方缴纳印花税。

【提示 2】关于应纳税额：

(1) 同一应税凭证载有两个以上税目事项并分别列明金额的，按照各自适用的税目税率分别计算应纳税额；未分别列明金额的，从高适用税率。

(2) 同一应税凭证由两方以上当事人书立的，按照各自涉及的金额分别计算应纳税额。

(3) 已缴纳印花税的营业账簿，以后年度记载的实收资本（股本）、资本公积合计金额比已缴纳印花税的实收资本（股本）、资本公积合计金额增加的，按照增加部分计算应纳税额。

(三) 印花税的减免

1. 免征印花税

(1) 应税凭证的副本或者抄本。

(2) 无息或者贴息借款合同、国际金融组织向中国提供优惠贷款书立的借款合同。

(3) 农民、家庭农场、农民专业合作社、农村集体经济组织、村民委员会购买农业生产资料或者销售农产品书立的买卖合同和农业保险合同。

(4) 中国人民解放军、中国人民武装警察部队书立的应税凭证。

(5) 非营利性医疗卫生机构采购药品或者卫生材料书立的买卖合同。

(6) 依照法律规定应当予以免税的外国驻华使馆、领事馆和国际组织驻华代表机构为获得馆舍书立的应税凭证。

(7) 财产所有权人将财产赠与政府、学校、社会福利机构、慈善组织书立的产权转移书据。

(8) 个人与电子商务经营者订立的电子订单。

2. 特殊优惠规定

(1) 对农民专业合作社与本社成员签订的农业产品和农业生产资料购销合同，免征印花税。

(2) 贴息贷款合同免纳印花税。

(3) 对个人出租、承租住房签订的租赁合同，免征印花税。

(4) 对个人销售或购买住房暂免征收印花税。

(5) 自 2018 年 1 月 1 日至 2025 年 12 月 31 日，对易地扶贫搬迁项目实施主体取得用于建设安置住房的土地，免征契税、印花税。

(6) 自 2018 年 1 月 1 日至 2023 年 12 月 31 日，对金融机构与小型企业、微型企业签订的借款合同免征印花税。

(7) 自 2019 年 1 月 1 日至 2023 年 12 月 31 日，对公租房经营管理单位免征建设、管理公租房涉及的印花税。在其他住房项目中配套建设公租房，按公租房建筑面积占总建筑面积的比例免征建设、管理公租房涉及的印花税。

(8) 对铁路、公路、航运、水陆承运快件行李、包裹开具的托运单据，暂免贴花。

(9) 对改造安置住房经营管理单位、开发商与改造安置住房相关的印花税以及购买安置住房的个人涉及的印花税予以免征。

(10) 对财产所有人将财产（物品）捐赠给北京冬奥组委所书立的产权转移书据免征应缴

纳的印花税。

（11）对房地产管理部门与个人订立的租房合同，凡用于生活居住的，暂免贴花；用于生产经营的，应按规定贴花。

（12）对经济适用住房经营管理单位与经济适用住房相关的印花税以及经济适用住房购买人涉及的印花税予以免征。

3. 免税的具体情形

《财政部 税务总局关于印花税若干事项政策执行口径的公告》（财政部 税务总局公告2022年第22号）第四条规定：

（1）对应税凭证适用印花税减免优惠的，书立该应税凭证的纳税人均可享受印花税减免政策，明确特定纳税人适用印花税减免优惠的除外。

（2）享受印花税免税优惠的家庭农场，具体范围为以家庭为基本经营单元，以农场生产经营为主业，以农场经营收入为家庭主要收入来源，从事农业规模化、标准化、集约化生产经营，纳入全国家庭农场名录系统的家庭农场。

（3）享受印花税免税优惠的学校，具体范围为经县级以上人民政府或者其教育行政部门批准成立的大学、中学、小学、幼儿园，实施学历教育的职业教育学校、特殊教育学校、专门学校，以及经省级人民政府或者其人力资源社会保障行政部门批准成立的技工院校。

（4）享受印花税免税优惠的社会福利机构，具体范围为依法登记的养老服务机构、残疾人服务机构、儿童福利机构、救助管理机构、未成年人救助保护机构。

（5）享受印花税免税优惠的慈善组织，具体范围为依法设立、符合《中华人民共和国慈善法》规定，以面向社会开展慈善活动为宗旨的非营利性组织。

（6）享受印花税免税优惠的非营利性医疗卫生机构，具体范围为经县级以上人民政府卫生健康行政部门批准或者备案设立的非营利性医疗卫生机构。

（7）享受印花税免税优惠的电子商务经营者，具体范围按《中华人民共和国电子商务法》有关规定执行。

（四）印花税的征收管理

印花税的征收管理见表10-8。

表10-8 印花税的征收管理

| 项目 | | 具体内容 |
| --- | --- | --- |
| 纳税义务发生时间 | | 纳税人书立应税凭证或者完成证券交易的当日；证券交易印花税扣缴义务发生时间为证券交易完成的当日 |
| 其他规定 | 证券交易印花税按周解缴 | 证券交易印花税扣缴义务人应当自每周终了之日起5日内申报解缴税款以及银行结算的利息 |
| | 实行按次计征的 | 纳税人应当自纳税义务发生之日起15日内申报缴纳税款 |
| | 实行按季、按年计征的 | 纳税人应当自季度、年度终了之日起15日内申报缴纳税款 |

续表

| 项目 | | 具体内容 |
|---|---|---|
| 扣缴义务人 | 纳税人为境外单位或者个人 | 在境内有代理人的,以其境内代理人为扣缴义务人;在境内没有代理人的,由纳税人自行申报缴纳印花税,具体办法由国务院税务主管部门规定 |
| | 证券登记结算机构为证券交易印花税的扣缴义务人 | 应当向其机构所在地的主管税务机关申报解缴税款以及银行结算的利息 |
| | 纳税人为个人 | 应当向应税凭证书立地或者纳税人居住地的主管税务机关申报缴纳印花税 |
| | 纳税人为单位 | 应当向其机构所在地的主管税务机关申报缴纳印花税 |
| | 不动产产权发生转移的 | 应当向不动产所在地的主管税务机关申报缴纳印花税 |

>> 典型例题

[多项选择题] 下列关于印花税的说法,正确的有( )。

A. 证券交易印花税对证券交易的受让方征收

B. 管道运输合同按照运输合同缴纳印花税

C. 应税合同的计税依据不包括增值税税款

D. 同一应税凭证载有两个以上税目事项未分别列明金额的,从高适用税率

E. 产权转移书据未列明金额的,印花税的计税依据按照实际结算的金额确定

[解析] 证券交易印花税对证券交易的出让方征收,不对受让方征收,故 A 项错误。运输合同是指货运合同和多式联运合同,不包括管道运输合同,故 B 项错误。

答案:CDE

### 四、环境保护税 ☆☆

（一）纳税人与征税范围

环境保护税的纳税人与征税范围见表 10-9。

表 10-9 环境保护税的纳税人与征税范围

| 项目 | 内容 |
|---|---|
| 纳税人 | 在中华人民共和国领域和中华人民共和国管辖的其他海域,直接向环境排放应税污染物的企业、事业单位和其他生产经营者 |
| 征税范围 | (1) 应税污染物,包括大气污染物、水污染物、固体废物和噪声<br>(2) 依法设立的城乡污水集中处理、生活垃圾集中处理场所超过国家和地方规定的排放标准向环境排放应税污染物的<br>(3) 企业、事业单位和其他生产经营者贮存或者处置固体废物不符合国家和地方环境保护标准的 |

（二）税目、税额及应纳税额的计算

环境保护税税目、税额及应纳税额的计算见表 10-10。

表10-10 环境保护税税目、税额及应纳税额的计算

| 税目 | | 计税依据 | 税额 | 应纳税额的计算 |
| --- | --- | --- | --- | --- |
| 大气污染物 | | 污染物排放量折合的污染当量数 | 每污染当量1.2~12元 | (1) 应纳税额＝污染当量数×适用税额<br>(2) 污染当量数＝该污染物的排放量/该污染物的污染当量值 |
| 水污染物 | | | 每污染当量1.4~14元 | |
| 固体废物 | | 固体废物的排放量（吨） | 定额税率：危险废物每吨1 000元，煤矸石每吨5元，尾矿每吨15元，冶炼渣、粉煤灰等其他固体废物每吨25元 | 应纳税额＝固体废物排放量×适用税额 |
| 噪声 | 工业噪声 | 超标的分贝数（月） | 按照超标分贝数分为6档税额 | 为超过国家规定标准的分贝数对应的具体适用税额 |

【提示】应税大气污染物、水污染物、固体废物的排放量和噪声的分贝数，按照下列方法和顺序计算：

①纳税人安装使用符合国家规定和监测规范的污染物自动监测设备的，按照污染物自动监测数据计算。

②纳税人未安装使用污染物自动监测设备的，按照监测机构出具的符合国家有关规定和监测规范的监测数据计算。

③因排放污染物种类多等原因不具备监测条件的，按照国务院生态环境主管部门规定的排污系数、物料衡算方法计算。

④不能按照上述第①项至第③项规定的方法计算的，按照省、自治区、直辖市人民政府生态环境主管部门规定的抽样测算的方法核定计算。

（三）税收优惠

1. 环境保护税免征规定

（1）农业生产（不包括规模化养殖）排放应税污染物的。

（2）机动车、铁路机车、非道路移动机械、船舶和航空器等流动污染源排放应税污染物的。

（3）依法设立的城乡污水集中处理、生活垃圾集中处理场所排放相应应税污染物，不超过国家和地方规定的排放标准的。

（4）纳税人综合利用的固体废物，符合国家和地方环境保护标准的。

（5）国务院批准免税的其他情形。

2. 环境保护税减征规定

纳税人排放应税大气污染物或者水污染物的浓度值低于国家和地方规定的污染物排放标准30%的，减按75%征收环境保护税。

纳税人排放应税大气污染物或者水污染物的浓度值低于国家和地方规定的污染物排放标准50%的，减按50%征收环境保护税。

3. 环境保护税的征收

（1）关于应税污染物适用问题。燃烧产生废气中的颗粒物，按照烟尘征收环境保护税。排

放的扬尘、工业粉尘等颗粒物，除可以确定为烟尘、石棉尘、玻璃棉尘、炭黑尘的外，按照一般性粉尘征收环境保护税。

（2）关于税收减免适用问题。依法设立的生活垃圾焚烧发电厂、生活垃圾填埋场、生活垃圾堆肥厂，属于生活垃圾集中处理场所，其排放应税污染物不超过国家和地方规定的排放标准的，依法予以免征环境保护税。纳税人任何一个排放口排放应税大气污染物、水污染物的浓度值，以及没有排放口排放应税大气污染物的浓度值，超过国家和地方规定的污染物排放标准的，依法不予减征环境保护税。

（四）征收管理

（1）纳税义务发生时间：纳税人排放应税污染物的当日。

（2）纳税义务发生地点：纳税人应当向应税污染物排放地的税务机关申报缴纳环境保护税。

（3）环境保护税按月计算，按季申报缴纳。应当自季度终了之日起 15 日内，向税务机关办理纳税申报并缴纳税款。

（4）环境保护税不能按固定期限计算缴纳的，可以按次申报缴纳。纳税人按次申报缴纳的，应当自纳税义务发生之日起 15 日内，向税务机关办理纳税申报并缴纳税款。

>> 典型例题

[单项选择题] 下列各项中，应计算缴纳环境保护税的是（　　）。

A. 依法设立的城乡污水集中处理场所排放符合规定标准的应税污染物的

B. 农业生产非规模化养殖排放应税污染物的

C. 机动车等流动污染源排放应税污染物的

D. 纳税人排放应税污染物的浓度值低于国家和地方规定的污染物排放标准 50% 的

[解析] 有以下情形的，暂予免征环境保护税：①农业生产（不包括规模化养殖）排放应税污染物的；②机动车、铁路机车、非道路移动机械、船舶和航空器等流动污染源排放应税污染物的；③依法设立的城乡污水集中处理、生活垃圾集中处理场所排放相应应税污染物，不超过国家和地方规定的排放标准的；④纳税人综合利用的固体废物，符合国家和地方环境保护标准的；⑤国务院批准免税的其他情形。D 项不属于免征项目。

答案：D

### 五、船舶吨税 ☆☆

（一）基本内容

船舶吨税的基本内容见表 10-11。

表 10-11　船舶吨税

| 项目 | 内容 |
| --- | --- |
| 纳税人 | 自中华人民共和国境外港口进入境内港口的船舶的负责人 |
| 征税范围 | 自中华人民共和国境外港口进入境内港口的船舶 |

| 项目 | 内容 |
|---|---|
| 税率 | (1) 中华人民共和国国籍的应税船舶，船籍国（地区）与中华人民共和国签订含有相互给予船舶税费最惠国待遇条款的条约或者协定的应税船舶，适用优惠税率；其他应税船舶，适用普通税率<br>(2) 拖船和非机动驳船分别按相同净吨位船舶税率的50%计征税款 |
| 应纳税额 | (1) 吨税按照船舶净吨位和吨税执照期限征收<br>(2) 应纳税额＝船舶净吨位×适用的定额税率（元） |

[例题] B国某运输公司一艘货轮驶入我国某港口，该货轮净吨位为60 000吨，货轮负责人已向我国该海关领取了吨税执照，在港口停留期为30天，B国已与我国签订有相互给予船舶税费最惠国待遇条款。请计算该货轮负责人应向我国海关缴纳的船舶吨税。（净吨位不超过50 000吨的船舶吨税执行期限为30天的普通税率，为5.3元/吨，优惠税率为3.8元/吨）

[答案] 根据船舶吨税的相关规定，该货轮应享受优惠税率，每净吨位为3.8元；故应纳船舶吨税＝60 000×3.8＝228 000（元）。

（二）直接优惠

《中华人民共和国船舶吨税法》规定，下列船舶免征吨税：

(1) 应纳税额在人民币50元以下的船舶。

(2) 自境外以购买、受赠、继承等方式取得船舶所有权的初次进口到港的空载船舶。

(3) 吨税执照期满后24小时内不上下客货的船舶。

(4) 非机动船舶（不包括非机动驳船），是指自身没有动力装置，依靠外力驱动的船舶。

(5) 捕捞、养殖渔船。

(6) 避难、防疫隔离、修理、终止运营或者拆解，并不上下客货的船舶。

(7) 军队、武装警察部队专用或者征用的船舶。

(8) 警用船舶。

(9) 依照法律规定应当予以免税的外国驻华使领馆、国际组织驻华代表机构及其有关人员的船舶。

(10) 国务院规定的其他船舶。

（三）延期优惠

在船舶吨税执照期限内，应税船舶发生下列情形之一的，海关按照实际发生的天数批注延长船舶吨税执照期限：

(1) 避难、防疫隔离、修理，并不上下客货。

(2) 军队、武装警察部队征用。

▶ 典型例题

[单项选择题] 下列关于船舶吨税的说法，错误的是（　　）。

A. 武装警察部队专用或者征用的船舶免征船舶吨税

B. 应纳税额在人民币100元以下的船舶，免征船舶吨税

C. 船舶吨税执照期满后 24 小时内不上下客货的船舶，免征船舶吨税
D. 船舶吨税按照船舶净吨位和吨税执照期限征收

[解析] 应纳税额在人民币 50 元以下的船舶，免征船舶吨税，故 B 项错误。

答案：B

## 六、车辆购置税 ☆☆

根据《中华人民共和国车辆购置税法》，车辆购置税具体内容见表 10-12。

表 10-12 车辆购置税具体内容

| 项目 | 具体内容 | |
|---|---|---|
| 纳税人 | 在中华人民共和国境内购置应税车辆的单位和个人 | |
| 征税范围 | 购置汽车、有轨电车、汽车挂车、排气量超过 150 毫升的摩托车 | |
| 税率 | 实行比例税率，税率为 10% | |
| 计税依据 | 纳税人购买自用应税车辆 | 纳税人实际支付给销售者的全部价款，不包括增值税税款 |
| | 纳税人以受赠、获奖或者其他方式取得自用应税车辆 | 购置应税车辆时相关凭证载明的价格确定，不包括增值税税款 |
| | 纳税人进口自用应税车辆 | 关税完税价格＋关税＋消费税 |
| 应纳税额计算 | 应纳税额＝计税价格×10% | |
| 税收优惠 | 下列车辆免征车辆购置税：<br>(1) 中国人民解放军和中国人民武装警察部队列入装备订货计划的车辆<br>(2) 悬挂应急救援专用号牌的国家综合性消防救援车辆<br>(3) 依照法律规定应当予以免税的外国驻华使馆、领事馆和国际组织驻华机构及其有关人员自用的车辆<br>(4) 设有固定装置的非运输专用作业车辆<br>(5) 城市公交企业购置的公共汽电车辆<br>购置日期在 2023 年 1 月 1 日至 2023 年 12 月 31 日内的新能源汽车免征车辆购置税 | |
| 征收管理 | (1) 车辆购置税由税务机关负责征收<br>(2) 纳税人购置应税车辆，应当向车辆登记地的主管税务机关申报缴纳车辆购置税；购置不需要办理车辆登记的应税车辆的，应当向纳税人所在地的主管税务机关申报缴纳车辆购置税<br>(3) 车辆购置税的纳税义务发生时间为纳税人购置应税车辆的当日。纳税人应当自纳税义务发生之日起 60 日内申报缴纳车辆购置税<br>(4) 纳税人应当在向公安机关交通管理部门办理车辆注册登记前，缴纳车辆购置税 | |

【提示 1】购置：指以购买、进口、自产、受赠、获奖或者其他方式取得并自用应税车辆的行为。

【提示 2】车辆购置税实行一次性征收。购置已征车辆购置税的车辆，不再缴纳车辆购置税。

》 典型例题

[单项选择题] 某 4S 店 2022 年 1 月进口 9 辆小汽车，海关核定的关税计税价格为 20 万元/辆，当月销售 3 辆，3 辆作为样车放置在展厅待售，2 辆公司自用。该 4S 店应缴纳车辆购

置税（　　）万元。（小汽车的关税税率为10%，消费税税率为9%）

A. 4.28　　　　　　　　　　　　B. 4.60

C. 4.84　　　　　　　　　　　　D. 8.04

[解析] 进口销售、待售的车辆不缴纳车辆购置税，进口自用的需要缴纳车辆购置税。该4S店应缴纳车辆购置税为：20×2×（1+10%）÷（1-9%）×10%≈4.84（万元）。

答案：C

## 考点2　财产税制☆☆☆

### 一、契税☆☆☆

（一）契税的纳税人和征税范围

1. 纳税人

契税纳税人是在中华人民共和国境内转移土地、房屋权属，承受的单位和个人。

2. 征税范围

（1）国有土地使用权出让，是指土地使用者向国家交付土地使用权出让费用，国家将国有土地使用权在一定年限内让予土地使用者的行为。

（2）土地使用权转让，是指土地使用者以出售、赠与、交换或者其他方式将土地使用权转移给其他单位和个人的行为，不包括农村集体土地承包经营权的转移。

（3）房屋买卖。下列情况，视同买卖房屋：

①以房产作为投资或作股权转让，由产权承受方按投资房产价值或买价缴纳契税。以自有房产作股投入本人独资经营的企业，免征契税。

②以房屋抵债或实物交换房屋，由产权承受人按房屋现值缴纳契税。

③买房拆料或翻建新房，应照章征收契税。

（4）房屋赠与。受赠人按规定缴纳契税。以获奖方式取得房屋产权的，应照章缴纳契税。

（5）房屋交换。房屋产权交换，双方交换价值相等，免纳契税。价值不相等，按超出部分由支付差价方缴纳契税。

（6）根据《财政部、国家税务总局关于房屋附属设施有关契税政策的批复》（财税〔2004〕126号），房屋附属设施有关契税政策如下：

①对于承受与房屋相关的附属设施所有权或土地使用权的行为，按照契税法律、法规的规定征收契税；对于不涉及土地使用权和房屋所有权转移变动的，不征收契税。

②采取分期付款方式购买房屋附属设施土地使用权、房屋所有权的，应按合同规定的总价款计征契税。

③承受的房屋附属设施权属单独计价的，按照当地确定的适用税率征收契税；与房屋统一计价的，适用与房屋相同的契税税率。

（7）下列情形发生土地、房屋权属转移的，承受方应当依法缴纳契税：

①因共有人增加或者减少的。

②因共有不动产份额变化的。

③因人民法院、仲裁委员会的生效法律文书或者监察机关出具的监察文书等因素，发生土地、房屋权属转移的。

(二) 契税应纳税额的计算

契税应纳税额的计算见表10-13。

表10-13 契税应纳税额的计算

| 征税对象 | 计税依据 | 税率 | 计算公式 |
| --- | --- | --- | --- |
| 土地使用权交换、房屋交换 | 所互换的土地使用权、房屋价格的差额 | 3%~5%的幅度内，各省、自治区、直辖市人民政府按本地区实际情况确定 | 应纳税额＝计税依据×税率 |
| 土地使用权出让、出售，房屋买卖 | 土地、房屋权属转移合同确定的成交价格（应交付的货币以及实物、其他经济利益对应的价款） | | |
| 土地使用权赠与、房屋赠与以及其他没有价格的转移土地、房屋权属行为 | 税务机关参照土地使用权出售、房屋买卖的市场价格依法核定的价格 | | |

【提示】纳税人申报的成交价格、互换价格差额明显偏低且无正当理由的，由税务机关依照《中华人民共和国税收征收管理法》的规定核定。

[例题] 居民小王有两套住房，将一套出售给居民小李，成交价格为400 000元；将另一套两居室与居民小胡换成两处一居室住房，并支付换房价款100 000元。试计算小王、小李、小胡的行为应缴纳的契税（假定税率5%）。

[答案] 小王应缴纳的契税＝100 000×5%＝5 000（元）；小李应缴纳的契税＝400 000×5%＝20 000（元）；小胡不缴纳契税。

(三) 契税的减免

1. 基本规定

(1) 非营利性的学校、医疗机构、社会福利机构承受土地、房屋权属用于办公、教学、医疗、科研、养老、救助的，免征契税。

(2) 国家机关、事业单位、社会团体、军事单位承受土地、房屋用于办公、教学、医疗、科研和军事设施的，免征契税。

(3) 法定继承人通过继承承受土地、房屋权属的，免征契税。

(4) 婚姻关系存续期间夫妻之间变更土地、房屋权属的，免征契税。

(5) 承受荒山、荒地、荒滩土地使用权用于农、林、牧、渔业生产的，免征契税。

2. 省、自治区、直辖市可以决定减征免征契税的情形

(1) 因不可抗力灭失住房，重新承受住房权属的。

(2) 因土地、房屋被县级以上人民政府征收、征用，重新承受土地、房屋权属。

3. 其他减征免征项目

(1) 夫妻因离婚分割共同财产发生土地、房屋权属变更的，免征契税。

(2) 法定继承人继承土地、房屋权属，不征契税。

(3) 对个人购买家庭唯一住房（家庭成员范围包括购房人、配偶以及未成年子女），面积为90平方米及以下的，减按1％的税率征收契税；面积为90平方米以上的，减按1.5％的税率征收契税。

对个人购买家庭第二套改善性住房，面积为90平方米及以下的，减按1％的税率征收契税；面积为90平方米以上的，减按2％的税率征收契税。

(4) 对饮水工程运营管理单位为建设饮水工程而承受土地使用权，免征契税。

(5) 对公租房经营管理单位购买住房作为公租房，免征契税。

(6) 银行业金融机构、金融资产管理公司接收抵债资产免征契税。

> 典型例题

[单项选择题] 张先生2017年1月购买了家庭唯一住房，面积为85平方米，该套住房计征契税的税率为（　　）。

A. 1％　　　　B. 1.5％　　　　C. 2％　　　　D. 3％

[解析] 个人购买家庭唯一住房（家庭成员范围包括购房人、配偶以及未成年子女），面积为90平方米及以下的，减按1％的税率征收契税；面积为90平方米以上的，减按1.5％的税率征收契税。

答案：A

## 二、房产税 ☆☆☆

（一）房产税的纳税人和征税范围

1. 纳税人

不同类型的房产的纳税人见表10-14。

表10-14　不同类型的房产的纳税人

| 产权具体情况 | 纳税人 |
| --- | --- |
| 产权属国家全民所有的 | 由经营管理单位纳税 |
| 产权属集体和个人所有的 | 由集体单位和个人纳税 |
| 产权出典的 | 由承典人纳税 |
| 产权所有人、承典人不在房屋所在地的 | 由房产代管人或者使用人纳税 |
| 产权未确定及租典纠纷未解决的 | 由房产代管人或者使用人纳税 |
| 无租使用其他房产的 | 由房产使用人依照房产余值代缴纳房产税 |
| 融资租赁的房产 | 由承租人自融资租赁合同约定开始日的次月起依照房产余值缴纳房产税。合同未约定开始日的，由承租人自合同签订的次月起依照房产余值缴纳房产税 |

外商投资企业、外国企业和组织，以及外籍个人依照《中华人民共和国房产税暂行条例》

缴纳房产税。

【提示】房产,是指有屋面和围护结构,能够遮风挡雨,可供人们在其中生产、学习、工作、娱乐、居住或储藏物资的场所。其中独立于房屋的建筑如围墙、暖房、水塔、烟囱、室外游泳池等不属于房产,但室内游泳池属于房产。

2. 征税范围

房产税在城市、县城、建制镇和工矿区征收,不包括农村。

(二)房产税应纳税额的计算

房产税应纳税额的计算见表10-15。

表10-15 房产税应纳税额的计算

| 计税方法 | 计税依据 | 税率 | 计税公式 |
| --- | --- | --- | --- |
| 从价 | 房产计税余值=房产原值×(1-原值减除率) | 年税率1.2% | 年应纳税额=应税房产原值×(1-扣除比例)×1.2% |
| 从租 | 租金收入 | (1)依据房产租金收入计税适用税率12%<br>(2)对个人出租住房适用税率4% | 应纳税额=不含增值税租金收入×12%或4% |

【提示】自2016年5月1日起,房屋出租的,计征房产税的租金收入不含增值税。

房产原值也应该包含地价,地价是指取得土地支付的价款和开发土地的成本费用。宗地容积率低于0.5的,按房产建筑面积的2倍计算土地面积,并据此确定计入房产原值的地价。

在从租计征中,出租房产的租赁双方签订的租赁合同约定有免收租金期限的,在免收租金期间由产权所有人按照房产原值缴纳房产税。

> **典型例题**

1. [单项选择题] 某企业2020年1月1日将其拥有的一栋房产对外出租,租期1年,每月不含增值税租金1万元。2020年该企业上述房产应缴纳房产税( )万元。

   A. 0.48     B. 1.44     C. 3.76     D. 8.4

   [解析] 2020年该企业上述房产应缴纳房产税=1×12×12%=1.44(万元)。

2. [单项选择题] 刘先生2020年1月1日将其拥有的一栋房产对外出租,租期1年,每月不含增值税租金1万元。2020年刘先生上述房产应缴纳房产税( )万元。

   A. 0.48     B. 1.44
   C. 3.76     D. 8.4

   [解析] 为促进住房租赁市场健康发展,对个人出租住房,不区分用途,按4%的税率征收房产税。2020年刘先生上述房产应缴纳房产税=1×12×4%=0.48(万元)。

   答案:1.B  2.A

(三)房产税的减免

(1)国家机关、人民团体、军队自用的房产,免征房产税。

(2) 由国家财政部门拨付事业经费的单位自用的房产,免征房产税。但对经费来源实行自收自支的事业单位,应照章征收房产税。

(3) 宗教寺庙、公园、名胜古迹自用的房产,免征房产税。

(4) 个人自有自用的非营业用房产,免征房产税。

(5) 对按政府规定价格出租的公有住房和廉租住房,包括企业和自收自支事业单位向职工出租的单位自有住房,房管部门向居民出租的公有住房,落实私房政策中带户发还产权并以政府规定租金标准向居民出租的私有住房等,暂免征收房产税。

(6) 不在开征地区范围之内的工厂、仓库,不应征收房产税。

(7) 经财政部批准免税的其他房产。

①为社区提供养老、托育、家政等服务的机构自有或其通过承租、无偿使用等方式取得并用于提供社区养老、托育、家政服务的房产,免征房产税。

②经有关部门核实属危房,不准使用的房产,免征房产税。

③自 2004 年 8 月 1 日起,对军队空余房产租赁收入暂免征收房产税。此前已征收税款不予退还,未征税款不再补征。

④凡是在基建工地为基建工地服务的各种工棚、材料棚、休息棚和办公室、食堂、茶炉房、汽车房等临时性房屋,在施工期间,一律免征房产税。

⑤纳税人因房屋大修导致连续停用半年以上的,在房屋大修期间免征房产税,免征税额由纳税人在申报缴纳房产税时自行计算扣除。纳税人需要免征房产税,应在房屋大修前向税务机关报送证明材料。

⑥纳税单位与免税单位共同使用的房屋,按各自使用的部分划分,分别征收或免征房产税。

⑦老年服务机构自用的房产,免征房产税。

⑧对非营利性医疗机构、疾病控制机构和妇幼保健机构等卫生机构自用的房产,免征房产税。

⑨对从原高校后勤管理部门剥离出来而成立的进行独立核算并有法人资格的高校后勤经济实体,免征房产税。

⑩房地产开发企业开发的商品房在出售前,不征收房产税。但对出售前房地产开发企业已使用或出租、出借的商品房应按规定征收房产税。

⑪自 2016 年 1 月 1 日起,国家机关、军队、人民团体、财政补助事业单位、居民委员会、村民委员会拥有的体育场馆,用于体育活动的房产,免征房产税。企业拥有并运营管理的大型体育场馆,其用于体育活动的房产,减半征收房产税。

(8) 对企事业单位、社会团体以及其他组织向个人、专业化规模化住房租赁企业出租住房的,减按 4% 的税率征收房产税。

(9) 对公租房免征房产税。

(10) 高校学生公寓免征房产税。

（11）对农产品批发市场、农贸市场（包括自有和承租）专门用于经营农产品的房产、土地，暂免征收房产税。对同时经营其他产品的农产品批发市场和农贸市场使用的房产、土地，按其他产品与农产品交易场地面积的比例确定征免房产税。

（12）对饮水工程运营管理单位自用的生产、办公用房产、土地，免征房产税。

（13）对商品储备管理公司及其直属库自用的承担商品储备业务的房产、土地，免征房产税。

（14）由省、自治区、直辖市人民政府根据本地区实际情况，以及宏观调控需要确定，对增值税小规模纳税人、小型微利企业和个体工商户可以在50％的税额幅度内减征房产税。

[例题] 某省一企业2019年度自有房屋8栋，房产原值1 000万元。其中2栋为企业医院使用，房产原值为300万元。试计算该企业当年应纳的房产税（该省房产原值一次扣除20％后的余值计税）。

[答案] 该企业房产应交税额＝（1 000－300）×（1－20％）×1.2％＝6.72（万元）。

## 三、车船税 ☆☆☆

（一）基本内容

车船税的基本内容见表10-16。

表10-16 车船税

| 项目 | 具体内容 |
|---|---|
| 纳税人 | 车辆、船舶的所有人或者管理人 |
| 征税范围 | 车辆、船舶 |
| 税率 | 定额税率：挂车按照货车税额的50％计算，拖船、非机动驳船分别按照机动船舶税额的50％计算 |
| 应纳税额 | （1）乘用车、客车、摩托车：应纳税额＝应税车辆数量×适用单位税额<br>（2）船舶、游艇：应纳税额＝净吨位或艇身长度×适用单位税额<br>（3）货车、挂车、专用作业车、轮式专业机械车：应纳税额＝车辆的整备质量×适用单位税额 |

》 典型例题

[多项选择题] 下列车船中，应以"辆"作为车船税计税依据的有（    ）。

A. 乘用车  B. 摩托车

C. 微型客车  D. 挂车

E. 货车

[解析] 挂车和货车按整备质量每吨作为计税依据。

答案：ABC

（二）税收优惠

车船税的税收优惠见表10-17。

表 10-17 车船税的税收优惠

| 减免类型 | 具体内容 |
| --- | --- |
| 法定减免 | (1) 捕捞、养殖渔船免征车船税<br>(2) 军队、武装警察部队专用的车船免征车船税<br>(3) 警用车船免征车船税<br>(4) 悬挂应急救援专用号牌的国家综合性消防救援车辆和国家综合性消防救援专用船舶<br>(5) 对节约能源车船，减半征收车船税；对使用新能源车船，免征车船税<br>(6) 依照法律规定应当予以免税的外国驻华使领馆、国际组织驻华代表机构及其有关人员的车船<br>(7) 境内单位和个人租入外国籍船舶的，不征收车船税。境内单位和个人将船舶出租到境外的，应依法征收车船税 |
| 特定减免 | 依照法律规定应当予以免税的外国驻华使领馆、国际组织驻华代表机构及其有关人员的车船 |

» 典型例题

[单项选择题] 境内某单位将船舶出租到境外的，相应车船的车船税应（　　）。

A. 正常征收

B. 减半征收

C. 不征收

D. 省人民政府根据当地实际情况决定是否征收

[解析] 境内单位和个人租入外国籍船舶的，不征收车船税。境内单位和个人将船舶出租到境外的，应依法征收车船税。

[答案：A]

## 考点3 资源税制☆☆

### 一、资源税☆☆

（一）资源税的纳税人

资源税的纳税人是在中国领域和管辖的其他海域开发应税资源的单位和个人。

注意以下问题：

(1) 进口的矿产品和盐不征收资源税，对出口应税产品也不免征或退还已纳资源税。（和城市维护建设税及教育费附加一样，进口不征、出口不退）

(2) 和消费税一样，并不是对所有的消费品都征税。同样，并不是对所有资源都征收资源税。

(3) 真正的单环节征税，资源税在特定环节征收。对开采或生产应税产品进行销售或自用的单位和个人，在出厂销售或自用时一次性征收，而对已税产品批发、零售的单位和个人不再征收资源税。

(4) 开采海洋或陆上油气资源的中外合作油气田，在 2011 年 11 月 1 日前已签订的合同继续缴纳矿区使用费，不缴纳资源税；合同期满后依法缴纳资源税。

(5) 单位和个人以应税产品投资、分配、抵债、赠与、以物易物等视同销售，按规定计算缴纳资源税（注意：上述行为不但要缴纳资源税，也要缴纳增值税，但有关视同销售的规定和增值税并不一致）。

（二）资源税税目

新资源税包括5大类164子目。五大类税目为：能源矿产、金属矿产、非金属矿产、水气矿产、盐。

（三）资源税税率

（1）资源税采取从价定率或者从量定额的办法计征，分别以应税产品的（不含增值税销项税的）销售额乘以纳税人具体适用的比例税率或者以应税产品的销售数量乘以纳税人具体适用的定额税率计算，实施"级差调节"的原则。

（2）《资源税税目税率表》中规定实行幅度比例税率的，其具体适用税率由省、自治区、直辖市人民政府统筹考虑该应税资源的品位、开采条件以及对生态环境的影响等情况，在《资源税税目税率表》规定的税率幅度内提出，报同级人民代表大会常务委员会决定，并报全国人民代表大会常务委员会和国务院备案。

（3）《资源税税目税率表》中规定征税对象为原矿或者选矿的，应当分别确定具体适用税率。

（四）资源税计税依据

资源税的计税依据为应税产品的销售额或销售量（即从价或从量），各税目的征税对象包括原矿、精矿等，资源税绝大多数从价计征，但是地热、石灰岩、其他粘土、砂石、矿泉水、天然卤水六个子税目规定了从价定率或者从量定额两种税率。

原矿和精矿的销售额或者销售量应当分别核算，未分别核算的，从高确定计税销售额或者销售数量。

【总结】资源税从价或者从量计征子税目：两石＋两水＋地热＋其他粘土，即"两石两水地热其他加粘土"。

1. 从价定率征收资源税的计税依据

从价定率征收资源税原则上和增值税的计税依据一致，但注意不包括对同时符合以下条件的运杂费用，纳税人在计算应税产品计税销售额时，可予以扣减：

（1）包含在应税产品销售收入中。

（2）属于纳税人销售应税产品环节发生的运杂费用，具体是指运送应税产品从坑口或者洗选（加工）地到车站、码头或者购买方指定地点的运杂费用。

（3）取得相关运杂费用发票或者其他合法有效凭据。

（4）将运杂费用与计税销售额分别进行核算。

纳税人扣减的运杂费用明显偏高导致应税产品价格偏低且无正当理由的，主管税务机关可以合理调整计税价格。

其他的视同销售等，参照消费税的规定，资源税和消费税一样，都是价内税。

2. 从量定额征收资源税的计税依据

（1）地热、石灰岩、其他粘土、砂石、矿泉水、天然卤水，可能从量定额征收。

(2) 销售数量包括纳税人开采或者生产应税产品的实际销售数量和视同销售的自用数量。

(3) 纳税人不能准确提供应税产品销售数量的,以应税产品的产量或主管税务机关确定的折算比换算成的数量为计征资源税的销售数量。

(五) 资源税应纳税额的计算

(1) 从量定额征收的计算公式为:

$$应纳税额 = 销售数量 \times 适用税额$$

(2) 从价定率征收的计算公式为:

$$应纳税额 = 销售额 \times 适用税率$$

(六) 资源税减、免税项目

1. 免征资源税

(1) 开采原油以及在油田范围内运输原油过程中用于加热的原油、天然气。

(2) 煤炭开采企业因安全生产需要抽采的煤成(层)气。

(3) 对青藏铁路公司及其所属单位运营期间自采自用的砂、石等材料免征资源税。

2. 减征资源税

(1) 从低丰度油气田开采的原油、天然气,减征20%资源税。

(2) 高含硫天然气、三次采油和从深水油气田开采的原油、天然气,减征30%资源税。

(3) 稠油、高凝油减征40%资源税。

(4) 从衰竭期矿山开采的矿产品,减征30%资源税。

(5) 自2014年12月1日至2023年8月31日,对充填开采置换出来的煤炭,资源税减征50%。

(6) 自2018年4月1日至2023年12月31日,对页岩气资源税减征30%。

(七) 资源税征收管理

1. 资源税纳税义务发生时间

资源税的纳税期限与增值税、消费税基本相同,但以下的第(1)项不同。

(1) 扣缴义务人代扣代缴税款:支付首笔货款或首次开具支付货款凭据的当天。

(2) 预收货款结算方式:发出应税产品的当天。

(3) 其他结算方式:收讫销售款或者取得索取销售款凭据的当天。

(4) 自产自用应税产品:移送应税产品的当天。

(5) 分期收款结算方式:销售合同规定的收款日期的当天。

2. 资源税纳税期限

(1) 资源税按月或者按季申报缴纳。应当自月度或者季度终了之日起15日内,向税务机关办理纳税申报并缴纳税款。

(2) 不能按固定期限计算缴纳的,可以按次申报缴纳。

3. 纳税环节

(1) 资源税在应税产品的销售或自用环节计算缴纳。纳税人以自采原矿加工精矿产品的,在原矿移送使用时不缴纳资源税，在精矿销售或自用时缴纳资源税。

（2）纳税人以自采原矿直接加工为非应税产品或者以自采原矿加工的精矿连续生产非应税产品的，在原矿或者精矿移送环节计算缴纳资源税。

（3）以应税产品投资、分配、抵债、赠与、以物易物等，在应税产品所有权转移时计算缴纳资源税。

（4）纳税人以自采原矿加工金锭的，在金锭销售或自用时缴纳资源税。纳税人销售自采原矿或者自采原矿加工的金精矿、粗金，在原矿或者金精矿、粗金销售时缴纳资源税，在移送使用时不缴纳资源税。

4. 资源税纳税地点

资源税的纳税地点为开采地、生产地。

（八）水资源税

水资源费改税仍在试点，因此对于水资源税，掌握以下要点即可：

1. 水资源税纳税义务人

除规定情形外，水资源税的纳税人为直接取用地表水、地下水的单位和个人，包括直接从江、河、湖泊（含水库）和地下取用水资源的单位和个人。

2. 水资源税税率

水资源适用定额税率，按不同取用水性质实行差别税额。

地下水税额高于地表水；超采地区地下水税额高于非超采地区；严重超采地区的地下水税额大幅高于非超采地区。对超计划或超定额用水加征1至3倍；对特种行业从高征税；对超过规定限额的农业生产取用水、农村生活集中式饮水工程取用水从低征税。

3. 水资源应纳税额的计算

水资源税实行从量计征，水资源计税依据和应纳税额的计算见表10-18。

表10-18 水资源计税依据和应纳税额的计算

| 情形 | 计税依据 | 应纳税额的计算 |
| --- | --- | --- |
| 一般取用水 | 实际取用水量 | 实际取用水量×适用税额 |
| 采矿和工程建设：疏干排水 | 排水量 | 实际取用水量×适用税额 |
| 水力发电和火力发电贯流式（不含循环式）冷却取用水 | 实际发电量 | 实际发电量×适用税额 |

4. 水资源税的减免与不缴纳水资源税的情形

水资源税的减免与不缴纳水资源税的情形见表10-19。

表 10-19 水资源税的减免与不缴纳水资源税的情形

| 项目 | 水资源税的减免 | 不缴纳水资源税的情形 |
|---|---|---|
| 具体内容 | (1) 规定限额内的农业生产取用水，免征水资源税<br>(2) 取用污水处理再生水，免征水资源税<br>(3) 除接入城镇公共供水管网以外，军队、武警部队通过其他方式取用水的，免征水资源税<br>(4) 抽水蓄能发电取用水，免征水资源税<br>(5) 采油排水经分离净化后在封闭管道回注的，免征水资源税 | (1) 农村集体经济组织及其成员从本集体经济组织的水塘、水库中取用水的<br>(2) 家庭生活和零星散养、圈养畜禽饮用等少量取用水的<br>(3) 水利工程管理单位为配置或者调度水资源取水的<br>(4) 为保障矿井等地下工程施工安全和生产安全必须进行临时应急取用（排）水的<br>(5) 为消除对公共安全或者公共利益的危害临时应急取水的<br>(6) 为农业抗旱和维护生态与环境必须临时应急取水的 |
| 记忆技巧 | 实实在在取用水了，但种种原因减免：第（1）项、第（3）项，农业和军队武警当然免；第（2）项、再生水有助于节约水资源，当然免；第（4）项，清洁能源，免；第（5）项，循环利用，免 | 第（1）项，取用自己的水，不征；第（2）项，家庭取用水，不征；第（3）项，不是自己用，不征；第（4）项、第（5）项、第（6）项，带"应急"的，不征 |

## 典型例题

**1. [多项选择题]** 下列各项中，属于资源税纳税人的有（　　）。

A. 开采应税矿产品的国有企业　　　　B. 生产盐的个体工商户

C. 进口矿产品的股份制企业　　　　　D. 经营已税矿产品的私有企业

E. 进口盐的社会团体

[解析] 在中华人民共和国领域及管辖的其他海域开发应税资源的单位和个人，为资源税的纳税人。其中"单位"是指国有企业、集体企业、私有企业、股份制企业、其他企业和行政单位、事业单位、军事单位、社会团体及其他单位。"个人"是指个体工商户及其他个人。除上述单位和个人以外，进口矿产品或盐以及经营已税矿产品或盐的单位和个人均不属于资源税纳税人。

**2. [单项选择题]** 某煤炭公司 2021 年 1 月销售原煤 3 万吨，每吨 450 元，开具增值税专用发票取得的销售额为 1 350 万元，增值税税额为 175.5 万元。该煤炭公司 1 月应缴纳的资源税为（　　）万元。（适用税率为 10%）

A. 152.55　　　　B. 135　　　　C. 17.5　　　　D. 175.5

[解析] 应纳税额 = 1 350 × 10% = 135（万元）。

**3. [单项选择题]** 某油田 2021 年开采原油 100 万吨，当年销售 80 万吨，非生产自用 4 万吨，该油田每吨原油不含税售价 6 000 元。该油田应缴纳资源税（　　）万元。（原油税率为 6%）

A. 3.024　　　　　　　　　　　　　B. 1.512

C. 2.88　　　　　　　　　　　　　　D. 0.144

[解析] 应缴纳资源税 = 6 000 ÷ 10 000 × (80 + 4) × 6% = 3.024（万元）。

**4.** [多项选择题] 下列关于减征资源税的说法中,正确的有(　　)。

A. 从低丰度油气田开采的原油、天然气,减征 20% 资源税

B. 高含硫天然气减征 40% 资源税

C. 稠油、高凝油减征 40% 资源税

D. 从衰竭期矿山开采的矿产品,减征 20% 资源税

E. 2022 年,充填开采置换出来的煤炭,资源税减征 50%

[解析] 高含硫天然气、三次采油和从深水油气田开采的原油、天然气,减征 30% 资源税,B 项错误。从衰竭期矿山开采的矿产品,减征 30% 资源税,D 项错误。

答案:1. AB　2. B　3. A　4. ACE

## 二、土地增值税 ☆☆☆

(一)土地增值税的基本内容

土地增值税的基本内容见表 10-20。

表 10-20　土地增值税

| 项目 | 具体内容 |
| --- | --- |
| 纳税人 | 转让国有土地使用权、地上建筑物及其附着物并取得收入的单位和个人 |
| 征收范围 | 对转让国有土地使用权及其地上建筑物和附着物的行为征税 |
| 计税依据 | 应税收入包括货币收入、实物收入、其他收入 |
| 应纳税额的计算 | 应纳税额=增值额×适用的税率－扣除项目金额×速算扣除系数<br>其中,增值额是收入额减除国家规定的各项扣除项目金额后的余额 |

土地增值税四级超率累进税率见表 10-21。

表 10-21　土地增值税四级超率累进税率

| 级数 | 增值额与扣除项目金额的比率 | 税率 | 速算扣除系数 |
| --- | --- | --- | --- |
| 1 | 不超过 50% 的部分 | 30% | 0 |
| 2 | 超过 50%～100% 的部分 | 40% | 5% |
| 3 | 超过 100%～200% 的部分 | 50% | 15% |
| 4 | 超过 200% 的部分 | 60% | 35% |

【提示】

(1) 对"转让"国有土地使用权的行为征税,对"出让"国有土地使用权的行为不征税。

(2) "有偿转让"的房地产征税,以无偿方式转让(继承、赠与)房地产,不予征税。

(4) 房地产的互换属于土地增值税的征税范围(个人之间互换自有居住用房免征土地增值税)。

(5) 对于一方出地,另一方出资金,双方合作建房,建成后按比例分房自用的,暂免征土地增值税;但建成后转让的,应征收土地增值税。

(6) 以房地产进行投资、联营一方以土地作价入股进行投资或者作为联营条件,免征土地增值税。其中如果投资联营的企业从事房地产开发,或者房地产开发企业以其建造的商品房进

行投资联营的就不能暂免征土地增值税。

> **典型例题**

[单项选择题] 某房地产公司转让商品楼收入1 300万元，计算土地增值额准予扣除项目金额1 000万元，则适用税率为（　　）。

A. 30%　　　　B. 40%　　　　C. 50%　　　　D. 60%

[解析] 增值税扣除项目金额比例=（1 300－1 000）÷1 000×100%=30%，适用第一级税率，即30%。

答案：A

(二) 土地增值税的税收优惠

(1) 建造普通标准住宅出售，其增值额未超过扣除项目金额20%的，予以免税；增值额超过扣除项目金额20%的，应就其全部增值额按规定计税。

对纳税人既建造普通标准住宅，又建造其他房地产的，应当分别核算增值额。不分别核算增值额或不能准确核算增值额的，其建造的普通标准住宅不能适用这一免税规定。

(2) 对企事业单位、社会团体以及其他组织转让旧房作为改造安置住房房源，且增值额未超过扣除项目金额20%的，免征土地增值税。

(3) 因国家建设需要免征土地增值税的情况如下：

①因国家建设需要而被政府征收、收回的房地产。

②因城市实施规划、国家建设的需要而搬迁，纳税人自行转让原房地产的。

(4) 对因中国邮政集团公司邮政速递物流业务重组改制，中国邮政集团公司向中国邮政速递物流股份有限公司、各省邮政公司向省邮政速递物流有限公司转移房地产产权应缴纳的土地增值税，予以免征。已缴纳的应予免征的土地增值税，应予以退税。对中国邮政集团公司与原中国邮政储蓄银行有限责任公司之间划转、变更土地、房屋等资产权属交易涉及的土地增值税予以免征。

(5) 自2008年11月1日起，对居民个人转让住房一律免征土地增值税。

> **典型例题**

[单项选择题] 关于土地增值税的说法，错误的是（　　）。

A. 纳税人包括专营或兼营房地产业务的企业

B. 纳税人转让房地产取得的应税收入不含增值税

C. 自2008年11月1日起，居民个人转让住房一律免征土地增值税

D. 无偿转让地上建筑物的单位和个人一律为土地增值税的纳税人

[解析] 土地增值税的纳税义务人是转让国有土地使用权、地上建筑物及其附着物并取得收入的单位和个人。

答案：D

## 三、城镇土地使用税 ☆☆☆

（一）城镇土地使用税的基本内容

城镇土地使用税的基本内容见表 10-22。

表 10-22　城镇土地使用税

| 项目 | 具体内容 |
| --- | --- |
| 纳税人 | 在城市、县城、建制镇、工矿区范围内使用土地的单位和个人，不包括农村，具体为：<br>(1) 城镇土地使用税由拥有土地使用权的单位或个人缴纳<br>(2) 土地使用权未确定或权属纠纷未解决的，由实际使用人纳税<br>(3) 土地使用权共有的，由共有各方分别纳税<br>(4) 承租集体所有建设用地的，由直接从集体经济组织承租土地的单位和个人纳税 |
| 征税范围 | (1) 城市、县城、建制镇和工矿区，不包括农村<br>(2) 对在城镇土地使用税征税范围内单独建造的地下建筑用地，暂按应征税款的50%征收土地使用税 |
| 税率 | (1) 每平方米年税额：大城市1.5元～30元；中等城市1.2元～24元；小城市0.9元～18元<br>(2) 每平方米年税额：县城、建制镇、工矿区0.6元～12元<br>(3) 经省、自治区、直辖市人民政府批准，经济落后地区的城镇土地使用税适用税额标准可以适当降低，但降低额不得超过规定的最低税额的30%。经济发达地区城镇土地使用税的适用税额标准可以适当提高，但须报经财政部批准 |
| 计税依据 | (1) 纳税人持有房产管理部门核发的土地使用证书的，以证书确认土地面积为准<br>(2) 尚未核发土地使用证书的，据实申报土地面积，待核发土地使用证后再作调整 |
| 应纳税额的计算 | 应纳税额＝实际占用计税土地面积（平方米）×适用单位税额 |

>> 典型例题

[单项选择题] 某企业2019年度拥有位于市郊的一宗地块，其地上面积为1万平方米，单独建造的地下建筑面积为4 000平方米（已取得地下土地使用权证）。该市规定的城镇土地使用税税率为2元/平方米，则该企业2019年度就此地块应缴纳的城镇土地使用税为（　　）万元。

A. 0.8　　　　　　　　　　　　B. 2

C. 2.8　　　　　　　　　　　　D. 2.4

[解析] 应纳城镇土地使用税＝10 000×2＋4 000×2×50%＝24 000（元）＝2.4（万元）。

答案：D

（二）城镇土地使用税的减免

1. 免税优惠的基本规定

(1) 国家机关、人民团体、军队自用的土地。

(2) 由国家财政部门拨付事业经费的单位自用土地。

(3) 宗教寺庙、公园、名胜古迹自用土地。

以上单位的生产、经营用地和其他用地，不属于免税范围，应按规定缴纳土地使用税，如公园、名胜古迹中附设的营业单位如影剧院、饮食部、茶社、照相馆、索道公司等使用的土地。

（4）市政街道、广场、绿化地带等公共用地。

（5）直接用于农、林、牧、渔业的生产用地。

（6）经批准自行开山填海整治的土地和改造的废弃土地，从使用月份起免缴土地使用税5年至10年。

（7）由财政部另行规定免税的能源、交通、水利用地和其他用地。

2. 免税优惠的特殊规定

（1）对非营利性医疗机构、疾病控制机构和妇幼保健机构等卫生机构自用的土地，免征城镇土地使用税。

（2）为社区提供养老、托育、家政等服务的机构自有或通过承租、无偿使用等方式取得并用于提供社区养老、托育、家政服务的土地，免征城镇使用税。

（3）免税单位无偿使用纳税单位的土地，免征城镇土地使用税。

3. 其他减免税优惠的规定

（1）凡是缴纳了耕地占用税的，从批准征用之日起满1年后征收城镇土地使用税；征用非耕地的，应从批准征用之次月起征收城镇土地使用税。

>> 典型例题

[单项选择题] 2019年度甲企业与乙企业共同使用面积为8 000平方米的土地，该土地上共有建筑物建筑面积15 000平方米，甲企业使用其中的4/5，乙企业使用其中的1/5。除此之外，经有关部门批准，乙企业在2019年1月新征用耕地6 000平方米。甲、乙企业共同使用土地所处地段的城镇土地使用税年税额为4元/平方米，乙企业新征耕地所处地段的年税额为2元/平方米。下列关于甲、乙企业2019年度缴纳城镇土地使用税的说法，正确的是（　　）。

A. 甲企业纳税25 600元，乙企业纳税18 400元

B. 甲企业纳税25 600元，乙企业纳税6 400元

C. 甲企业纳税48 000元，乙企业纳税24 002元

D. 甲企业纳税48 000元，乙企业纳税12 000元

[解析] 土地使用权由几方共有的，由共有各方按照各自实际使用的土地面积占总面积的比例，分别计算缴纳城镇土地使用税；纳税人新征用的耕地，自批准征用之日起满1年时开始缴纳城镇土地使用税。甲企业应缴纳城镇土地使用税＝8 000×4÷5×4＝25 600（元）。乙企业应缴纳城镇土地使用税＝8 000×1÷5×4＝6 400（元）。

答案：B

（2）房地产公司建造商品房的用地，除经批准开发建设经济适用房的用地外，一律不得减免城镇土地使用税。

(3) 凡在开征范围内的土地,除直接用于农、林、牧、渔业的,按规定免予征税外,一律不得减免城镇土地使用税。

(4) 个人出租住房,不分用途,免征城镇土地使用税。

(5) 对企业厂区(生产、生活及办公区)以内的绿化用地,应照章征收土地使用税,厂区以外的公共绿化用地和向社会开放的公园用地,暂免征收土地使用税。

(6) 自 2016 年 1 月 1 日起,国家机关、军队、人民团体、财政补助事业单位、居民委员会、村民委员会拥有的体育场馆,用于体育活动的土地,免征土地使用税。企业拥有并运营管理的大型体育场馆,其用于体育活动的土地,减半征收土地使用税。

(7) 机场飞行区(包括跑道、滑行道、停机坪、安全带、夜航灯光区)用地,场内外通信导航设施用地和飞行区四周排水防洪设施用地,免征城镇土地使用税。

机场道路,区分为场内、场外道路。场外道路用地免征城镇土地使用税;场内道路用地依照规定征收城镇土地使用税。

机场工作区(包括办公、生产和维修用地及候机楼、停车场)用地、生活区用地、绿化用地,均须依照规定征收城镇土地使用税。

(8) 易地扶贫搬迁安置住房用地,免征城镇土地使用税。

(9) 对饮水工程运营管理单位自用的生产、办公用房产、土地,免征城镇土地使用税。

(10) 对公租房建设期间用地及公租房建成后占地,免征城镇土地使用税。

(11) 由省、自治区、直辖市人民政府根据本地区实际情况,以及宏观调控需要确定,对增值税小规模纳税人、小型微利企业和个体工商户可以在 50% 的税额幅度内减征城镇土地使用税。

### 四、耕地占用税 ☆☆

(一)耕地占用税的基本内容

耕地占用税的基本内容见表 10-23。

表 10-23 耕地占用税

| 项目 | 具体内容 |
| --- | --- |
| 纳税人 | 占用耕地建设建筑物、构筑物或从事非农业建设的单位和个人 |
| 征税范围 | 建房或从事其他非农业建设而占用的国家所有和集体所有的耕地<br>其中,耕地是指种植农业作物的土地,包括菜地、花圃、苗圃、茶园、果园、桑园等园地和其他种植经济林木的土地 |
| 税率 | 在人均耕地低于 0.5 亩的地区,省、自治区、直辖市可以根据当地经济发展情况,提高耕地占用税的适用税额,但提高的部分不得超过确定适用税额的 50%;占用基本农田的,应当按照适用税额加按 150% |
| 应纳税额 | 应纳税额=纳税人实际占用的耕地面积×适用税额标准 |

(二)耕地占用税的税收优惠及征收管理

耕地占用税的税收优惠及征收管理见表 10-24。

表 10-24　耕地占用税的税收优惠及征收管理

| 项目 | | 具体内容 |
|---|---|---|
| 税收优惠 | 免征耕地占用税 | (1) 军事设施占用耕地<br>(2) 学校、幼儿园、养老院、医院占用耕地 |
| | 减征耕地占用税 | (1) 铁路线路、公路线路、飞机场跑道、停机坪、港口、航道占用耕地，减按每平方米 2 元的税额征收耕地占用税<br>(2) 农村居民在规定用地标准以内占用耕地新建自用住宅，按照当地适用税额减半征收耕地占用税；其中农村居民经批准搬迁，新建自用住宅占用耕地不超过原宅基地面积的部分，免征耕地占用税。免征或减征耕地占用税后，纳税人改变原占地用途，不再属于免征或减征情形的，应当按照当地适用税额补缴耕地占用税<br>(3) 由省、自治区、直辖市人民政府根据本地区实际情况，以及宏观调控需要确定，对增值税小规模纳税人、小型微利企业和个体工商户可以在 50% 的税额幅度内减征耕地占用税 |
| 征收管理 | | (1) 纳税义务发生时间：纳税人收到自然资源主管部门办理占用耕地手续书面通知的当日<br>(2) 纳税期限：自纳税义务发生之日起 30 日<br>(3) 纳税申报地点：耕地所在地 |

▶ 典型例题

[单项选择题] 下列各项中，应缴纳耕地占用税的是（　　）。

A. 占用耕地建筑农田水利设施

B. 占用耕地修建铁路

C. 公园占用耕地牧草自用

D. 福利机构占用耕地自用

[解析] 铁路线路、公路线路、飞机场跑道、停机坪、港口、航道、水利工程占用耕地，减按每平方米 2 元的税额征收耕地占用税。因此 B 项是减征不是免征。A、C、D 三项免征耕地占用税。

答案：B

# 第十一章

# 税务管理

📖 **大纲再现**

理解税务基础管理的基本原理与内容,实施税务登记、账簿凭证管理、发票管理,进行纳税申报,理解税收征收管理的内容,实施税款征收、减免税、出口退税的管理,理解纳税信用管理和税务行政救济管理。

✏️ **大纲解读**

本章历年考试时主要涉及单项选择题和多项选择题,分值一般在9分左右。

本章为财政税收的次重点章节,主要涉及税收的征收管理,文字性内容较多,其中要求掌握的知识点也较多,比如税务登记、账簿、凭证及发票的管理、税收征收管理等,学习时应通过抓取关键词帮助理解记忆。

知识脉络 ▶

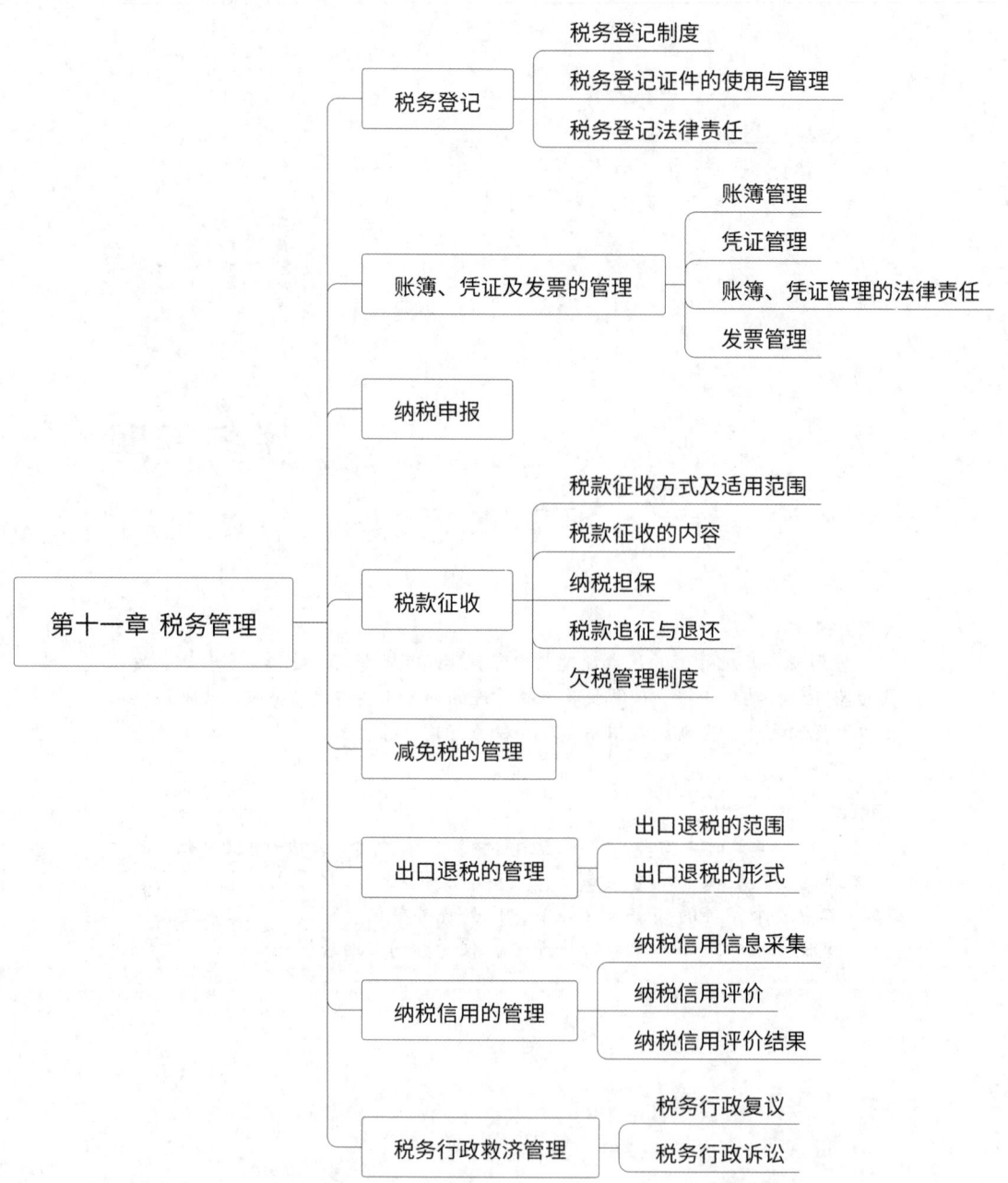

# 第十一章 税务管理

## 考点1 税务登记 ☆☆☆

### 一、税务登记制度

（一）税务登记的种类

根据《中华人民共和国税收征收管理法》及其实施细则和国家税务总局印发的《税务登记管理办法》的相关规定，税务登记的种类见表11-1。

表11-1 税务登记的种类

| 种类 | 纳税人情况 | 登记时限 | 受理的税务机关 |
|---|---|---|---|
| 设立税务登记 | 从事生产、经营的纳税人领取工商营业执照的企业 | 应当自领取工商营业执照之日起30日内申报办理税务登记，税务机关发放税务登记证及副本 | — |
| | 从事生产、经营的纳税人未办理工商营业执照但经有关部门批准设立的企业 | 应当自有关部门批准设立之日起30日内申报办理税务登记，税务机关发放税务登记证及副本 | |
| | 从事生产、经营的纳税人未办理工商营业执照也未经有关部门批准设立的企业 | 应当自纳税义务发生之日起30日内申报办理税务登记，税务机关发放临时税务登记证及副本 | |
| | 有独立的生产经营权、在财务上独立核算并定期向发包人或者出租人上交包费或租金的承包承租人 | 应当自承包承租合同签订之日起30日内，向其承包承租业务发生地税务机关申报办理税务登记，税务机关发放临时税务登记证及副本 | |
| | 境外企业在中国境内承包建筑、安装、装配、勘探工程和提供劳务的 | 应当自项目合同或协议签订之日起30日内，向项目所在地税务机关申报办理税务登记，税务机关发放临时税务登记证及副本 | |
| | 其他纳税人，除国家机关、个人和无固定生产、经营场所的流动性农村小商贩外 | 均应当自纳税义务发生之日起30日内，向纳税义务发生地税务机关申报办理税务登记，税务机关发放税务登记证及副本 | 纳税义务发生地税务机关 |
| | 从事生产、经营的个人应办而未办营业执照，但发生纳税义务的 | 可以按规定申请办理临时税务登记 | — |
| 变更税务登记（登记内容发生变化） | 需在国家市场监督管理机关办理变更的 | 自国家市场监督管理机关办理变更登记之日起30日内，向原税务登记机关申报办理变更税务登记 | 原税务登记机关 |
| | 不需在国家市场监督管理机关办理变更的 | 自有关机关批准变更或发布变更之日起30日内，向原税务登记机关申报办理变更税务登记 | |

续表

| 种类 | 纳税人情况 | 登记时限 | 受理的税务机关 |
|---|---|---|---|
| 注销税务登记（解散、破产、撤销） | 被吊销营业执照或被其他机关予以撤销登记的 | 自被吊销营业执照之日或被撤销登记之日起 15 日内，向原税务登记机关申报办理注销税务登记 | 原税务登记机关 |
| | 破产、解散、撤销以及依法应当终止履行纳税义务的 | 应当在向国家市场监督管理机关或者其他机关办理注销登记前，向原税务登记机关申报办理注销税务登记 | |
| | 不需在国家市场监督管理机关或者其他机关办理注册登记的 | 自有关机关批准或宣告终止之日起 15 日内申报办理注销登记 | |
| | 境外企业在中国境内承包建筑、安装、装配、勘探工程和提供劳务的 | 应当在项目完工、离开中国前 15 日内，持有关证件和资料，向原税务登记机关申报办理注销税务登记 | |
| | 因住所、生产经营场所变动而涉及改变主管登记机关的 | 应当在向国家市场监督管理机关或者其他机关申请办理变更、注销登记前，或者住所、经营地点变动前，向原税务登记机关申报办理注销税务登记，并自注销税务登记之日起 30 日内向迁达地的税务机关申报办理税务登记 | 原税务登记机关和迁达地税务机关 |
| 停业、复业登记 | 实行定期定额征收方式的纳税人，在营业执照核准的经营期限内需要停业的，应办理停业登记。纳税人应当于恢复生产、经营之前，向税务机关提出复业登记申请。纳税人的停业期限不得超过 1 年 | | 主管税务机关 |

（二）"多证合一"改革

企业、农民专业合作社实施"五证合一、一照一码"登记制度改革，具体内容见图 11-1。

| 部门 | | 证照 | | 登记制度 |
|---|---|---|---|---|
| 国家市场监督管理部门 | 核发 | 工商营业执照 | 改为 | 一次申请，国家市场监督管理部门统一受理并核发一个加载法人和其他组织统一社会信用代码（18 位）营业执照的登记制度 |
| 质量技术监督部门 | | 组织机构代码证 | | |
| 税务部门 | | 税务登记证 | | |
| 劳动保障行政部门 | | 社会保险登记证 | | |
| 统计部门 | | 统计登记证 | | |

图 11-1 "五证合一、一照一码"登记制度

个体工商户实施"两证整合"登记制度改革，具体内容见图 11-2。

| 部门 | | 证照 | | 登记制度 |
|---|---|---|---|---|
| 国家市场监督管理部门 | 核发 | 营业执照 | 改为 | 一次申请，由国家市场监督管理部门核发一个营业执照（一张表、一个窗口、一套材料） |
| 统计部门 | | 税务登记证 | | |

图 11-2 "两证整合"登记制度

【提示】"五证合一"登记制度改革并非是将税务登记取消了，税务登记的法律地位仍然存在，只是政府简政放权将此环节改为由国家市场监督管理部门"一口受理"核发法人和其他组织统一社会信用代码的营业执照，这个营业执照在税务机关完成信息补录后具备税务登记证的

法律地位和作用。

> 典型例题

[单项选择题] 纳税人的下列行为中,不需办理变更税务登记的是（    ）。

A. 企业扩大经营范围,由单一生产销售 A 电子产品转为生产销售 A、B、C 三种电子产品并提供设计劳务

B. 企业进行股份制改造,由有限责任公司变更为股份有限公司

C. 由于企业经济效益良好,股东决定追加投资,从 500 万元增资为 700 万元

D. 由于企业经营范围扩大,总机构从北京市迁至河北省

[解析] D 项改变了主管税务机关,应当是注销税务登记后,再做开业税务登记。

答案：D

## 二、税务登记证件的使用与管理

（一）税务登记证件的使用

纳税人办理下列事项时,必须提供税务登记证件：开立银行账户；领用发票。纳税人办理其他税务事项时,应当出示税务登记证件,经税务机关核准相关信息后办理手续。

（二）税务登记证件的管理

（1）税务机关应当加强税务登记证件的管理,采取实地调查、上门验证等方法进行税务登记证件的管理。

（2）税务登记证式样改变,需统一换发税务登记证的,由国家税务总局确定。

（3）纳税人、扣缴义务人遗失税务登记证件的,应当自遗失税务登记证件之日起 15 日内,书面报告主管税务机关,如实填写"税务登记证件遗失报告表",并将纳税人的名称、税务登记证件名称、税务登记证件号码、税务登记证件有效期、发证机关名称在税务机关认可的报刊上作遗失声明,凭报刊上刊登的遗失声明到主管税务机关补办税务登记证件。

## 三、税务登记法律责任

根据《中华人民共和国税收征收管理法实施细则》的相关规定,税务登记的法律责任见表 11-2。

表 11-2　税务登记的法律责任

| 情形 | 法律责任 |
| --- | --- |
| 纳税人不办理税务登记的 | （1）税务机关应当自发现之日起 3 日内责令其限期改正<br>（2）逾期不改正的,处 2 000 元以下的罚款<br>（3）情节严重的,处 2 000 元以上 10 000 元以下的罚款 |
| 纳税人通过提供虚假的证明资料等手段,骗取税务登记证的 | （1）处 2 000 元以下的罚款<br>（2）情节严重的,处 2 000 元以上 10 000 元以下的罚款 |
| 纳税人涉嫌其他违法行为的 | 按有关法律、行政法规的规定处理 |

续表

| 情形 | 法律责任 |
|---|---|
| 扣缴义务人未按照规定办理扣缴税款登记的 | 税务机关应当自发现之日起3日内责令其限期改正，并可处以1 000元以下的罚款 |
| 纳税人、扣缴义务人违反规定，拒不接受税务机关处理的 | 税务机关可以收缴其发票或者停止向其发售发票 |

## 考点2 账簿、凭证及发票的管理 ☆☆☆

### 一、账簿管理

账簿包括总账、明细账、日记账和其他辅助账簿。

（1）账簿设置要求见表11-3。

表11-3 账簿设置要求

| 情形 | 要求 |
|---|---|
| 一般纳税人 | 自领取营业执照（或发生纳税义务）之日起15日内设置账簿 |
| 扣缴义务人 | 自发生扣缴义务之日起10日内，按照所代扣、代收的税种，分别设置代扣代缴、代收代缴税款账簿 |
| 生产、经营规模小又确无建账能力的纳税人 | 可以聘请专业机构或经税务机关认可的财会人员代为建账和办理账务；聘请上述机构或者人员有实际困难的，经县以上税务机关批准，建立收支凭证粘贴簿、进货销货登记簿或者使用税控装置 |

（2）账簿的使用要求：除法律、行政法规另有规定者外，账簿、会计凭证、报表、完税凭证及其他有关资料，至少要保存10年，未经税务机关批准，不得销毁。

> 典型例题

[单项选择题] 关于账簿管理的说法，正确的是（    ）。

A. 纳税人应自领取营业执照或发生纳税义务之日起20日内设置账簿

B. 扣缴义务人应在法律法规规定的扣缴义务发生之日起10日内，设置代扣代缴、代收代缴税款账簿

C. 账簿等资料，除另有规定外，至少要保存20年

D. 账簿保管期满需要销毁时，需报财政部门批准

[解析] 纳税人应自领取营业执照或发生纳税义务之日起15日内设置账簿，A项错误；账簿等资料，除另有规定外，至少要保存10年，C项错误；账簿保管期满需要销毁时，报主管部门和税务机关批准然后在其监督下销毁，D项错误。

答案：B

### 二、凭证管理

凭证管理的具体内容见表11-4。

表 11-4　凭证管理的具体内容

| 凭证类型 | 分类 | 具体内容 |
|---|---|---|
| 会计凭证 | 原始凭证 | 原始凭证有错误的,应当由出具单位重开或者更正,更正处应当加盖出具单位印章;原始凭证金额有错误的,应当由出具单位重开,不得在原始凭证上更正 |
| 会计凭证 | 记账凭证 | 包括收款凭证、付款凭证和转账凭证 |
| 税收凭证 | 完税凭证 | 包括各种完税证及缴款书 |
| 税收凭证 | 综合凭证 | 包括罚款收据、代扣代缴税款专用发票、票款结算单、各种提退减免凭证、纳税保证金收据、税票调换证等 |

## 三、账簿、凭证管理的法律责任

账簿、凭证管理的法律责任见表 11-5。

表 11-5　账簿、凭证管理的法律责任

| 情形 | 法律责任 |
|---|---|
| 纳税人未按照规定设置、保管账簿或者保管记账凭证和有关资料的 | (1) 由税务机关责令限期改正,可以处 2 000 元以下的罚款<br>(2) 情节严重的,处 2 000 元以上 10 000 元以下的罚款 |
| 扣缴义务人未按照规定设置、保管代扣代缴、代收代缴税款账簿或者保管代扣代缴、代收代缴税款记账凭证及有关资料的 | (1) 由税务机关责令限期改正,可以处 2 000 元以下的罚款<br>(2) 情节严重的,处 2 000 元以上 5 000 元以下的罚款 |

## 四、发票管理

发票分为普通发票和增值税专用发票两大类。

### (一) 发票印制管理

发票印制管理见表 11-6。

表 11-6　发票印制管理

| 项目 | 具体要求 |
|---|---|
| 印制发票的企业需具备的条件 | (1) 取得印刷经营许可证和营业执照<br>(2) 设备、技术水平能够满足印制发票的需要<br>(3) 有健全的财务制度和严格的质量监督、安全管理、保密制度 |
| 发票印制企业的确定 | (1) 增值税专用发票由国务院税务主管部门确定的企业印制<br>(2) 其他发票,由省、自治区、直辖市税务机关确定的企业印制<br>(3) 禁止私自印制、伪造、变造发票<br>(4) 税务机关应当以招标方式确定印制发票的企业,并发给发票印制通知书 |
| 印制发票的要求 | (1) 国务院税务主管部门要统一确定全国发票防伪专用品;禁止非法制造发票防伪专用品<br>(2) 发票应当套印全国统一发票监制章<br>(3) 发票实行不定期换版制度<br>发票应当使用中文印制。民族自治地方的发票,可以加印当地一种通用的民族文字。禁止在境外印制发票 |

### (二) 发票领购管理

发票领购管理的具体内容见表 11-7。

表 11-7　发票领购管理

| 项目 | 具体内容 |
| --- | --- |
| 发票领用手续 | 主管税务机关在 5 个工作日内确认领用发票的种类、数量以及领用方式，并告知领用发票的单位和个人 |
| 临时使用发票领用手续 | (1) 需要临时使用发票的单位和个人，可以凭购销商品、提供或者接受服务以及从事其他经营活动的书面证明、经办人身份证明，直接向经营地税务机关申请代开发票<br>(2) 依照税收法律、行政法规规定应当缴纳税款的，税务机关应当先征收税款，再开具发票<br>(3) 税务机关根据发票管理的需要，可以按照国务院税务主管部门的规定委托其他单位代开发票<br>(4) 税务机关代开发票时应进行身份验证<br>(5) 禁止非法代开发票 |
| 跨地区经营领用发票手续 | (1) 临时到本省、自治区、直辖市以外从事经营活动的单位或者个人，应当凭所在地税务机关的证明，向经营地税务机关领用经营地的发票<br>(2) 临时在本省、自治区、直辖市以内跨市、县从事经营活动领用发票的办法，由省、自治区、直辖市税务机关规定 |
| 发票领购方式 | 发票领购方式包括批量供应、交旧购新、验旧购新。发票存根联在交旧购新的方式下由税务机关留存，验旧购新则由用票单位自己保管 |

（三）发票的开具和保管

(1) 开具发票应当按照规定的时限、顺序、栏目，全部联次一次性如实开具，开具纸质发票应加盖发票专用章。

(2) 任何单位和个人不得有下列虚开发票的行为：

①为他人、为自己开具与实际经营业务情况不符的发票。

②让他人为自己开具与实际经营业务情况不符的发票。

③介绍他人开具与实际经营业务情况不符的发票。

(3) 任何单位和个人不得有下列行为：

①转借、转让、介绍他人转让发票、发票监制章和发票防伪专用品。

②知道或者应当知道是私自印制、伪造、变造、非法取得或者废止的发票而受让、开具、存放、携带、邮寄、运输。

③拆本使用发票。

④扩大发票使用范围。

⑤以其他凭证代替发票使用。

⑥窃取、截留、篡改、出售、泄露发票数据。

(4) 除特殊情形外，发票限于领购单位和个人在本省、自治区、直辖市内开具。

(5) 除特殊情形外，任何单位和个人不得跨规定的使用区域携带、邮寄、运输空白发票。禁止携带、邮寄或者运输空白发票出入境。

(6) 开具发票的单位和个人应当按照税务机关的规定存放和保管发票，不得擅自损毁。已经开具的发票存根联，应当保存 5 年。

（四）发票检查的基本规定

(1) 税务机关在发票管理中有权进行下列检查：

①检查印制、领购、开具、取得、保管和缴销发票的情况。

②调出发票查验。

③查阅、复制与发票有关的凭证、资料。

④向当事各方询问与发票有关的问题和情况。

⑤在查处发票案件时，对与案件有关的情况和资料，可以记录、录音、录像、照像和复制。

(2) 印制、使用发票的单位和个人，必须接受税务机关依法检查，如实反映情况，提供有关资料，不得拒绝、隐瞒。税务人员进行检查时，应当出示税务检查证。

(3) 税务机关需要将已开具的发票调出查验时，应当向被查验的单位和个人开具发票换票证。发票换票证与所调出查验的发票有同等效力。被调出查验发票的单位和个人不得拒绝接受。

税务机关需要将空白发票调出查验时，应当开具收据；经查无问题的，应当及时返还。

(4) 发票检查方法包括：对照检查法、票面逻辑推理法、顺向检查法（开出发票的单位为起点）、逆向检查法（取得发票的单位为起点）。

(5) 增值税专用发票检查的一般方法包括鉴别真伪、逻辑审核、就地检查、交叉传递、双重稽核。

(6) 最初对增值税专用发票的认证是扫描认证。自 2019 年 3 月 1 日起，扩大取消增值税发票认证的纳税人范围。将取消增值税发票认证的纳税人范围扩大至全部一般纳税人。一般纳税人取得增值税发票（包括增值税专用发票、机动车销售统一发票、收费公路通行费增值税电子普通发票）后，可以自愿使用增值税发票选择确认平台查询、选择用于申报抵扣、出口退税或者代办退税的增值税发票信息。

（五）发票检查的处罚规定

(1) 有下列情形之一的，由税务机关责令改正，可以处 1 万元以下的罚款；有违法所得的予以没收：

①应当开具而未开具发票，或者未按照规定的时限、顺序、栏目，全部联次一次性开具发票，或者未加盖发票专用章的。

②使用税控装置开具发票，未按期向主管税务机关报送开具发票的数据的。

③使用非税控电子器具开具发票，未将非税控电子器具使用的软件程序说明资料报主管税务机关备案，或者未按照规定保存、报送开具发票的数据的。

④拆本使用发票的。

⑤扩大发票使用范围的。

⑥以其他凭证代替发票使用的。

⑦跨规定区域开具发票的。

⑧未按照规定缴销发票的。

⑨未按照规定存放和保管发票的。

⑩未按规定作废发票或开具红字发票的。

（2）跨规定的使用区域携带、邮寄、运输空白发票，以及携带、邮寄或者运输空白发票出入境的，由税务机关责令改正，可以处1万元以下的罚款；情节严重的，处1万元以上3万元以下的罚款；有违法所得的予以没收。丢失发票或者擅自损毁发票的，依照上述规定处罚。

（3）违反发票管理办法规定虚开发票的，由税务机关没收违法所得；虚开金额在1万元以下的，可以并处5万元以下的罚款；虚开金额超过1万元的，并处5万元以上50万元以下的罚款；构成犯罪的，依法追究刑事责任。非法代开发票的，依照上述规定处罚。

（4）私自印制、伪造、变造发票，非法制造发票防伪专用品，伪造发票监制章，窃取截留、篡改、出售、泄露发票数据的，由税务机关没收违法所得，没收、销毁作案工具和非法物品，并处1万元以上5万元以下的罚款；情节严重的，并处5万元以上50万元以下的罚款；构成犯罪的，依法追究刑事责任。

（5）有下列情形之一的，由税务机关处1万元以上5万元以下的罚款；情节严重的，处5万元以上50万元以下的罚款；有违法所得的予以没收：

①转借、转让、介绍他人转让发票、发票监制章和发票防伪专用品的。

②知道或者应当知道是私自印制、伪造、变造、非法取得或者废止的发票而受让、开具、存放、携带、邮寄、运输的。

（6）对违反发票管理规定2次以上或者情节严重的单位和个人，税务机关可以向社会公告。

（7）违反发票管理法规，导致其他单位或者个人未缴、少缴或者骗取税款的，由税务机关没收违法所得，可以并处未缴、少缴或者骗取的税款1倍以下的罚款。

（8）当事人对税务机关的处罚决定不服的，可以依法申请行政复议或者向人民法院提起行政诉讼。

（9）税务人员利用职权之便，故意刁难印制、使用发票的单位和个人，或者有违反发票管理法规行为的，依照国家有关规定给予处分；构成犯罪的，依法追究刑事责任。

>> 典型例题

[单项选择题] 根据发票管理办法，违法后由税务机关处1万元以上5万元以下的罚款，情节严重的，处5万元以上50万元以下的罚款，并处没收违法所得的行为是（　　）。

A. 私自印制发票的

B. 跨规定区域开具发票的

C. 非法代开发票的

D. 转借、转让、介绍他人转让发票、发票监制章和发票防伪专用品的

[解析] 转借、转让、介绍他人转让发票、发票监制章和发票防伪专用品的，由税务机关处1万元以上5万元以下的罚款；情节严重的，处5万元以上50万元以下的罚款；有违法所得的予以没收。

答案：D

## 考点3 纳税申报 ☆☆

纳税申报的具体内容见表11-8。

表11-8 纳税申报

| 项目 | 具体内容 |
| --- | --- |
| 对象 | (1) 负有纳税义务的单位和个人<br>(2) 取得临时应税收入或发生应税行为的纳税人<br>(3) 享有减税、免税待遇的纳税人（在减免税期间也需办理纳税申报）<br>(4) 扣缴义务人 |
| 内容 | 纳税申报表及税款扣缴报告表；财务会计报表及其说明书；其他纳税资料 |
| 方式 | (1) 直接申报（上门申报）<br>(2) 邮寄申报（以寄出的邮戳日期为实际申报日期）<br>(3) 数据电文申报（如电子数据交换、电子邮件、电报、电传或者传真）<br>(4) 委托代理申报 |
| 期限 | (1) 延期申报不等于无限期地延长申报期限，须在税务机关核准的期限内<br>(2) 纳税人、扣缴义务人因不可抗力，可以延期办理<br>(3) 核准延期办理纳税申报的，应当在规定的纳税期限内先预缴税款；并在核准的延期内办理纳税结算 |
| 法律责任 | 纳税人未按照规定的期限办理纳税申报和报送纳税资料的，或者扣缴义务人未按照规定的期限向税务机关报送代扣代缴、代收代缴税款报告和有关资料的，由税务机关责令限期改正，可以处2 000元以下罚款；情节严重的，可以处2 000元以上10 000元以下的罚款 |

> **典型例题**

[多项选择题] 关于纳税申报的说法，错误的有（ ）。

A. 纳税人、扣缴义务人可采用邮寄申报的方式申报纳税

B. 纳税人和扣缴义务人不论当期是否发生纳税义务，都必须办理纳税申报

C. 纳税人依法享受免税政策，在免税期间仍应按规定办理纳税申报

D. 纳税人因不可抗力不能按期办理纳税申报的，可在不可抗力情形消除后15日内向税务机关报告

E. 纳税人未按照规定的期限办理纳税申报和报送纳税资料，且情节严重的，税务机关可以处2 000元以上10 000元以下的罚款

[解析] B项，纳税人和扣缴义务人不论当期是否发生纳税义务，除税务机关批准外，其他的都必须办理纳税申报；D项，纳税人因不可抗力不能按期办理纳税申报的，可以延期办理；但应当在不可抗力情形消除后立即报告税务机关。

答案：BD

## 考点4 税款征收 ☆☆☆

### 一、税款征收方式及适用范围

税款征收方式及适用范围见表11-9。

表 11-9 税款征收方式及适用范围

| 征收方式 | 适用范围 |
| --- | --- |
| 查账征收 | 财务会计制度较为健全,能够认真履行纳税义务的纳税单位 |
| 查定征收 | 账册不够健全,但是能够控制原材料或者进销货的纳税单位 |
| 查验征收 | 经营品种比较单一,经营地点、时间和商品来源不固定的纳税人 |
| 定期定额征收 | 无完整考核依据的纳税人 |

》 典型例题

**1. [单项选择题]** 关于经营品种比较单一,经营地点、时间和商品来源不固定的纳税人,应采取的税款征收方式是( )。

A. 查账征收　　　　　　　　　　B. 查定征收

C. 查验征收　　　　　　　　　　D. 定期定额征收

[解析] 查验征收适用于经营品种比较单一,经营地点、时间和商品来源不固定的纳税人。

**2. [多项选择题]** 下列各项中,属于税款征收方式的有( )。

A. 限额征收　　　　　　　　　　B. 查定征收

C. 查验征收　　　　　　　　　　D. 定期定额征收

E. 查账征收

[解析] 税款征收方式包括查账征收、查定征收、查验征收、定期定额征收。

答案:1. C　2. BCDE

## 二、税款征收的内容

纳税人、扣缴义务人按照规定期限缴纳或者解缴税款。纳税人因有特殊困难,不能按期缴纳税款的,经省、自治区、直辖市税务机关批准,可以延期缴纳税款,但是最长不得超过3个月。纳税人未按照规定期限缴纳税款的,扣缴义务人未按照规定期限解缴税款的,税务机关除责令限期缴纳外,从滞纳税款之日起,按日加收滞纳税款万分之五的滞纳金。

(一) 由主管税务机关调整应纳税额

纳税人有下列情形之一的,税务机关有权核定其应纳税额:

(1) 依照法律、行政法规的规定可以不设置账簿的。

(2) 应当设置但未设置账簿的。

(3) 擅自销毁账簿或者拒不提供纳税资料的。

(4) 虽设置账簿,但账目混乱或者成本资料、收入凭证、费用凭证残缺不全,难以查账的。

(5) 发生纳税义务,未按照规定的期限办理纳税申报,经税务机关责令限期申报,逾期仍不申报的。

(6) 纳税人申报的计税依据明显偏低,又无正当理由的。

## 第十一章 税务管理

> **典型例题**

[多项选择题] 纳税人下列行为中,属于税务机关有权核定其应纳税额的有(　　)。

A. 依照法律法规的规定可以不设置账簿

B. 虽设置了账簿,但账目混乱,难以查账的

C. 发生纳税义务,未按照规定期限办理纳税申报的

D. 纳税人申报的计税依据明显偏低,但是有正当理由的

E. 擅自销毁账簿的

[解析] 纳税人有下列情形之一的,税务机关有权核定其应纳税额:①依照法律、行政法规的规定可以不设置账簿的;②应当设置但未设置账簿的;③擅自销毁账簿或者拒不提供纳税资料的;④虽设置账簿,但账目混乱或者成本资料、收入凭证、费用凭证残缺不全,难以查账的;⑤发生纳税义务,未按照规定的期限办理纳税申报,经税务机关责令限期申报,逾期仍不申报的;⑥纳税人申报的计税依据明显偏低,又无正当理由的。

答案:ABE

(二)核定应纳税额的方法

(1)参照当地同类行业或者类似行业中经营规模和收入水平相近的纳税人的收入额和利润率核定。

(2)按照营业收入或成本加合理费用和利润核定。

(3)按照耗用的原材料、燃料、动力等推算或者测算核定。

(4)按照其他合理的方法核定。

(三)关联企业纳税调整

(1)关联企业是指有下列关系之一的公司、企业和其他经济组织:在资金、经营、购销等方面,存在直接或者间接的拥有或者控制关系;直接或者间接地同为第三者所拥有或者控制;在利益上具有相关联的其他关系。

(2)税务机关可以按照下列方法调整计税收入额或者所得额:按照独立企业之间进行的相同或者类似业务活动的价格;按照再销售给无关联关系的第三者的价格所应取得的收入和利润水平;按照成本加合理的费用和利润调整;按照其他合理的方法。

【提示】纳税人与其关联企业未按照独立企业之间的业务往来支付价款、费用的,税务机关自该业务往来发生的纳税年度起 3 年内进行调整;有特殊情况的,可以自该业务往来发生的纳税年度起 10 年内进行调整。

(四)税收保全措施

税收保全措施的具体内容见表 11-10。

表 11-10 税收保全措施

| 项目 | 具体内容 |
| --- | --- |
| 实施条件 | （1）行为条件：纳税人有逃避纳税义务的行为。逃避纳税义务行为主要包括转移、隐匿商品、货物或者其他财产等<br>（2）时间条件：在规定的纳税期届满之前和责令缴纳税款的期限之内<br>（3）担保条件：在上述两个条件具备的情况下，税务机关可以责成纳税人提供纳税担保，纳税人不提供纳税担保的，税务机关可以依照法定权限和程序，采取税收保全措施<br>（4）批准机关：经县级以上税务局（分局）局长批准，税务机关可以采取税收保全措施<br>【提示】可以采取税收保全措施的纳税人仅限于从事生产、经营的纳税人，不包括非从事生产、经营的纳税人，也不包括扣缴义务人和纳税担保人 |
| 实施措施 | （1）书面通知纳税人的开户银行或者其他金融机构冻结纳税人的相当于应纳税款的存款<br>（2）扣押、查封纳税人的价值相当于应纳税款的商品、货物或者其他财产<br>（3）个人及其所扶养家属维持生活必需的住房和用品，不在税收保全措施的范围之内。生活必需的住房和用品不包括机动车辆、金银饰品、古玩字画、豪华住宅或者一处以外的住房。单价 5 000 元以下的其他生活用品，不采取税收保全措施和强制执行措施 |

（五）税收强制执行措施

税收强制执行措施的具体内容见表 11-11。

表 11-11 税收强制执行措施

| 项目 | 具体内容 |
| --- | --- |
| 实施条件 | （1）超过纳税期限：未按照规定的期限纳税或者解缴税款<br>（2）告诫在先：税务机关必须责令限期缴纳税款<br>（3）超过告诫期：经税务机关责令限期缴纳，逾期仍未缴纳的<br>（4）税务机关对纳税人等强制执行措施应经县以上税务局（分局）局长批准<br>【提示】不仅限于从事生产、经营的纳税人，也适用于扣缴义务人、纳税担保人。税务机关采取强制执行措施时，对纳税人、扣缴义务人、纳税担保人未缴纳的滞纳金同时强制执行。可以单独对纳税人应缴未缴的滞纳金采取强制执行措施 |
| 实施措施 | （1）书面通知纳税人的开户银行或者其他金融机构从其存款中扣缴税款<br>（2）拍卖或变卖所得抵缴税款、滞纳金、罚款以及扣押、查封、保管、拍卖、变卖等费用后，剩余部分应当在 3 日内退还被执行人<br>（3）个人及其所扶养家属维持生活必需的住房和用品，不在税收强制措施的范围之内 |

>> 典型例题

[单项选择题] 下列关于强制执行措施的说法，错误的是（　　）。

A. 拍卖或者变卖所得抵缴税款、滞纳金、罚款等其他法律规定的费用后，剩余部分应在 3 日内退还被执行人

B. 税务机关对单价 5 000 元以下的其他生活用品，不采取强制执行措施

C. 纳税担保人未缴纳的滞纳金不在强制执行的范围内

D. 个人及其所抚养家属维持生活必需的住房和用品，不在强制执行措施范围内

[解析] 税务机关采取强制执行措施时，对有关纳税人、扣缴义务人、纳税担保人未缴纳的滞纳金同时强制执行。

答案：C

## 三、纳税担保

### (一) 纳税担保的适用对象

纳税担保的适用对象见表11-12。

表11-12 纳税担保的适用对象

| 适用对象 | 具体规定 |
| --- | --- |
| 税务机关有根据地认为从事生产、经营的纳税人有逃避纳税义务行为的 | 税务机关有根据地认为从事生产、经营的纳税人有逃避纳税义务行为的,可以在规定的纳税期限之前,责令限期缴纳税款;在限期内发现纳税人有明显的转移、隐匿其应纳税的商品、货物以及其他财产或应纳税收入的迹象的,税务机关可责令纳税人提供纳税担保 |
| 欠缴税款的纳税人需要出境的 | 出境前向税务机关结清应纳税款、滞纳金或者提供担保 |
| 纳税人同税务机关在纳税上发生争议而未缴清税款,需要申请行政复议的 | |
| 税收法律、行政法规规定可以提供纳税担保的其他情形 | |

### (二) 纳税担保的范围

纳税担保的范围包括税款、滞纳金和实现税款、滞纳金的费用。费用包括抵押、质押登记费用,质押保管费用,以及保管、拍卖、变卖担保财产等相关费用支出。

### (三) 纳税担保的形式

纳税担保的形式见表11-13。

表11-13 纳税担保的形式

| 形式 | 定义 | 具体内容 |
| --- | --- | --- |
| 纳税保证 | 纳税保证人向税务机关保证,当纳税人未按照税收法律、行政法规规定或者税务机关确定的期限缴清税款、滞纳金时,由纳税保证人按照约定履行缴纳税款及滞纳金义务的行为 | 纳税保证人包括在中国境内具有纳税担保能力的自然人、法人或者其他经济组织 |
| 纳税质押 | 经税务机关同意,纳税人或纳税担保人将其动产或权利凭证移交税务机关占有,将该动产或权利凭证作为税款及滞纳金的担保 | 纳税质押包括动产质押和权利质押: <br>(1) 动产质押:现金以及其他除不动产以外的财产提供的质押 <br>(2) 权利质押:汇票、支票、本票、债券、存款单等权利凭证 |
| 纳税抵押 | 纳税人或纳税担保人不转移财产的占有,将该财产作为税款及滞纳金的担保 | 可以进行纳税抵押的财产有: <br>(1) 抵押人所有的房屋和其他地上定着物 <br>(2) 抵押人所有的机器、交通运输工具和其他财产 <br>(3) 抵押人依法有权处分的国有的房屋和其他地上定着物 <br>(4) 抵押人依法有权处分的国有的机器、交通运输工具和其他财产 <br>(5) 经设区的市、自治州以上税务机关确认的其他可以抵押的合法财产 |

【提示1】不得作为纳税担保人的有:国家机关,学校、幼儿园、医院等事业单位,社会

团体,企业法人的职能部门。

【提示2】企业法人的分支机构有法人书面授权的,可以在授权范围内提供纳税担保。

### 四、税款追征与退还

(一)税款的追征

税款的追征处理见表11-14。

表11-14 税款的追征处理

| 原因 | 追征时限 | 追征范围 |
| --- | --- | --- |
| 因税务机关的责任 | 3年 | 少缴或未缴税款 |
| 因纳税人、扣缴义务人计算错误等失误 | 3~5年 | 少缴或未缴税款、滞纳金 |
| 偷税、抗税、骗税 | 无限期 | 少缴或未缴税款、滞纳金、骗取的税款 |

(二)税款的退还

若纳税人多缴税款,自结算缴纳税款之日起3年内要求退还多缴税款,可要求加算多缴税款同期存款利息;若税务机关发现,应当立即退还纳税人。

### 五、欠税管理制度

(一)欠税清缴制度

(1)欠缴税款的纳税人或者其法定代表人需要出境的,应当在出境前向税务机关结清应纳税款、滞纳金或者提供担保,如均未提供,可阻止其离境。

(2)税务机关征收税款,税收优先于无担保债权;纳税人欠缴的税款发生在纳税人以其财产设定抵押、质押或者纳税人的财产被留置之前的,税收应当先于抵押权、质权、留置权执行。

(3)欠缴税款的纳税人因怠于行使到期债权,或者放弃到期债权,或者无偿转让财产,或者以明显不合理的低价转让财产而受让人知道该情形,对国家税收造成损害的,税务机关可以依照相关规定行使代位权、撤销权。

(二)欠税滞纳金管理

对纳税人、扣缴义务人、纳税担保人应缴纳的欠税及滞纳金不再要求同时缴纳,可以要求先行缴纳欠税,再依法缴纳滞纳金。

(三)破产清算中的欠税管理

税务机关在人民法院公告的债权申报期限内,向管理人申报企业所欠税款(含教育费附加、地方教育附加)、滞纳金及罚款。因特别纳税调整产生的利息,也应一并申报。

### 考点5 减免税的管理 ☆☆

税收的开征、停征以及减税、免税、退税、补税,依照法律的规定执行;法律授权国务院规定的,依照国务院制定的行政法规的规定执行。任何机关、单位和个人不得违反法律、行政法规的规定,擅自作出税收开征、停征以及减税、免税、退税、补税和其他同税收法律、行政法规相抵触的决定。

## 考点6 出口退税的管理

根据《财政部、国家税务总局关于出口货物劳务增值税和消费税政策的通知》（财税〔2012〕39号），有关出口退税的规定如下。

### 一、出口退税的范围

（一）出口退税的货物范围

出口货物同时具备以下条件才予退税：必须是属于增值税、消费税征税范围的货物；必须是报关离境出口的货物；必须是在财务上作出口销售处理的货物；必须是已收汇并经核销的货物。

（二）出口退税的企业范围

出口退税的企业范围包括：具有外贸出口经营权的企业；委托出口的企业；特定出口退税企业，主要是外轮供应公司、对外修理修配企业、对外承包工程公司。

### 二、出口退税的形式

出口退税的形式见表11-15。

表11-15 出口退税的形式

| 出口退税的形式 | 适用范围 |
| --- | --- |
| 不征不退的形式 | (1) 来料加工、进料加工采取进口免税和出口不退税的做法<br>(2) 保税区内加工企业出口货物 |
| 免、抵、退形式 | 适用于具有出口经营权的生产企业自营出口或委托出口的自产货物<br>(1) 当期期末留抵税额≤当期免抵退税额，则：当期应退税额=当期期末留抵税额；当期免抵税额=当期免抵退税额－当期应退税额<br>(2) 当期期末留抵税额＞当期免抵退税额，则：当期应退税额=当期免抵退税额；当期免抵税额=0；当期期末留抵税额为当期增值税纳税申报表中的"期末留抵税额" |
| 先征后退的形式 | 适用于没有出口经营权的生产企业委托出口的货物 |

**典型例题**

[单项选择题] 某具有出口经营权的电器生产企业（增值税一般纳税人）自营出口自产货物，2019年5月末未退税前计算出的期末留抵税额为19万元，当期免抵退税额为15万元，当期免抵税额为（　　）万元。

A. 0　　　　　　　B. 6　　　　　　　C. 9　　　　　　　D. 15

[解析] 当期期末留抵税额＞当期免抵退税额，则当期应退税额=当期免抵退税额，当期免抵税额=0。

答案：A

## 考点7 纳税信用的管理 ☆☆

纳税信用管理适用于已办理税务登记，从事生产、经营并适用查账征收的独立核算企业、个人独资企业和个人合伙企业，暂不包括扣缴义务人与自然人。非独立核算分支机构可自愿参与纳税信用评价。

## 一、纳税信用信息采集

纳税信用采集的具体内容见表11-16。

表11-16　纳税信用信息采集

| 要点 | | 具体内容 |
|---|---|---|
| 定义 | | 税务机关对纳税人纳税信用信息的记录和收集 |
| 采集内容 | 外部信息 | 外部参考信息和外部评价信息 |
| | 税务内部信息 | 经常性指标信息（涉税申报及发票等信息）和非经常性指标信息 |
| | 纳税人信用历史信息 | 基本信息和评价年度之前的纳税信用记录，以及相关部门评定的优良信用记录和不良信用记录 |
| 组织实施者 | | 国家税务总局和省税务机关组织实施，按月采集 |

## 二、纳税信用评价

纳税信用评价采取年度评价指标得分和直接判级方式。

（1）评价指标包括税务内部信息和外部评价信息。年度评价指标得分采取扣分方式。

（2）直接判级适用于有严重失信行为的纳税人。纳税信用级别设A、B、C、D四级。

【提示】不影响纳税人纳税信用评价的情况：由于税务机关原因或者不可抗力，纳税人未能及时履行纳税义务的；非主观故意的计算公式运用错误以及明显的笔误造成未缴或者少缴税款的；国家税务总局认定的其他不影响纳税信用评价的情形。

>> 典型例题

[多项选择题] 下列属于不影响信用评价的情形的有（　　）。

A. 由于税务机关原因造成纳税人未能及时履行纳税义务的

B. 纳税人生产经营期不足2年的

C. 由于不可抗力，造成纳税人未能及时履行纳税义务的

D. 非主观故意的计算公式运用错误造成少缴税款的

E. 明显的笔误造成少缴税款的

[解析] 纳税人有下列情形的，不影响其纳税信用评价：①由于税务机关原因或者不可抗力，造成纳税人未能及时履行纳税义务的（A、C两项正确）；②非主观故意的计算公式运用错误以及明显的笔误造成未缴或者少缴税款的（D、E两项正确）；③国家税务总局认定的其他不影响纳税信用评价的情形。

答案：ACDE

## 三、纳税信用评价结果 ☆☆

（一）纳税信用评价结果的确定和发布

（1）纳税信用评价结果的确定和发布遵循谁评价、谁确定、谁发布的原则。

（2）税务机关对纳税人的纳税信用级别实行动态调整（信用级别发生变化时，会采取适当

方式通知、提醒纳税人)。

(3) 税务机关对纳税信用评价结果，按分级分类原则，依法有序开放（主动公开 A 级纳税人名单及相关信息，逐步开放 B、C、D 级纳税人名单及相关信息，定期或者不定期公布重大税收违法案件信息)。

(二) 纳税信用评价结果的应用

税务机关按照守信激励、失信惩戒的原则，对不同信用级别的纳税人实施分类服务和管理。

纳税信用评价结果的应用见表 11-17。

表 11-17　纳税信用评价结果的应用

| 纳税信用评价级别 | 具体措施 |
| --- | --- |
| A 级 | 税务机关采取激励措施：<br>(1) 主动向社会公告年度 A 级纳税人名单<br>(2) 一般纳税人可单次领取 3 个月的增值税发票用量，需要调整增值税发票用量时即时办理<br>(3) 普通发票按需领用<br>(4) 连续 3 年被评为 A 级信用级别（简称 3 连 A）的纳税人，除享受以上措施外，还可以由税务机关提供绿色通道或专门人员帮助办理涉税事项<br>(5) 税务机关与相关部门实施的联合激励措施，以及结合当地实际情况采取的其他激励措施 |
| B 级 | 税务机关实施正常管理，适时进行税收政策和管理规定的辅导，并视信用评价状态变化趋势选择性地提供相关的激励措施 |
| C 级 | 税务机关应依法从严管理，并视信用评价状态变化趋势选择性地采取相应的管理措施 |
| D 级 | 税务机关采取公开 D 级纳税人及其直接责任人名单，对直接责任人员注册登记或者负责经营的其他纳税人纳税信用直接判为 D 级等 8 项严格管理措施 |

(三) 纳税信用修复

为鼓励和引导纳税人增强依法诚信纳税意识，主动纠正纳税失信行为，纳入纳税信用管理的企业纳税人，符合相关条件的，可在规定期限内向主管税务机关申请纳税信用修复。

### 考点8　税务行政救济管理 ☆☆

#### 一、税务行政复议 ☆☆

公民、法人和其他组织认为税务机关的具体行政行为侵犯其合法权益，可以向税务行政复议机关申请行政复议，税务行政复议机关办理行政复议事项。

(一) 税务行政复议范围

(1) 征税行为，包括确认纳税主体、征税对象、征税范围、减免税、扣缴义务人等。

(2) 发票管理行为，包括发售、收缴、代开发票等。

(3) 行政许可、行政审批行为。

(4) 税收保全措施、强制执行措施。

(5) 行政处罚行为，包括罚款、没收财物和违法所得、停止出口退税权。

(6) 不依法履行下列职责的行为：包括颁发税务登记，开具、出具完税凭证、外出经营活动税收管理证明，行政赔偿，行政奖励，其他不依法履行职责的行为。

(7) 不依法确认纳税担保行为。

(8) 政府信息公开工作中的具体行政行为。

(9) 通知出入境管理机关阻止出境行为。

(10) 资格认定行为。

(11) 纳税信用等级评定行为。

(12) 其他具体行政行为。

（二）税务行政复议管辖

(1) 对国家税务总局的具体行政行为不服的，向国家税务总局申请行政复议。

(2) 对计划单列市税务局的具体行政行为不服的，向国家税务总局申请行政复议。

(3) 对各级税务局的具体行政行为不服的，向其上一级税务局申请行政复议。

(4) 对税务所（分局）、各级税务局的稽查局的具体行政行为不服的，向其所属税务局申请行政复议。

(5) 对行政复议决定不服，申请人可以向人民法院提起行政诉讼，也可以向国务院申请裁决。国务院的裁决为最终裁决。

【提示】税务行政复议的具体原则：对具体行政行为不服的，向其上一级行政复议；对复议结果不服的，可向人民法院提起行政诉讼。

（三）税务行政复议申请人和被申请人

税务行政复议申请人和被申请人相关知识见表11-18。

表11-18 税务行政复议申请人和被申请人

| 分类 | | 具体内容 |
| --- | --- | --- |
| 税务行政复议申请人 | 股份制企业的股东大会、股东代表大会、董事会认为税务具体行政行为侵犯企业合法权益的 | 以企业的名义申请行政复议 |
| | 合伙企业申请行政复议的 | 以核准登记的企业为申请人，由执行合伙事务的合伙人代表该企业参加行政复议 |
| | 其他合伙组织申请行政复议的 | 由合伙人共同申请行政复议 |
| | 有权申请行政复议的法人或者其他组织发生合并、分立或终止的 | 承受其权利义务的法人或者其他组织可以申请行政复议 |
| | 有权申请行政复议的公民为无行为能力人或者限制行为能力人 | 其法定代理人可代理申请行政复议 |
| | 有权申请行政复议的公民死亡的 | 其近亲属可以申请行政复议 |

续表

| 分类 | | 具体内容 |
|---|---|---|
| 税务行政复议被申请人 | 申请人对税务机关委托的单位和个人的代征行为不服的 | 委托税务机关为被申请人 |
| | 申请人对具体行政行为不服申请行政复议的 | 作出该具体行政行为的税务机关为被申请人 |
| | 申请人对扣缴义务人的扣缴税款行为不服的 | 主管该扣缴义务人的税务机关为被申请人 |
| | 申请人对经重大税务案件审理程序作出的决定不服的 | 审理委员会所在税务机关为被申请人 |
| | 税务机关与法律、法规授权的组织以共同的名义作出具体行政行为的 | 税务机关和法律、法规授权的组织为共同被申请人 |
| | 税务机关与其他组织以共同名义作出具体行政行为的 | 税务机关为被申请人 |

【提示】申请人、第三人可委托1~2名代理人参加行政复议。被申请人不得委托本机关以外人员参加行政复议。

（四）税务行政复议申请

1. 税务行政复议申请期限

申请人可在知道税务机关作出具体行政行为之日起60日内提出行政复议申请。因不可抗力或者被申请人设置障碍等原因耽误法定申请期限的，申请期限的计算应当扣除被耽误时间。

2. 税务行政复议与诉讼的选择

（1）申请人对复议范围中征税行为不服的，应当先向行政复议机关申请行政复议；申请人对行政复议决定不服的，可以向人民法院提起行政诉讼。

（2）申请人对复议范围中征税行为以外的其他具体行政行为不服，可以申请行政复议，也可以直接向人民法院提起行政诉讼。申请人对税务机关作出逾期不缴纳罚款加处罚款的决定不服的，应当先缴纳罚款和加处罚款，再申请行政复议。

（3）申请人向行政复议机关申请行政复议，行政复议机关已经受理的，在法定行政复议期限内申请人不得向人民法院提起行政诉讼；申请人向人民法院提起行政诉讼，人民法院已经依法受理的，不得申请行政复议。

3. 税务行政复议申请的方式

申请人可采取书面申请、电子邮件或者口头申请等形式。

（五）税务行政复议受理

行政复议机关收到行政复议申请以后，应当在5日内审查，决定是否受理。对符合规定的行政复议申请，自行政复议机构收到申请之日起即为受理。

对应当先向行政复议机关申请行政复议，对行政复议决定不服再向人民法院提起行政诉讼的具体行政行为，行政复议机关决定不予受理或者受理以后超过行政复议期限不作答复的，申请人可以自收到不予受理决定书之日起或者行政复议期满之日起15日内，依法向人民法院提起行政诉讼。

### （六）税务行政复议证据

行政复议证据包括书证、物证、视听资料、电子数据、证人证言、当事人的陈述、鉴定意见、勘验笔录和现场笔录。

### （七）税务行政复议审查和决定

（1）行政复议原则上采用书面审查的办法，但是申请人提出要求或者行政复议机构认为有必要时，应当听取申请人、被申请人和第三人的意见，并可以向有关组织和人员调查了解情况。

（2）对重大、复杂的案件，申请人提出要求或者行政复议机构认为必要时，可以采取听证的方式审理。

（3）行政复议机关作出行政复议决定，应当制作行政复议决定书，并加盖行政复议机关印章。行政复议决定书一经送达，即发生法律效力。

> 典型例题

[单项选择题] 根据税收征收管理法律制度的规定，纳税人对税务机关（　　）的行政行为不服时，应当先向复议机关申请行政复议。

A. 加收滞纳金　　　　　　　　　　B. 发票管理

C. 停止出口退税权　　　　　　　　D. 代开发票

[解析] 申请人对复议范围中征税行为不服的，应当先向行政复议机关申请行政复议。征税行为包括确认纳税主体、征税对象、征税范围、减税、免税、退税、抵扣税款、适用税率、计税依据、纳税环节、纳税期限、纳税地点和税款征收方式等具体行政行为，征收税款、加收滞纳金、扣缴义务人、受税务机关委托的单位和个人作出的代扣代缴、代收代缴、代征行为等。A项属于征税行为。

答案：A

## 二、税务行政诉讼 ☆

公民、法人或者其他组织认为税务机关和税务机关工作人员的税务行政行为侵犯其合法权益，有权依照法律规定向人民法院提起的行政诉讼。

税务行政诉讼的主要内容见表11-19。

表11-19　税务行政诉讼

| 要点 | 主要内容 |
| --- | --- |
| 受案范围 | （1）税务机关作出的征税行为<br>（2）税务机关作出的责令纳税人提交纳税保证金或提供纳税担保行为<br>（3）税务机关作出的行政处罚行为<br>（4）税务机关作出的通知出境管理机关阻止出境行为<br>（5）税务机关作出的税收保全措施<br>（6）税务机关作出的税收强制执行措施<br>（7）认为符合法定条件申请税务机关颁发税务登记证和发售发票，税务机关拒绝颁发、发售或不予答复的行为<br>（8）税务机关的复议行为 |

续表

| 要点 | 主要内容 |
| --- | --- |
| 起诉条件 | （1）属于人民法院受案范围和受诉人民法院管辖<br>（2）原告是认为具体税务行政行为侵犯其合法权益的公民、法人或者其他组织<br>（3）有明确的被告<br>（4）有具体的诉讼请求和事实根据 |
| 受理规定 | （1）人民法院在接到起诉状时对符合规定的起诉条件的，应当登记立案<br>（2）对当场不能判定是否符合本法规定的起诉条件的，应当接收起诉状，出具注明收到日期的书面凭证，并在7日内决定是否立案<br>（3）不符合起诉条件的，作出不予立案的裁定。裁定书应当载明不予立案的理由。原告对裁定不服的，可提起上诉 |
| 审理 | 人民法院公开审理行政案件，但涉及国家秘密、个人隐私和法律另有规定的除外。涉及商业秘密的案件，当事人申请不公开审理的，可以不公开审理 |
| 判决 | 维持判决、撤销判决、履行判决、变更判决 |

【提示】人民法院只能受理因具体行政行为引起的行政争议。

》 典型例题

[多项选择题] 下列属于税务行政诉讼判决方式的有（　　）。

A．维持判决　　　　　　　　　　B．撤销判决

C．履行判决　　　　　　　　　　D．变更判决

E．加重判决

[解析] 税务行政诉讼的判决包括维持判决、撤销判决、履行判决、变更判决四种方式。

答案：ABCD

# 第十二章

## 纳税检查

### 大纲再现
理解纳税检查的基本理论和方法,进行增值税、消费税、企业所得税的检查。

### 大纲解读
历年考试时单项选择题、多项选择题以及案例分析题都会涉及本章的内容,分值一般在14分左右。

本章为财政税收的重点章节,主要涉及增值税、消费税和企业所得税的检查。本章需要借助一定的会计基础知识来学习,看似复杂,实则简单,基本理论都是前面学过的,会计账务的处理也是有规律可循的。

知识脉络 ▶

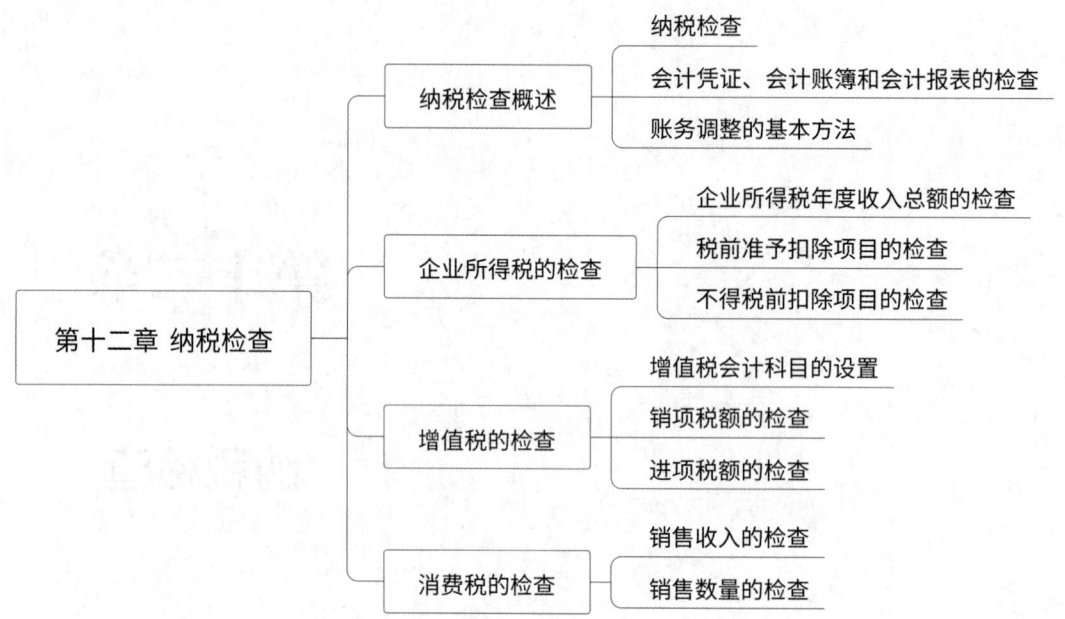

# 第十二章 纳税检查

## 考点1 纳税检查概述 ☆☆☆

### 一、纳税检查 ☆☆☆

（一）纳税检查的基本内容

纳税检查的基本内容见表12-1。

表12-1 纳税检查

| 纳税检查的要素 | 具体内容 |
| --- | --- |
| 主体 | 税务机关 |
| 客体 | 纳税义务人，还包括代扣代缴义务人、代收代缴义务人、纳税担保人等 |
| 对象 | 纳税人所从事的经济活动和各种应税行为 |
| 范围 | (1) 检查纳税人的账簿、记账凭证、报表和有关资料，检查扣缴义务人代扣代缴、代收代缴税款账簿、记账凭证和有关资料<br>(2) 到纳税人的生产、经营场所和货物存放地检查纳税人应纳税的商品、货物或者其他财产，检查扣缴义务人与代扣代缴、代收代缴税款有关的经营情况<br>(3) 责成纳税人、扣缴义务人提供与纳税或者代扣代缴、代收代缴税款有关的文件、证明材料和有关资料<br>(4) 询问纳税人、扣缴义务人与纳税或者代扣代缴、代收代缴税款有关的问题和情况<br>(5) 到车站、码头、机场、邮政企业及其分支机构检查纳税人托运、邮寄应纳税商品、货物或者其他财产的有关单据、凭证和有关资料<br>(6) 经县以上税务局（分局）局长批准，凭全国统一格式的检查存款账户许可证明，查询从事生产、经营的纳税人、扣缴义务人在银行或者其他金融机构的存款账户。税务机关在调查税收违法案件时，经设区的市、自治州以上税务局（分局）局长批准，可以查询案件涉嫌人员的储蓄存款。税务机关查询所获得的资料，不得用于税收以外的用途 |
| 依据 | 企业财务制度、会计法规和税收法规。三者冲突时，以税收法规为准 |

>> 典型例题

**1.** [多项选择题]纳税检查的客体包括（    ）。

A. 纳税人  B. 负税人

C. 代扣代缴义务人  D. 代收代缴义务人

E. 纳税担保人

[解析]纳税检查的客体为纳税义务人，还包括代扣代缴义务人、代收代缴义务人、纳税担保人等。

**2.** [单项选择题]税务机关查询案件涉嫌人员的储蓄存款时，需要履行的程序是（    ）。

A. 经税务所所长批准

B. 经县级税务局（分局）局长批准

C. 经稽查局局长批准

D. 经设区的市、自治州以上税务局（分局）局长批准

[解析]税务机关在调查税收违法案件时，经设区的市、自治州以上税务局（分局）局长

批准，可以查询案件涉嫌人员的储蓄存款。

**3. [多项选择题]** 关于纳税检查的说法，正确的有（　　）。

A. 纳税检查的主体是税务机关

B. 纳税检查的客体包括代扣代缴义务人

C. 查询从事生产、经营的纳税人的银行存款账户，需要经过税务所所长的批准

D. 查询从事生产、经营的纳税人的银行存款账户，需凭全国统一格式的检查存款账户许可证明

E. 经县税务局局长批准，可以查询案件涉嫌人员的储蓄存款

[解析] C项，经县以上税务局（分局）局长批准，税务检查人员可凭全国统一格式的检查存款账户许可证明，查询从事生产、经营的纳税人、扣缴义务人在银行或者其他金融机构的存款账户。E项，税务机关在调查税收违法案件时，经设区的市、自治州以上税务局（分局）局长批准，可以查询案件涉嫌人员的储蓄存款。

答案：1. ACDE　2. D　3. ABD

（二）纳税检查的方法

纳税检查的方法见表12-2。

表12-2　纳税检查的方法

| 分类标准 | 类型 | 解释 |
| --- | --- | --- |
| 按照查账的顺序划分 | 顺查法 | 凭证→账簿→报表→纳税情况 |
| | 逆查法 | 报表→账簿→凭证 |
| 按照检查的范围、内容、数量和查账粗细划分 | 详查法 | 适用于会计核算制度不健全、财务管理比较混乱、经济业务比较简单的企业，在立案侦查经济案件时也会采用 |
| | 抽查法 | 抽查效果的好坏，关键在于确定抽查对象 |
| 按照与检查资料之间的相互关系划分 | 联系查法 | 如账证之间、账账之间、账表之间的检查，联系查法分为账内联系法和账外联系法 |
| | 侧面查法 | 根据平时掌握的征管、信访资料等，对有关账簿记录进行核查 |
| 分析法（仅能揭露事物内部的矛盾，不宜作为查账定案的依据） | 比较分析法 | 同企业的有关历史资料、计划指标或同类企业的相关数据进行静态和动态对比 |
| | 推理分析法 | 一般应用于企业资产变动与负债及所有者权益变动平衡关系的分析 |
| | 控制分析法 | 一般运用于对生产企业的投入与产出、耗用与补偿的控制分析 |
| 盘存法 | | 对货币资金、存货和其他物资等实物资产进行实地盘存，查证实物的数量、品种、规格、金额等实际状况，对照账面余额，来推算生产经营成本及推算生产经营收入是否正确 |

## 二、会计凭证、会计账簿和会计报表的检查 ☆☆

### (一) 会计凭证的检查

会计凭证分为原始凭证和记账凭证。会计凭证检查的具体内容见表12-3。

表12-3 会计凭证的检查

| 项目 | | 具体内容 | 检查事项 |
| --- | --- | --- | --- |
| 原始凭证的检查 | 外来原始凭证 | 汇款单、运费发票、进货发票、进账单等 | 审查凭证的真实性、合法性、完整性;手续是否完备;对多联式发票,要注意是否为报销联,防止用其他联作报销 |
| | 自制原始凭证 | 对外自制凭证包括实物收据、现金收据等;对内自制凭证有差旅费报销单、收料单、领料单、支出证明单、成本计算单等 | (1) 检查其内容是否真实,处理是否符合规定<br>(2) 检查凭证的种类、格式、使用是否符合有关主管机关和财务制度的规定,审批手续是否齐全<br>(3) 检查凭证手续是否完备,应备附件是否齐全<br>(4) 检查自制支出凭证的报销金额是否遵守制度规定的开支标准和开支范围 |
| 记账凭证的检查 | | | (1) 会计记录所反映的经济内容是否完整,处理是否及时<br>(2) 会计科目及其对应关系是否正确<br>(3) 记账凭证是否附有原始凭证,两者的内容是否一致 |

> **典型例题**
>
> [单项选择题] 下列凭证中,属于自制原始凭证的是( )。
>
> A. 进账单  B. 汇款单
>
> C. 差旅费报销单  D. 运费发票
>
> [解析] 原始凭证分为外来原始凭证和自制原始凭证。外来原始凭证包括汇款单、运费发票、进货发票、进账单等。自制原始凭证包括各种报销和支付款项的凭证,其中对外自制凭证包括实物收据、现金收据等;对内自制凭证有差旅费报销单、收料单、领料单、支出证明单、成本计算单等。
>
> 答案:C

### (二) 会计账簿的检查

会计账簿检查的具体内容见表12-4。

表12-4 会计账簿的检查

| 账簿类型 | 检查事项 |
| --- | --- |
| 总分类账 | 包括账账关系、账表关系、纵向关系、横向关系等的查核,从总账中发现的问题只能作为查账的线索 |
| 明细分类账 | 与总分类账进行相互核对;审查账户余额的借贷方向;账实相符的检查;上下结算期之间相互核对 |
| 序时账 | 审查账面出现的异常情况;审查银行存款收支业务;审查账簿的真实性;审查借贷发生额的对应账户 |

### (三) 会计报表的检查

会计报表检查的内容见表12-5。

表 12-5 会计报表的检查

| 类型 | 具体内容 |
|---|---|
| 资产负债表 | 应收、预付、应付、预收等账款,各项存货、递延资产、固定资产等项目的审查 |
| 损益表 | 主营业务收入、主营业务成本、营业费用(销售费用) |

>> **典型例题**

[单项选择题] 会计账簿的检查不包括对( )的审查分析。

A. 序时账　　　　　　　　　　　　B. 总分类账

C. 明细分类账　　　　　　　　　　D. 总账

[解析] 会计账簿检查的主要内容包括序时账、总分类账、明细分类账。

答案:D

### 三、账务调整的基本方法 ☆☆☆

账务调整的基本方法见表 12-6。

表 12-6 账务调整的基本方法

| 调账方法 | 具体操作 | 适用对象 |
|---|---|---|
| 补充登记法 | 通过编制转账分录,将调整金额直接入账,以更正错账 | 适用于漏计或错账所涉及的会计科目正确,但核算金额小于应计金额的情况 |
| 红字冲销法 | 用红字冲销原错误的会计分录,再用蓝字重新编制分录,重新登记账簿 | 适用于会计科目用错及会计科目正确但核算金额大于应计金额的情况。在及时发现错误、没有影响后续核算的情况下多使用红字冲销法 |
| 综合账务调整法 | (1) 将红字冲销法与补充登记法综合加以运用<br>(2) 如果涉及会计所得:<br>①当月发现错误,可以直接调整损益类科目<br>②当年月度结算后发现错误,可以直接调整"本年利润"账户<br>③年度决算后发现错误,对于影响上年度的所得可以直接调整"以前年度损益调整"账户<br>(3) 一般运用于会计分录借贷方,有一方会计科目用错,而另一方会计科目没有错的情况;正确的一方不调整,错误的一方用错误科目转账调整,使用正确科目时及时调整 | 一般适用于错用会计科目这种情况,主要用于所得税纳税审查后的调整 |

>> **典型例题**

[单项选择题] 对于影响上年度的所得,在账务调整时可计入的会计科目为( )。

A. 营业利润　　　　　　　　　　　B. 本年利润

C. 利润分配　　　　　　　　　　　D. 以前年度损益调整

[解析] 年度决算后发现错误,对于影响上年度的所得,在账务调整时可计入的会计科目

为"以前年度损益调整"。

> 答案：D

## 考点2 企业所得税的检查☆☆☆

### 一、企业所得税年度收入总额的检查 ☆☆☆

年度收入总额的检查见表12-7。

表12-7 年度收入总额的检查

| 检查项目 | 具体内容 |
| --- | --- |
| 销售货物收入 | (1) 检查收入确认的时间是否正确<br>(2) 检查收入确认的标准是否正确<br>(3) 检查收入的入账金额是否正确<br>(4) 检查销售折让、折扣及销售退回处理是否规范<br>(5) 检查视同销售收入的确认是否正确 |
| 提供劳务收入 | 主要通过"主营业务收入"账户核算，主要是检查入账金额以及入账时间是否准确 |
| 转让财产收入 | 转让固定资产收入的检查，主要检查"固定资产清理""累计折旧""资产处置收益"账户；转让有价证券、股权以及其他财产收入的检查 |
| 股息、红利等权益性投资收益 | 确认时间：按照被投资方作出利润分配决定的日期确认收入的实现 |
| 利息收入 | 确认收入实现的日期是按照合同约定的债务人应付利息的日期 |
| 租金收入 | 确认收入实现的日期是按照合同约定的承租人应付租金的日期 |
| 特许权使用费收入 | 特许权使用费收入是指企业提供专利权、非专利技术、商标权、著作权以及其他特许权的使用权取得的收入。确认收入实现的日期是按照合同约定的特许权使用人应付特许权使用费的日期；特许权使用费收入主要通过"其他业务收入"核算 |
| 接受捐赠收入 | 确认收入实现的日期是按照实际收到捐赠资产的日期 |
| 不征税收入 | 包括财政拨款、依法收取并纳入财政管理的行政事业性收费和政府性基金等 |
| 免税收入 | 包括国债和地方政府债券利息收入，符合条件的居民企业之间的股息、红利等权益性投资收益，符合条件的非营利性组织收入 |
| 其他收入 | 包括债务重组收入、补贴收入、企业资产溢余收入、逾期未退包装物押金收入、确实无法偿付的应付款项、已做坏账损失处理后又收回的应收款项、违约金收入、汇兑收益等 |

》 典型例题

[单项选择题] 转让固定资产的净收益应计入的会计科目为（　　）。
A. 其他收益　　　　　　　　　　B. 资产处置收益
C. 主营业务收入　　　　　　　　D. 其他业务收入

[解析] 转让固定资产收入的检查主要是对"固定资产清理""累计折旧""资产处置收益"等科目的账户进行检查。

> 答案：B

## 二、税前准予扣除项目的检查 ☆☆☆

（一）成本项目检查

（1）材料成本的检查，含委托加工的运杂费、加工费等。

（2）工资成本的检查，着重检查其真实性；所提取的职工福利费、职工教育经费和工会经费是否符合税法规定的比例等。

（3）制造费用的检查。

（二）成本计算的检查

1. 直接材料的归集应遵循的原则

直接材料的归集应遵循的原则见表12-8。

表12-8 直接材料的归集应遵循的原则

| 项目 | 原则 |
| --- | --- |
| 属于制造产品耗用的直接材料费用 | 应直接归集在"生产成本——基本生产成本"账户 |
| 辅助生产车间为进行产品或劳务生产而领用的直接材料 | 应直接归集在"生产成本——辅助生产成本"账户 |
| 对于几种产品共同耗用的直接材料费用，因领用时无法确定每种产品耗用的数量，应采取合理又简便的方法在各种产品之间进行分配，然后根据分配环节和对象进行归集 | 归集在"生产成本——基本生产成本"或"生产成本——辅助生产成本"账户 |

2. 产品成本的计算方法

产品成本的计算方法见表12-9。

表12-9 产品成本的计算方法

| 计算方法 | 适用范围 |
| --- | --- |
| 品种法 | 大量大批的单步骤生产企业 |
| 分批法 | 单件、小批生产的企业 |
| 分步法 | 大量大批的多步骤生产企业 |

3. 完工产品成本的结转

完工产品成本的结转见表12-10。

表12-10 完工产品成本的结转

| 类型 | 结转方法 | |
| --- | --- | --- |
| 完工入库的产成品的成本 | 借：库存商品 | 贷：生产成本 |
| 完工自制材料、工具、模型等的成本 | 借：原材料 | |
| 为企业在建工程提供的劳务费用，月末不论是否完工 | 借：在建工程 | |

（三）期间费用的检查

（1）财务费用检查。财务费用包括汇兑净损失、利息净支出、金融机构手续费以及其他非资本化支出。

（2）销售费用检查。销售费用包括保险费、销售佣金、代销手续费、广告费、运输费、装卸费、包装费、展览费、经营性租赁费以及销售部门发生的差旅费、工资、福利费等。

（3）管理费用检查。

（四）税金的检查

税金检查主要检查企业税金扣除项目是否准确。

（五）损失的检查

损失的检查主要是检查发生的损失是否真实，损失的金额是否准确。

（六）亏损弥补的检查

企业纳税年度发生的亏损，准予向以后年度结转，用以后年度的所得弥补，但结转年限最长不得超过5年。

>> 典型例题

[单项选择题] 制造产品所耗用的直接材料费用应计入的会计账户为（　　）。

A. 生产成本——基本生产成本　　　　B. 生产成本——辅助生产成本
C. 制造费用　　　　　　　　　　　　D. 管理费用

[解析] 凡属于制造产品耗用的直接材料费用应直接计入"生产成本——基本生产成本"账户；凡属于辅助生产车间为进行产品或劳务生产而耗用的直接材料费用应直接计入"生产成本——辅助生产成本"账户。

答案：A

### 三、不得税前扣除项目的检查 ☆☆☆

（一）不允许扣除项目的检查

不允许扣除项目的规定见表12-11。

表 12-11　不允许扣除项目的规定

| 项目 | 具体规定 |
| --- | --- |
| 资本性支出 | 不可将资本性支出作收益性支出处理 |
| 无形资产受让开发支出 | （1）未形成资产的部分：可作为支出准予扣除<br>（2）已形成的无形资产：不得直接扣除，须按直线法摊销 |
| 违法经营罚款和被没收财物损失 | 计算应纳税所得额时不允许扣除 |
| 税收滞纳金、罚金、罚款 | （1）会计方面：在"营业外支出"科目中核算<br>（2）税法方面：计算应纳税所得额时不得扣除 |
| 灾害事故损失赔偿 | 损失赔偿的部分，在计算应纳税所得额时不得扣除 |
| 赞助支出 | 非广告性质的赞助支出不得在税前列支 |
| 非公益救济性捐赠 | 不允许扣除，通过"营业外支出"科目检查 |

## （二）超过规定标准项目的检查

税前扣除项目的扣除标准见表12-12。

表12-12 税前扣除项目的扣除标准

| 项目 | 扣除标准 |
|---|---|
| 工资薪金 | 合理的工资薪金支出准予扣除。计提的不能扣除，必须是实际发放的才能扣除 |
| 职工福利费 | 不超过工资薪金总额14%的部分准予扣除 |
| 职工教育经费 | 不超过工资薪金总额8%的部分准予扣除，超过的部分可以结转以后年度扣除 |
| 工会经费 | 不超过工资薪金总额2%的部分准予扣除 |
| 业务招待费 | 按发生额的60%扣除，但最高不得超过当年销售（营业）收入的5‰ |
| 广告宣传费 | 不超过当年销售（营业）收入15%的部分，准予扣除；超过部分准予在以后纳税年度结转扣除 |
| 捐赠支出 | 不超过年度利润总额12%的部分准予扣除 |
| 利息支出 | 非金融企业向金融企业借款的利息支出、企业发行债券的利息支出、金融企业的各项存款利息支出和同业拆借利息支出 |

### 考点3 增值税的检查 ☆☆☆

#### 一、增值税会计科目的设置 ☆☆

"应交税费"科目下与增值税核算有关的明细科目见表12-13。

表12-13 增值税的明细科目

| 明细科目 | 具体内容 |
|---|---|
| 应交增值税 | 设置"进项税额""销项税额抵减""已交税金""转出未交增值税""减免税款""出口抵减内销产品应纳税额""销项税额""出口退税""进项税额转出"等专栏 |
| 未交增值税 | 核算一般纳税人月度终了从"应交增值税"或"预交增值税"明细科目转入当月应交未交、多交或预缴的增值税额，以及当月交纳以前期间未交的增值税额 |
| 预交增值税 | 核算一般纳税人转让不动产、提供不动产经营租赁服务、提供建筑服务、采用预收款方式销售自行开发的房地产项目等，以及其他按现行增值税制度规定应预缴的增值税额 |
| 待抵扣进项税额 | 核算一般纳税人已取得增值税扣税凭证并经税务机关认证，按照现行增值税制度规定准予以后期间从销项税额中抵扣的进项税额 |
| 待认证进项税额 | 核算一般纳税人已申请稽核但尚未取得稽核相符结果的海关缴款书进项税额 |
| 增值税留抵税额 | 核算兼有销售服务、无形资产或者不动产的原增值税一般纳税人，截止到纳入营改增试点之日前的增值税期末留抵税额，按照现行增值税制度规定不得从销售服务、无形资产或不动产的销项税额中抵扣的增值税留抵税额 |
| 简易计税 | 核算一般纳税人采用简易计税方法发生的增值税计提、扣减、预缴、缴纳等业务 |
| 转让金融商品应交增值税 | 核算增值税纳税人转让金融商品发生的增值税额 |

续表

| 明细科目 | 具体内容 | |
|---|---|---|
| 代扣代交增值税 | 核算纳税人购进在境内未设经营机构的境外单位或个人在境内的应税行为代扣代缴的增值税 | |
| 待转销项税额 | 核算一般纳税人销售货物、加工修理修配劳务、服务、无形资产或不动产,已确认相关收入(或利得)但尚未发生增值税纳税义务而须于以后期间确认为销项税额的增值税税额 | |
| | 增值税纳税义务发生时间早于会计上收入确认时间,会计处理为:<br>借:银行存款等<br>  贷:预收账款<br>    应交税费——应交增值税<br>      (销项税额) | (1)会计上收入确认时间早于增值税纳税义务发生时间,会计处理为:<br>借:应收账款<br>  贷:主营业务收入等<br>    应交税费——待转销项税额<br>(2)结转时:<br>借:应交税费——待转销项税额<br>  贷:应交税费——应交增值税(销项税额) |

> **典型例题**

[单项选择题]纳税人当月已缴纳的增值税税额为( )。

A. 已交税金        B. 销项税额

C. 未交增值税       D. 预交增值税

[解析]"已交税金"专栏,记录纳税人当月已缴纳的应交增值税税额。"销项税额"专栏,记录纳税人销售货物、加工修理修配劳务、服务、无形资产或不动产应收取的增值税税额。"未交增值税"明细科目,核算纳税人月度终了从"应交增值税"或"预交增值税"明细科目转入当月应交未交、多交或预缴的增值税税额,以及当月交纳以前期间未交的增值税税额。"预交增值税"明细科目,核算纳税人转让不动产、提供不动产经营租赁服务、提供建筑服务、采用预收款方式销售自行开发的房地产项目等,以及其他按现行增值税制度规定应预缴的增值税税额。

答案:A

## 二、销项税额的检查 ☆☆☆

(一)一般销售方式下销项税额的检查

1. 销售货物

不同销售方式的账务处理见表12-14。

表12-14 不同销售方式的账务处理

| 销售方式 | 纳税义务发生时间 | 账务处理 |
|---|---|---|
| 缴款提货销售方式 | 若发票账单和提货单已经交给买方,货款已经收到,无论商品、产品是否已经发出,都作为销售的实现 | 借:银行存款<br>  贷:主营业务收入<br>    应交税费——应交增值税(销项税额) |

续表

| 销售方式 | 纳税义务发生时间 | 账务处理 |
|---|---|---|
| 预收货款销售方式 | 在企业发出产品（商品）时作为销售的实现 | (1) 企业收到货款时，其账务处理为：<br>借：银行存款<br>　　贷：合同负债<br>(2) 当货物发出时，再转作收入，计算相应的增值税：<br>借：合同负债<br>　　贷：主营业务收入<br>　　　　应交税费——应交增值税（销项税额）<br>(3) 月底，结转相应的成本：<br>借：主营业务成本<br>　　贷：库存商品 |
| 分期收款结算方式 | 按合同规定的收款日期作为销售收入的实现时间，也就是纳税义务的发生时间。不论企业在合同规定的收款日期是否收到货款，均应结转收入，并计算交纳税款，同时按分期收款销售的比例结转相应的成本 | (1) 发出商品时：<br>借：发出商品<br>　　贷：库存商品<br>(2) 到合同规定的收款日期时：<br>借：银行存款/应收账款<br>　　贷：主营业务收入<br>　　　　应交税费——应交增值税（销项税额）<br>(3) 结转相应的成本时：<br>借：主营业务成本<br>　　贷：发出商品 |

【提示】分期收款方式中有一种是具有融资性质的销售方式，其账务处理方式为：发出商品时按照应收的合同或协议价款的公允价值确定收入金额，剩余部分计入"未实现融资收益"，同时结转成本。会计分录为：

①发出商品时确认收入：

借：长期应收款

　　贷：主营业务收入

　　　　未实现融资收益

　　　　应交税费——待转销项税额

②结转相应的成本：

借：主营业务成本

　　贷：库存商品

>> 典型例题

[单项选择题] 一般情况下，企业采用预收货款销售方式销售货物，收到货款时的正确账务处理为（　　）。

A. 借：银行存款

　　贷：合同负债

B. 借：银行存款

　　贷：主营业务收入

C. 借：银行存款
    贷：主营业务收入
        应交税费——应交增值税（销项税额）

D. 借：合同负债
    贷：主营业务收入
        应交税费——应交增值税（销项税额）

[解析] 收到货款时的账务处理为：
借：银行存款
    贷：合同负债

答案：A

2.销售服务

(1) 销售服务纳税义务的确认时间。销售服务纳税义务的确认时间见表12-15。

表 12-15　销售服务纳税义务的确认时间

| 销售服务 | 纳税义务的确认时间 |
| --- | --- |
| 一般情况下 | 纳税人销售服务并收讫销售款，或者取得索取销售款项凭据的当天 |
| 先开发票的 | 开具发票的当天 |
| 采取预收款方式提供租赁服务的 | 收到预收款的当天 |
| 从事金融商品转让的 | 金融商品所有权转移的当天 |

(2) 账务处理方式。不同销售方式的账务处理见表12-16。

表 12-16　不同销售方式的账务处理

| 销售服务方式 | 账务处理方式 |
| --- | --- |
| 一般销售方式 | 借：银行存款/应收账款/应收票据<br>　　贷：主营业务收入/其他业务收入<br>　　　　应交税费——应交增值税（销项税额） |
| 采取预收款方式销售服务（建筑服务、租赁服务除外） | ①收到预收款：<br>借：银行存款<br>　　贷：合同负债<br>②发生服务：<br>借：合同负债<br>　　贷：主营业务收入/其他业务收入<br>　　　　应交税费——应交增值税（销项税额） |
| 采取预收款方式提供建筑服务、租赁服务的企业 | ①收到预收款：<br>借：银行存款<br>　　贷：合同负债<br>　　　　应交税费——应交增值税（销项税额）<br>②发生服务：<br>借：合同负债<br>　　贷：主营业务收入/其他业务收入 |

## （二）视同销售方式下销项税额的检查

### 1. 委托代销

企业委托代销商品，代销双方要视同销售，纳税义务的确认时间为收到代销清单或者收到全部或者部分货款的当天，未收到代销清单及货款的，为发出代销货物满 180 天的当天。

企业委托代销商品，一般有两种方式：一种是收取手续费的方式；一种是视同买断的方式，销售价格由代销方自定，代销合同上规定一个代销价格。以收取手续费方式销售的账务处理为：

（1）当发出委托代销商品时：

借：委托代销商品
　　贷：库存商品

（2）收到代销清单时：按代销清单上注明的商品数量，确认收入。

借：应收账款
　　贷：主营业务收入
　　　　应交税费——应交增值税（销项税额）

（3）结转成本：

借：主营业务成本
　　贷：委托代销商品

（4）收到货款（扣除手续费后）时：

借：银行存款
　　销售费用（支付的手续费）
　　应交税费——应交增值税（进项税额）
　　贷：应收账款

### 2. 自产自用产品的检查

企业将自产、委托加工的货物用于非应税项目、集体福利等方面，要视同销售计算缴纳增值税。其计税价格先按照同类平均售价，后按组成计税价格来确定。其账务处理如下：

借：应付职工薪酬
　　贷：库存商品（资产权属未发生改变）
　　　　主营业务收入（资产权属发生改变）
　　　　应交税费——应交增值税（销项税额）

> 典型例题

[单项选择题] 某企业为增值税一般纳税人。2021 年 7 月，该企业将自产的商品用于发放职工福利，已知原材料成本为 1 000 元，该商品对外不含税售价为 2 000 元，该企业正确的会计处理为（　　）。

A. 借：应付职工薪酬　　　　　　　　　　　　　　　　　　　　2 260
　　贷：库存商品　　　　　　　　　　　　　　　　　　　　　　　2 260

B. 借：应付职工薪酬　　　　　　　　　　　　　　　　1 260
　　　贷：库存商品　　　　　　　　　　　　　　　　　1 000
　　　　　应交税费——应交增值税（销项税额）　　　　260

C. 借：应付职工薪酬　　　　　　　　　　　　　　　　2 260
　　　贷：库存商品　　　　　　　　　　　　　　　　　2 000
　　　　　应交税费——应交增值税（销项税额）　　　　260

D. 借：管理费用　　　　　　　　　　　　　　　　　　1 130
　　　贷：库存商品　　　　　　　　　　　　　　　　　1 000
　　　　　应交税费——应交增值税（销项税额）　　　　130

[解析] 企业将自产、委托加工的货物、服务、无形资产、不动产用于简易计税项目、集体福利、职工个人消费等方面要视同销售计算缴纳增值税。其计税价格核定如下：①按纳税人最近时期同类货物、服务、无形资产、不动产的平均销售价格确定。②按其他纳税人最近时期同类货物、服务、无形资产、不动产的平均销售价格确定。③按组成计税价格计算。组成计税价格＝成本×（1＋成本利润率）。故应缴纳增值税销项税额＝2 000×13％＝260（元）。

[答案：B]

### 3. 将货物用于对外投资

企业将购买、委托加工或自产的货物作为对外投资，提供给个体工商户或其他单位，应视同销售货物，并计提销项税额，货物移送的当天确认为纳税义务发生时间。其账务处理如下：

借：长期股权投资
　　贷：主营业务收入
　　　　应交税费——应交增值税（销项税额）
借：主营业务成本
　　贷：库存商品

### 4. 将货物无偿赠送他人

企业将购买、委托加工或自产的货物无偿赠送给他人，应视同销售并计算增值税，并将货物移送的当天确认为纳税义务发生时间。其账务处理如下：

借：营业外支出
　　贷：库存商品（按成本结转）
　　　　应交税费——应交增值税（销项税额）（按售价计算）

（三）包装物销售的检查

包装物销售的税务处理见表12-17。

表 12-17 包装物销售的税务处理

| 类型 | | 税务账务处理 |
|---|---|---|
| 随同货物出售单独计价的包装物 | | 属于价外费用，应计征增值税。取得收入记入"其他业务收入"科目，应按所包装货物的适用税率计征增值税，会计处理为：<br>借：银行存款<br>　　贷：其他业务收入<br>　　　　应交税费——应交增值税（销项税额） |
| 押金 | 一般商品 | 纳税人为销售货物而出租出借包装物收取的押金，单独记账核算的，不并入销售额征税，会计处理为：<br>借：银行存款<br>　　贷：其他应付款——包装物押金<br>因逾期未收回包装物不再退还的押金，应按所包装货物的适用税率计算销项税额，会计处理为：<br>借：其他应付款——包装物押金<br>　　贷：其他业务收入<br>　　　　应交税费——应交增值税（销项税额） |
| | 对销售除啤酒、黄酒外的其他酒类产品而收取的包装物押金 | 无论是否返还以及会计上如何核算，均应并入当期销售额征税 |

（四）销售额的检查

销售额的检查见表 12-18。

表 12-18 销售额的检查

| 检查对象 | 具体内容 |
|---|---|
| 不含税销售额的检查 | 如果销售额为含税的，要将含税销售额换算为不含税销售额。其公式为：<br>不含税销售额＝含税销售额／（1＋税率）<br>【提示】一般普通发票注明的金额为含税销售额 |
| 价外费用的检查 | 通过"其他应付款""其他业务收入""营业外收入"等科目来核算 |

**三、进项税额的检查** ☆☆

（一）准予抵扣的进项税额的检查

准予从销项税额中抵扣进项税额的情形如下：

(1) 从销售方取得的增值税专用发票上注明的增值税额。

(2) 从海关取得的海关进口增值税专用缴款书上注明的增值税额。

(3) 购进免税农产品准予抵扣的进项税额，按照农产品收购发票或者销售发票上注明的农产品的买价和9％（或10％）的扣除率计算的进项税额。

(4) 自境外单位或者个人购进劳务、服务、无形资产或者境内的不动产，从税务机关或者扣缴义务人取得的代扣代缴税款的完税凭证上注明的增值税额。

## （二）不得抵扣的进项税额的检查

### 1. 不得抵扣的进项税额的项目

（1）购进货物、劳务等未按规定取得并保存增值税扣税凭证的。

（2）购进货物、劳务等的增值税扣税凭证上未按规定注明增值税税额及其他有关事项，或者虽有注明，但不符合规定的。

（3）用于非增值税应税项目、免征增值税项目、集体福利或者个人消费的购进货物或者应税劳务。

（4）非正常损失的购进货物以及相关劳务。

（5）非正常损失的在产品、产成品所耗用的购进货物或者应税劳务。

（6）国务院财政、税务主管部门规定的纳税人自用消费品。

（7）第（3）项至第（6）项规定的货物的运输费用和销售免税货物的运输费用。

### 2. 会计分录

借：应付职工薪酬
　　管理费用
　　待处理财产损溢
　　贷：原材料
　　　　库存商品
　　　　应交税费——应交增值税（进项税额转出）

## 考点4　消费税的检查 ☆☆☆

### 一、销售收入的检查 ☆☆☆

（一）一般销售方式的检查

预收货款、缴款提货、分期收款等为一般销售方式，对消费税销售收入的检查内容与增值税基本相同。其计提税金的会计账务处理为：

借：税金及附加
　　贷：应交税费——应交消费税

【提示】"税金及附加"账户主要反映的是消费税、城市维护建设税、教育费附加、资源税等，但不包括增值税。

（二）视同销售方式的检查

1. 视同销售方式的账务处理

视同销售方式的账务处理见表12-19。

表12-19　视同销售方式的账务处理

| 视同销售方式 | 账务处理 |
| --- | --- |
| 自产货物用于在建工程 | 借：在建工程<br>　　贷：库存商品（按成本结转）<br>　　　　应交税费——应交消费税 |

续表

| 视同销售方式 | 账务处理 |
|---|---|
| 自产货物用于职工福利 | 借：应付职工薪酬<br>　　贷：主营业务收入（按售价）<br>　　　　应交税费——应交增值税（销项税额）<br>借：税金及附加<br>　　贷：应交税费——应交消费税<br>借：主营业务成本<br>　　贷：库存商品 |

2. 企业发生视同销售行为，其计税价格的确定顺序

（1）为纳税人生产的同类产品的当月平均销售价格。

（2）按照其他纳税人最近月份的平均销售价格计算纳税。

（3）按照组成计税价格计算纳税。组成计税价格的计算公式为：

$$组成计税价格 = (成本 + 利润) / (1 - 消费税税率)$$

实行复合计税办法计算公式为：

$$组成计税价格 = (成本 + 利润 + 自产自用数量 \times 定额税率) / (1 - 比例税率)$$

（三）委托加工应税消费品计税依据的检查

1. 对受托方的检查

委托加工应税消费品在受托方交货时由受托方代收代缴消费税，确定计税依据的顺序为：

（1）按照受托方的同类消费品的销售价格计税。

（2）按组成计税价格计税。其公式为：

$$组成计税价格 = (材料成本 + 加工费) / (1 - 消费税税率)$$

实行复合计税办法的公式为：

$$组成计税价格 = (材料成本 + 加工费 + 委托加工数量 \times 定额税率) / (1 - 比例税率)$$

【提示】"加工费"是受托方加工应税消费品而向委托方收取的全部费用（不包括增值税税金，但包括代垫辅助材料的实际成本）。

2. 对委托方的检查

若发现其委托加工的应税消费品受托方没有代收代缴税款，则委托方要补缴税款。

>> 典型例题

[单项选择题] 某企业新试制一批高档化妆品用于职工奖励，无同类产品的对外售价，已知其生产成本为20 000元，成本利润率为5%，消费税税率为15%。企业计提消费税的正确会计分录为（　　）。

A. 借：应付职工薪酬　　　　　　　　　　　　　　　　3 000
　　　贷：应交税费——应交消费税　　　　　　　　　　　　3 000

B. 借：管理费用　　　　　　　　　　　　　　　　　　3 000
　　　贷：应交税费——应交消费税　　　　　　　　　　　　3 000

C. 借：税金及附加　　　　　　　　　　　　　　　　3 705.88

  贷：应交税费——应交消费税　　　　　　　　　　　　　3 705.88
 D. 借：应付职工薪酬　　　　　　　　　　　　　　　　　　3 705.88
  贷：应交税费——应交消费税　　　　　　　　　　　　　3 705.88

[解析] 该企业需要计提的消费税 = 20 000 × （1 + 5%） ÷ （1 − 15%） × 15% = 3 705.88（元）。计提的消费税需要计入"税金及附加"科目。

[答案：C]

## 二、销售数量的检查 ☆☆

销售数量的检查方法见表12-20。

**表 12-20　销售数量的检查方法**

| 方法 | 公式 | 适用情形 |
| --- | --- | --- |
| 以盘挤销倒挤法 | 本期产品销售数量=上期产品结存数量+本期产品完工数量−本期产品结存数量 | 产成品管理制度不够健全的企业 |
| 以耗核产，以产核销测定法 | 本期应产出产品数量=本期实耗材料量/单位产品材料消耗定额<br>【提示】本期完工产品数量采用以耗核产的测定方法 | 产品管理制度比较健全的企业，运用时应抓住主要耗用材料进行核定 |

亲爱的读者：

如果您对本书有任何 感受、建议、纠错，都可以告诉我们。

我们会精益求精，为您提供更好的产品和服务。

祝您顺利通过考试！

扫码参与问卷调查

经济师考试研究院